Karin Hinse

Die Zweiflerin

Karin Hinse

Die Zweiflerin

Erlebnisse einer Reiki-Meisterin und Reiki-Lehrerin in Mecklenburg-Vorpommern

SCHEUNEN-VERLAG

Typographie und Layout: *Andreas Ciesielski*
Druck und Bindung: *printmix24, Bad Doberan*

ISBN: 3-934301-81-9

INHALT SEITE

Wer hat das nicht schon erlebt? Unzufriedenheit mit sich, seinem Mann, seiner Frau, den Eltern, Kindern, Freunden. Kurz mit allem, was das Leben ausmacht. Schnell ist der tägliche Stress als Verursacher gefunden. Aber wie ihm entgehen?
Die Suche beginnt.
Dieses Buch wendet sich an alle, die auf der Suche sind.
Es beschreibt humorvoll, verständlich und leicht nachvollziehbar die Suche nach einem Weg, der zu Ausgeglichenheit, innerer Harmonie, Gesundheit, Lebensfreude und heiterer Gelassenheit führt.
Ihren Weg dorthin schildert in verblüffender Offenheit die Autorin, eine REIKI-Meisterin und -Lehrerin.
Ein Buch für alle, die ebenfalls suchen, jedoch noch nicht wissen, wonach eigentlich.
Machen Sie es sich gemütlich, lehnen Sie sich zurück und gehen Sie mit auf die Suche. Sie werden sich schon beim Lesen entspannen, auch schmunzeln, weil Sie sich vielleicht in der einen oder anderen Situation erkennen, nachdenklich werden und möglicherweise auch Ihren persönlichen REIKI-Weg finden.

SUCHE NACH NEUEN WEGEN

Es ist schon ein paar Jährchen her, da habe ich diese Unzufriedenheit selbst erlebt. Ist das schon die Midlifecrisis? Oder was ist mit mir los? Ich bin doch eine für mein Alter eine recht gut aussehende Frau. Was heißt für mein Alter? Gerade bin ich Ende 30 und komme mir vor, als wenn ich nächste Woche in Rente gehen kann. Wo ist meine Energie, mein Unternehmungsgeist, meine positive Grundeinstellung geblieben? Im Moment scheint alles nur noch schief zu gehen: Mein Denken ist grau in grau. Mein Körper spielt bei jeder Kleinigkeit verrückt. Der Job entwickelt sich zur mittelschweren Katastrophe und zu Hause...? Na ja. Ganz abgesehen von den vielen „Kleinigkeiten", die zu den so genannten Pflichten einer Ehefrau und Mitbesitzerin eines Einfamilienhauses mit Garten gehören. Wieso schaffe ich auf einmal nicht mehr, was ich doch immer geschafft habe? Es war doch bisher stets alles im Handumdrehen fertig.

Die Krönung hat mir jedenfalls heute mein Hausarzt, liebevoll "Doktorchen" genannt, verpasst. VALIUM, damit ich endlich einmal zu Ruhe komme oder endlich Ruhe gebe? Zugegeben, in letzter Zeit war ich bestimmt eine seiner besten Patientinnen. Kein schwerer Fall, aber immer neue Wehwehchen. Nur, was kann ich dafür, wenn ich ständig Magenschmerzen habe obwohl seine Laborbefunde „erfreulich gut“ sind? Oder die Sache mit der Migräne, da haben auch die schönen roten Pillen nicht geholfen. Und erst recht die Ischiasprobleme. Was hat er nicht alles mit mir angestellt - dennoch habe ich mitten im Sommer bei fast 30 Grad im Schatten in eine dicke Decke gehüllt meine Gäste empfangen. Ein traumatisches Bild. Jetzt also VALIUM. Also gut, wenn es mir denn hilft. Als gehorsame Patientin schlucke ich auch das noch. Es muss ja wohl was dran sein.

Nur, was ist jetzt plötzlich los? Ich schlafe im Sommer wie ein Murmeltier im Winter, und wenn ich dann einmal aufstehe, stoße ich die Türrahmen an und entschuldige mich bei ihnen!!
Das kann es doch wohl nicht sein.
So nicht, liebe Karin. Jetzt reicht es!
Diese völlig gleichgültige Stimmung macht mich auch sehr nachdenklich. Über nichts und niemanden kann ich mich mehr aufregen. Im Gegenteil! Ich finde alles nur noch lustig und kichere ständig in mich hinein.
Nein, nein und nochmals nein.
Ich stelle mir gerade vor, wie ich mit diesem

„wunderbaren" Medikament wohl in einigen Jahren herumlaufe. Was heißt herumlaufe, herumschwebe. So habe ich mir das alles nicht vorgestellt. Aber was jetzt??
Mir wurde deutlich: Ich muss etwas verändern!
Nur: wie, wo, was?
Habe ich nicht letztens ein Buch über „Andere Medizin" gesehen? „Andere Medizin", was war das denn nur? Ach ja, Fußreflexzonenmassagen, Edelsteintherapie, Lichttherapie, Aura Soma, Bachblüten und noch einige andere Dinge, die ich noch nie im Leben gehört habe.
Über Fußreflexzonenmassage hatte ich doch letztens bei meiner Kosmetikerin gelesen.
Genau, die werde ich fragen.

Gedacht, getan. Beim nächsten Termin löcherte ich meine Kosmetikerin. Was ist das? Wie funktioniert das? Wie lange sollte man das machen? Und noch einige Fragen mehr. Zum Schluss war sie so genervt, dass sie mir eines ihrer Bücher auslieh. Das habe ich intensiv gelesen und war zunächst einmal recht kritisch. Wie sollte es auch anders möglich sein. Wie sagt man in meiner Heimat so schön: Wat de Buer nich kennt, dat freet he nich.
Seit dieser Zeit bin ich fest davon überzeugt, dass es keine Zufälle gibt, beziehungsweise alles zum richtigen Zeitpunkt zu uns kommt.

Gerade als ich mich so richtig eingelesen hatte, entdeckte ich in einer Anzeigenzeitung, die sonst von mir verschmäht wurde, ein Inserat über diese Massagen. Eine Frauengruppe bot einen Kursus in Fußreflexzonenmassagen an. Sehr zu meiner Überraschung machte es mir nichts aus, abends mein Kuschelsofa zu verlassen und eine halbe Stunde Fahrzeit in Kauf zu nehmen, um an dieser Veranstaltung teilzunehmen. Zugegeben, mit gemischten Gefühlen. Frei nach dem Motto: Na, was das wohl für Frauen sein mögen. Sicher alles „alternative Zicken" oder „frustrierte Singles".

An der angegebenen Adresse angekommen, war ich vom Äußeren geschockt. Ich stand vor einem heruntergekommen Altbau in der Innenstadt von Schwerin. Die Haustür zu öffnen erforderte eine mittelschwere körperliche Anstrengung. Nachdem ich diese Prüfung bewältigt hatte, fand ich mich in einem total finsteren und seltsam riechenden Hausflur wieder. Mutig stieg ich die knarrende und ausgetretene Holztreppe langsam hinauf, immer damit rechnend durchzubrechen. Ein schwacher Lichtschein war ein Hinweis auf einen dort zu vermutenden bewohnten Raum.
Endlich geschafft! Anklopfen und Eintreten waren eins. Zu meiner größten Überraschung war

dieser Raum in angenehmes, warmes Licht getaucht und mit alten aber sehr nützlichen Dingen, wie einem Holzschreibtisch, kuscheligen Sesseln sowie gut gefüllten Bücherregalen eingerichtet. Eine junge Frau begrüßte mich überaus freundlich und so selbstverständlich, als wenn sie mich schon über Jahre kennen würde. Ich fühlte mich gleich sehr wohl. Nach und nach kamen noch mehrere Frauen hinzu. Und schau einer an. Nach dem äußeren Eindruck war keine der Frauen als „alternative Zicke" zu erkennen. Keine selbst gestrickten schafwollenen Pullover, keine Holzpantinen, keine Buttons mit Frauenpowerabzeichen.
Es kam sofort eine nette Unterhaltung in Gang. Wie ich hören konnte, war jede der Frauen erfreut, endlich einmal etwas für sich tun zu können.

Die Seminarleiterin war eine ausgebildete Physiotherapeutin, die sich auf Fußreflexzonenmassage spezialisiert hatte. Sie hatte eine so liebe Art an sich, dass sich gleich jede der Frauen gut aufgehoben fühlte. Das Zimmer, in dem das Seminar stattfand, wurde nur von Kerzen erleuchtet. Dezent leise Entspannungsmusik erfüllte den Raum, einige Steine und verschiedene Tücher sowie Duftlämpchen waren im gesamten Zimmer verteilt. Eine gemütliche und Vertrauen

erweckende Atmosphäre breitete sich aus.
Nach einer kurzen Vorstellungsrunde begann die „Arbeit". Zuerst ein wenig Theorie und Grundsätzliches, dann ging es zu meiner großen Freude gleich an die praktische Seite. Was war das für ein wohliges Gefühl, die Füße massiert zu bekommen. Einfach herrlich. Schöne entspannende Musik im Hintergrund und nette Frauen um mich herum. Ein angenehmer, unaufdringlicher Rosenduft lag in der Luft. Ich konnte ruhig und völlig losgelöst vom Alltag auf einer weichen Decke auf dem Boden liegen und mich so richtig fallen lassen. Mir wurde ganz warm ums Herz. Ein Gefühl unglaublichen Genusses. Regelrecht Freude stellte sich ein. So etwas hatte ich noch nie erlebt. Zwischendurch fragte ich mich, ob das wohl wahr sein kann und ich musste lächeln. Lächeln, weil mir jemand, den ich zuvor noch nie gesehen hatte, die Füße massiert? Kaum zu glauben. Bin ich doch eher zurückhaltend oder zumindest sehr abwartend gewesen. Jetzt spürte ich irgendwo in mir eine ganz leichte Veränderung aufkommen. Ich hatte das Gefühl, eine andere Ebene der Empfindungen zu betreten. Leider nur für einen ganz kurzen Moment, dann hatte mich mein Verstand wieder fest im Griff und suchte sofort nach Aufklärung für dieses für mich untypische Verhalten.

Zumindest habe ich aber dort schon gespürt, dass es dieses „Andere" gab.
Rückblickend war dieser winzige Moment von Glück oder Wohlgefühl der Anfang meiner persönlichen Veränderung. Ich bin froh und dankbar, diesen zarten Hauch von Möglichkeit aufmerksam wahrgenommen oder aber ganz einfach „zugelassen" zu haben.
Hierzu musste sicher erst, natürlich in jahrelanger Kleinarbeit, mein ganz persönlicher „Leidensdruck" entstehen. Nur dadurch war ich letztendlich bereit, diese neuen Erfahrungen zuzulassen, die darüber hinaus noch so ganz anders waren, als die bis dahin ach so vertrauten schulmedizinischen Möglichkeiten.
Aber zurück auf meine weiche Kuscheldecke! Da lag ich nun mit wunderbar durchkneteten, angenehmen warmen Füßen und einem friedlichen Lächeln auf den Lippen. Bereit, hier und jetzt Genussmensch zu sein. Aber ich war ja nicht nur zum Genießen da. Ich wollte auch lernen. Außerdem wollte mein Mr. Verstand auch sein Recht! So tauschte ich mit meiner Partnerin und war voller Eifer bemüht, mich für ihre gelungene Tat zu revanchieren. Dabei stellte ich fest, dass es leichter aussah, als es in der praktischen Anwendung war. Zumindest an dem Abend empfand ich es als anstrengend, selber

zu massieren. Hinzu kam auch die Angst etwas falsch zu machen oder gar Schmerzen zuzufügen. Ich spürte schon eine kleine Hemmschwelle, die es zunächst einmal zu überwinden galt, um Hand anlegen zu können. Die friedliche und gelöste Atmosphäre hat mir ebenso dabei geholfen wie meine „leidensfähige" Partnerin und ganz besonders unsere Seminarleiterin. Mit hoher Kompetenz sowie liebevollem Einfühlungsvermögen schilderte sie Möglichkeiten und Grenzen der Reflexologie. Ihre humorvollen Erklärungen rundeten das Bild und sorgten so dafür, dass selbst der theoretische Teil Spaß machte.
Und hier kam endlich auch wieder mein Mr. Verstand voll auf seine Kosten!
Wir Menschen neigen dazu, alles erklären und verstehen zu wollen. Ich bin da ein exzellentes Beispiel. Um keine Missverständnisse aufkommen zu lassen: Ich bin froh, dass wir Menschen diesen wundervollen Verstand haben und ihn auch nutzen. Noch schöner wäre es, wenn wir ihn auch klug nutzen würden. In jeder Beziehung.
Wir haben aber auch Gefühle, Empfindungen und Ahnungen. Diese werden nur allzu oft von unserem Verstand in den Hintergrund gedrängt. Ein gleichberechtigtes Miteinander findet selten statt und Entscheidungen, aus dem Bauch heraus getroffen, werden allzu oft als

Sentimentalität abgetan. Sehr oft habe ich mir das Leben schwer damit gemacht, sehr viele Tränen geweint – und doch nicht verstanden, weshalb. Darauf werde ich später noch ausführlich eingehen.

Was aber ist denn nun Reflexzonenmassage? Das Verfahren genau zu erklären, ist nicht meine Absicht. Es gibt im Fachhandel zahlreiche Bücher mit sehr guten Anschauungsbildern und Übungen zur Selbstanwendung. Wer tiefer einsteigen möchte ist gut beraten, sich ein solides Ausbildungsinstitut zu suchen.
Hier nur ein kleiner Überblick: Reflexzonen sind Nervenpunkte, die mit einer anderen, von diesem Punkt entfernten Körperstelle in Verbindung stehen. Im ganzen Körper finden wir Reflexzonen. Sehr viele davon in den Füßen. Das hat einen guten Grund. Von Natur aus war vorgesehen, dass der Mensch barfuß geht und dann beim Gehen über Stock und Stein seine Reflexzonen in den Füßen aktiviert. Der Erfindungsgeist des Menschen und sein Hang zur Bequemlichkeit hat aber unsere Umwelt verändert. Der Boden ist nicht mehr uneben, sondern flach gewalzt und asphaltiert. Hinzu kommt das Schuhwerk. Durch jahrelanges Einzwängen wurde die Blutzirkulation unterbunden. Die Folge davon sind nicht nur kalte Füße, sondern auch schlecht

durchblutete Reflexzonen.
Durch die Massage der Reflexzonen erreichen wir eine bessere Durchblutung derselben und des zugehörigen Organs. Die Durchblutung ist aber für jedes Organ lebenswichtig, denn das Blut ist das Transportmittel für sämtliche Aufbaustoffe, den Sauerstoff, die Hormone, die Abwehrstoffe und für die Abbauprodukte. Wir sollten bedenken, dass sämtliche Störungen oder Verletzungen im gesamten Organismus nur über die Durchblutung ausgeheilt werden können! Die Reflexologie eine sehr dankbare Methode. Einerseits geeignet, den Heilungsprozess zu beschleunigen, andererseits ein sehr gutes Mittel zur Vorbeugung. Zudem bringt eine derartige Massage sofortige Entspannung.
So viel erfuhren alle Teilnehmerinnen im Schnellüberblick und waren überzeugt. Danach „schwebten" wir wie auf „Wolke Sieben" mit leichten Füßen Richtung Heimat.

Zuhause musste sich mein lieber Mann meinen Erlebnisbe-richt anhören. Nicht nur das. Neugierig geworden hielt er mir seine Füße entgegen und ich hatte sogleich einen Probanden gefunden!
Später habe ich ernsthaft überlegt, ob mein Mann nach dieser Massage süchtig geworden ist. Listig wurde ich häufig gefragt, ob ich nicht

wieder einmal üben müsse. Natürlich habe ich dieses großzügige Angebot dankbar angenommen. Sein an einen Kater erinnerndes Schnurren war mein Lohn. Und ich konnte Erfahrungen sammeln.

Neben dem nun wöchentlich einmal stattfindenden Unterricht hatte ich hier die Möglichkeit, das Erlernte praktisch umzusetzen. Ich bekam mehr und mehr Sicherheit die feinen Unterschiede bei Verhärtungen der Fußsohlen festzustellen. Sehr gut konnte ich die Auswirkungen beobachten und somit die Zusammenhänge besser verstehen.
Auch andere Familienmitglieder forderten die ihnen ihrer Meinung nach zustehende Fußmassage ein. Und weil Neinsagen noch nie meine Stärke gewesen ist, wurden auch alle bedient. Ein merklicher Rückgang dieser Forderungen trat allerdings ein, als meine Schwiegermutter nach einer „Behandlung" von mir fast drei Tage die Toilette nicht verlassen konnte. Was war geschehen?
Mutter hatte mir vor der Massage nicht gesagt, dass sie seit Tagen unter Verstopfung litt. Ich habe fleißig genau die zuständigen Reflexzonen bearbeitet, weil sie mir deutlich verhärtet erschienen. Das brachte durchschlagenden Erfolg! Sehr praxisnah bekam ich einen tieferen Ein-

blick in Wirkung und Nebenwirkung sowie auf Risiken und Begleiterscheinungen.
Nie wieder habe ich danach einen Fuß angerührt, ohne mich vorher sehr genau nach bestehenden Gesundheitsproblemen zu erkundigen. Es sei noch angemerkt, dass meine liebe Schwiegermutter diese Attacke ohne größeren Schaden überstanden hat. Auch ihr Vertrauen zu mir hat dadurch nicht gelitten.

Fußmassagen waren gut, sind gut und werden auch immer gut bleiben. Nach wie vor wende ich sie an. Aber sie waren für mich nur der Anfang meiner Neugierde auf die „anderen Möglichkeiten".
Ich probierte nach und nach verschiedene andere Verfahren aus. Mein Weg führte über Aura Soma, Bach-Blüten, Edelsteintherapie, Lymphdränage und vieles andere mehr.
Ich gab einen Großteil meines Einkommens, welches ich als Angestellte verdiente, für Seminare aus. Aus meinen Bücherregalen verschwanden meine bis dahin heiß geliebten Krimis und wurden durch Gesundheitsratgeber, Nachschlagewerke und zunehmend Bücher über alternative Heilmethoden ersetzt. Meine Neugierde war grenzenlos.
Obwohl mir fast alles, was ich ausprobierte, auch gut getan hatte, vermisste ich doch immer

noch das ganz große Aha-Erlebnis. Was genau damit gemeint war, wusste ich wohl selber nicht so genau. Fast alle der bisherigen Verfahren oder Therapien beruhten entweder darauf, etwas einzunehmen oder etwas manuell anzuwenden. Jedenfalls spürte ich deutlich, dass es für mich noch etwas anderes geben musste. Zwar hatten sich meine gesundheitlichen Probleme etwas gebessert, sie waren aber noch nicht verschwunden. Unruhe und Unausgeglichenheit stellte ich nach wie vor bei mir fest. Ferner bekam ich weitere Schwierigkeiten bei der Arbeit. Stress, Frust, ja sogar Mobbing waren an der Tagesordnung. Zunehmend wurde ich gereizter und die mir scheinbar angeborene Ungeduld immer größer. Aus diesem Teufelskreis fand ich einfach keinen Ausweg. Jetzt machte ich schon sooo viele gute Sachen und trotzdem fühlte ich mich nicht wesentlich besser. Ganz davon zu schweigen, dass der Tag immer nur noch 24 Stunden hatte. Was machte ich falsch? War das von mir Ausprobierte vielleicht doch nur etwas für überzeugte und gläubige Anhänger der jeweiligen Richtung? Innerlich kämpfte ich gegen Unsicherheit und daraus resultierende Unentschlossenheit an.
Auf die Idee, dass alle genannten Verfahren auch Geduld erfordern und regelmäßig über einen längeren Zeitraum angewandt werden soll-

ten, um ihre gesamten Heilweisen auch entwickeln zu können, kam ich nicht. Geduld erwartete ich nur von anderen – nämlich mit mir. Je ungeduldiger ich wurde, umso größer wurden meine Probleme.
Ich probierte nach dem Motto: Drei Mal habe ich schon „omm“ gesagt und es hat nicht geholfen. Also die nächste Methode ausprobieren!

REIKI

In dieser Situation hörte ich auf einem Seminar erstmalig etwas von Reiki. Eine Teilnehmerin erzählte von dieser fernöstlichen Heilmethode, bei der durch Hand auflegen Lebensenergie übertragen würde. Damit seien ganz tolle Ergebnisse zu erzielen. Zudem sei diese Methode ganz einfach anzuwenden und schnell zu erlernen. Das war mein Stichwort: Schnell erlernen, ganz einfach, tolle Ergebnisse. Genau das brauchte ich!!
Leider konnte mir die Kollegin keine weiteren Einzelheiten berichten. Hatte sie es doch auch nur von einer Bekannten gehört, deren Freundin solch ein Seminar besucht hatte.

Für solche Fälle hatte und habe ich meine Freundin Gisi. Gisela, genannt Gisi, lernte ich vor gut 20 Jahren kennen. Zunächst waren wir Arbeitskolleginnen. Aus der gemeinsamen Arbeit entwickelte sich eine Freundschaft, der bisher auch zahlreiche Orts- und Arbeitsplatzwechsel nichts ausgemacht haben. Gisi lebt in der Nähe von Münster – ich in Pinnow bei Schwerin. Sie beschäftigte sich schon seit geraumer Zeit mit alternativer Medizin und besuchte nebenberuflich eine Heilpraktikerschule.
Am gleichen Abend, es war bestimmt schon

weit nach 22 Uhr, rief ich sie an. Das Gespräch werde ich nie vergessen. Auf meine Frage, ob sie Reiki kenne, kam zunächst ein leises und zögerndes „ja“. Mehr nicht. Völlig ungewöhnlich, wenn man Gisi kennt. Ungeduldig stampfte ich mit dem Fuß auf.
„Lasse dir doch nicht jedes Wort aus der Nase ziehen! Erkläre mir bitte genau, was das ist oder praktizierst du das?“
„Reiki wird Reeki ausgesprochen“, kam die Antwort, „und in so genannte Grade unterteilt. Ich habe den 2. Grad und wende es seit drei Jahren an.“
„Davon hast du mir ja nie etwas erzählt“, fiel ich ihr ins Wort. Die lange Pause am anderen Ende der Leitung zerrte an meinen Nerven.
„Wenn ich dir etwas von Reiki erzählt hätte, hättest du mich endgültig für verrückt gehalten“, war die verblüffende Antwort, „außerdem...du und Reiki – zwei Welten prallen aufeinander. Ich kann es nicht fassen, meine Karin, die immer nur glaubt was sie sieht, fragt nach Reiki“, überlegte sie laut. Meinen kleinlauten Versuch zu widersprechen würgte sie ab.
„Ich schicke dir Literatur, und wenn du Fragen hast, rufst du einfach an“, entschied sie, als wenn sie mit einem Kleinkind reden würde.

Noch lange grübelte ich über dieses Gespräch nach. Wieso sollte ich sie für verrückt halten? War Reiki etwas Übersinnliches oder Esoterisches?
Zugegeben, so manche Dinge, die Gisi gemacht hat, haben mir nicht gefallen. Auch einige ihrer „guten Bekannten" waren meiner Meinung nach Gurus, die ihre Weltanschauung teilweise sehr radikal mit Absolutheitsanspruch vertraten. Auch einige ihrer neuen Freundinnen ordnete ich in die Kategorie "stark esoterisch angehauchte Emanzen" ein. Gisi schien mir auf einem Selbstverwirklichungstrip zu sein, wobei sich ihre Lebenswertigkeiten stark verschoben. Ich mochte mich täuschen, aber ich bildete mir ein, diese Beobachtungen gemacht zu haben. Und natürlich traute ich mir diese „Bewertung" zu. Gesagt hatte ich es ihr allerdings nicht.
Ja, ich war schon eine schwierige Freundin. Sehr schnell in der Be- und Verurteilung anderer und selten gewillt, eine einmal gefasste Meinung zu korrigieren. So war ich eben und so musste mich meine Umwelt ertragen. PUNKT. Jede weitere Diskussion war überflüssig. Eine andere Sichtweise der Dinge gab es für mich nicht. Wozu auch? Es war ja überaus einfach, nur eine Seite der Medaille zu betrachten. Wozu sich die Mühe machen, einen anderen Blickwinkel einzunehmen? Viel zu anstrengend – und überhaupt,

hatte ich nicht selber genug Schwierigkeiten? Hatte ich im Job nicht täglich zu beweisen, dass das Durchsetzen einer eigenen Meinung enorm wichtig war? Dass eine einmal getroffene Entscheidung bis aufs Blut vertreten werden musste? Sonst würde Frau doch als wankelmütig eingestuft. Also weiter so, Augen zu und durch! Die Einsicht, dass dieses Grunddenken vielleicht auch eine Ursache für meine anhaltenden Probleme sein könnte, blieb mir zu diesem Zeitpunkt verschlossen. So weit war ich noch nicht. Wie heißt es doch zum Thema Selbstfindung: Es sagt sich leicht, sich selbst finden! Wie erschreckt man aber, wenn es wirklich geschieht!! Zwei Tage später erhielt ich die avisierten Bücher. Es war ein wunderschönes Sommerwochenende und ich zog mich gleich mit drei Büchern in den Garten zurück. Ich wollte sie nur einmal schnell durchblättern. Stunden wurde ich dann aber nicht mehr gesehen. Was ich da las, faszinierte mich so sehr, dass ich die Welt um mich herum vergaß. Einschließlich Mann und Katze.

So lernte ich aus den Büchern Dr. Mikao Usui, den Wiederentdecker des Reiki kennen und stellten ihn mir lebhaft vor meinem geistigen Auge vor. Ich las von seinen Lebensregeln und war schwer beeindruckt von der Natürlichkeit dieser Gebote.

Zum ersten Mal las ich etwas von Chakren, Nadis, Reiki-Meistern und in diesem Zusammenhang von der Macht der Gedanken.
Die Anwendungsmöglichkeiten wurden sehr gut erklärt und die einzelnen Positionen und Handhabungen beim Hände auflegen waren anschaulich abgebildet.

Das Erstaunlichste aber waren für mich die im Anhang eines Buches geschilderten Erfahrungsberichte von Reiki-Schülern. Da war die Rede von phantastischer Ruhe und Tiefenentspannung. Weiterhin wurde von Aktivierung der Selbstheilungskräfte und wundersamen Heilungen allein durch Hand auflegen berichtet.
Es kam mir vor, als wenn ich in einem Märchenbuch lesen würde. Oder wie in einer Sciencefiction-Geschichte.
Wie sollte das möglich sein? Ich schwankte zwischen Faszination und Unglaube. Tausend Fragen gingen mir durch den Kopf. Mr. Verstand arbeitete auf Hochtouren.
Völlig unmöglich, war seine Einschätzung.
Vielleicht war das ja etwas für naive Naturvölker, die keine anderen Möglichkeiten hatten. Für unsere medizinisch hoch entwickelte Gesellschaft ist das jedenfalls absolut indiskutabel.

Aber ganz tief in mir meldete sich eine leise,

kaum wahrnehmbare Innere Stimme, die zaghaft flüsterte:
Und wenn es doch möglich ist? Denke an die vielen Erfahrungsberichte, die du gelesen hast. Sollten diese Leute allesamt Phantasten sein?
Ziemlich benommen packte ich die Bücher zusammen und beschloss, mir einen guten Tee zu kochen. Dabei konnte ich das Gelesene erst einmal „sacken" lassen. Später wollte ich Gisi anrufen. Sie könnte mir sicher von eigenen Erfahrungen berichten.

Ich stellte den Wasserkocher an. Er war ein altersschwaches Erbstück und besaß noch keine Abstellautomatik. Total unkonzentriert, meine Gedanken waren noch bei den Büchern, versuchte ich den Stecker aus der Steckdose zu ziehen. Das Wasser kochte schon einige Zeit. Mit der rechten Hand blieb ich an dem Wasserbehälter hängen. Er kippte um. Das kochende Wasser ergoss sich über meine linke Hand und den halben Unterarm. Jeder, der schon einmal das Pech gehabt hat, sich derart zu verbrühen, wird meine Schmerzen nachempfinden können. Es tat fürchterlich weh. Tränen liefen mir über die Wangen.
Meine erste Reaktion war, den Arm unter kaltes Wasser zu halten. Das tat gut und brachte etwas Erleichterung. Aber nur solange ich an der Spü-

le stand und das kalte Wasser über die verbrühten Stellen lief. Sobald ich den Arm wegnahm, setzten die Schmerzen wieder ein. Arm und Hand schienen in Flammen zu stehen, und genau so sahen sie auch aus.
Vor meinen Augen tanzten Sterne und mir wurde übel.
Ich konnte nicht länger an der Spüle stehen bleiben. Ich brauchte Hilfe. Was sollte ich tun? Wo war mein Mann? Ach ja, er hatte etwas von wichtigen Akten gemurmelt und war in seine Dienststelle gefahren. Sollte ich "Doktorchen" anrufen? Nein, ging es mir durch den Kopf, er hat ja Urlaub. Die 15 Kilometer nach Schwerin zum nächstgelegenen Krankenhaus zu fahren, traute ich mir nicht zu. Den Notarzt zu rufen erschien mir für diese Verletzung nicht angebracht zu sein.

Kühlen, kühlen und nochmals kühlen war meine Idee. Die Eiswürfel aus unserer Gefriertruhe fielen mir ein. Die füllte ich in eine Plastiktüte, legte sie auf die verbrühten Hautstellen und umwickelte alles mit einem Handtuch. So versorgt legte ich mich mit zitternden Knien auf unser Sofa im Wohnzimmer.

Nun setzten kuriose Gedankengänge ein. Ein Zwiegespräch zwischen Mr. Verstand und dieser leisen und zaghaften Inneren Stimme von vorhin begann.

Was könnte ich noch tun? fragte Mr. Verstand.

Du hast doch den ganzen Tag in diesen Reiki-Büchern gelesen. Probiere es doch einfach einmal aus, was dort über das Hand auflegen stand, riet meine Innere Stimme.

Red keinen Quatsch! Das kann doch gar nicht funktionieren.

Warum denn nicht?

Ich habe doch gelesen, dass man, um Reiki geben zu können, zunächst ein Seminar besuchen muss. Dabei bekommt man Einweihungen oder so etwas Ähnliches. Erst dann kann dieses Reiki fließen oder wie auch immer es angeblich eingesetzt wird. Ich brauche aber jetzt handfeste Vorschläge, um ganz schnell Linderung zu bekommen.

In den Büchern steht aber auch geschrieben, jeder Mensch wird mit dieser Fähigkeit geboren. Weil sie jedoch nur selten beachtet wird, geht sie im Laufe des Lebens wieder verloren. Jetzt brauchst du Hilfe. Also mach schon!

Ja, ich habe nichts zu verlieren. Vielleicht hast du Recht. Wenn dieses Reiki wirklich so toll ist, kann es sich ja jetzt beweisen. Glauben kann ich es zwar nicht, aber Glauben ist Nichtwissen! Also gut, ich versuche es einfach.

Mit dem Mut der Verzweiflung nahm ich vor-

sichtig das Handtuch und die Plastiktüte weg. Augenblicklich brannten Hand und Unterarm wie zuvor.
Mit zusammengebissenen Zähnen legte ich meine rechte Hand auf meinen linken Unterarm auf. Durch die Berührung setzten noch größere Schmerzen ein.
Nicht auflegen! Abstand halten, kam irgendwo aus mir ein Kommando. Ich führte diesen Befehl willenlos, wie von einer fremden Macht geführt, aus. Ein Zeitgefühl hatte ich nicht mehr. Es könnten Minuten aber ebenso auch nur einige Sekunden gewesen sein. Die Stelle, über der meine rechte Hand schwebte, wurde noch heißer als zuvor. Aber der Schmerz veränderte sich!
Ein Hämmern, so als wenn jeder Herzschlag aus dem Arm heraus kommen würde, begann. Ganz langsam wurde dieser pochende Rhythmus sanfter, schließlich ließ er ganz nach.
Jetzt die nächste Stelle, einige Zentimeter unterhalb dieser Position einnehmen, war die nächste mysteriöse Anweisung, der ich schleunigst folgte.
Es wiederholte sich das Gleiche wie vorher. Zentimeter für Zentimeter „arbeitete" ich mich weiter.
Ich konnte nicht denken. Mein Verstand war wie ausgeblendet. Automatisch folgte ich dieser

verborgenen Stimme in mir.
Irgendwann schlief ich ein.
Wie lange ich geschlafen hatte, weiß ich nicht. Vermutlich war es ungefähr eine Stunde. Nass geschwitzt, wie nach einem Fieberschub, versuchte ich mich zu erinnern. Was war geschehen? Wieso lag ich auf dem Sofa? Was sollten das Handtuch und der Beutel mit Wasser?
Ach ja, ich hatte mir den Arm und die Hand verbrüht, ging es mir durch den Kopf.
Ich schaute auf meinen Arm und sah ... nichts! Nicht die kleinste Verletzung war zu erkennen. Ganz zu schweigen von einer Brandblase, die zu erwarten gewesen wäre. Arm und Hand waren weder gerötet noch geschwollen. Ich traute meinen Augen kaum und betastete äußerst vorsichtig die vermeintlich verletzten Körperstellen. Nichts tat weh! Die Haut war nicht empfindlicher als andere Stellen.
Du musst geträumt haben, meldete sich Mr. Verstand.
So etwas gibt es nicht. Deine Phantasie hat dir einen schönen Streich gespielt. Das kommt davon, wenn du dich mit diesem esoterischen Kram beschäftigst, hatte Mr. Verstand auch gleich eine Erklärung parat.
Langsam schüttelte ich den Kopf. Nein, hier war etwas ganz gravierend Wichtiges geschehen. Oder kann man ein Handtuch und eine Plastik-

tüte, noch dazu mit Wasser gefüllt, herbei träumen? Schwer vorstellbar.
Du hast dir Reiki gegeben, meldete sich meine Innere Stimme, die ich ja jetzt schon besser kannte.
Verwirrt überlegte ich. Was hatte ich gemacht, bevor ich eingeschlafen war? Stimmt, ich hatte meine rechte Hand über die verletzten Hautstellen gelegt. Sollte das wirklich so gut geholfen haben?
Ich wusste einfach nicht, was ich glauben sollte. Plötzlich erschien es mir auch nicht mehr so wichtig, eine Erklärung zu finden. Ein tiefes Gefühl von Dankbarkeit kam in mir auf. Ich hatte keine Schmerzen mehr! Tränen liefen mir über die Wangen. Jetzt aber aus Freude. Ein wunderbarer Gefühlscocktail aus Dankbarkeit, Freude und Glück erfasste mich. So ein tiefes emotionales Empfinden hatte ich bisher selten in meinem Leben gespürt. Einmal nur direkt nach der sehr schweren Geburt meiner Tochter.
Warum fiel mir dieser Vergleich gerade jetzt ein? Sollte das ein Zeichen sein?
Wieder schüttelte ich den Kopf.
„Lasse es gut sein", sagte ich laut zu mir und beschloss, erst einmal zu duschen. Ich bin noch nie ein Kaltduscher gewesen. Folglich drehte ich auch jetzt den Hebel der Mischbatterie auf und duschte wie immer sehr heiß.

Bestimmt hat sich jede Hausfrau oder jeder Hausmann schon einmal verbrannt. Es kann beim Kochen oder beim Bügeln geschehen. Eine kleine Unaufmerksamkeit, und schon ist es passiert. Sie oder er wird bestätigen können, dass es dann über Tage nur mit mehr oder weniger großen Schmerzen möglich ist, zum Beispiel den Abwasch von Hand in heißem Wasser zu erledigen.
Ich aber stand unter der heißen Dusche und spürte absolut keinen Schmerz!
Zwischenzeitlich war mein Mann zurückgekommen. Nachdem er in der unteren Etage sein Frauchen nicht finden konnte, kam er in das Badezimmer gestürmt.
„Hallo mein lieber Schatz, da bin ich wieder. Was hast du heute außer Lesen noch so gemacht?“, waren seine ersten Fragen bevor er mich in den Arm nahm und mir einen Kuss geben konnte.
„Wie schön, dass du wieder da bist“, antwortete ich und legte meinen Kopf an seine Schulter. “Ich habe Pech gehabt und mir den halben Arm und die Hand verbrüht“, berichtete ich.
„Oh je, zeig mal“, antwortete er und schob mich etwas von sich weg.
Ich hielt ihm meinen linken Arm hin.
Er sah meinen Arm an, blickte mich fragend an und sah dann wieder auf den angeblich ver-

brühten Arm.
„Wo denn, ich kann gar nichts erkennen?“, war seine folgerichtige Frage.
Ich erzählte ihm von meinen Erlebnissen. Ohne mich auch nur einmal zu unterbrechen, hörte er zu. Er muss an meinem Verhalten bemerkt haben, dass es nicht der richtige Zeitpunkt für flapsige Bemerkungen war. Sonst wären diese so sicher wie das Amen in der Kirche gekommen.
„Könnte es eventuell sein, dass du ein wenig übertreibst?“, konnte er sich dann doch nicht verkneifen zu fragen.
Mein empörter Gesichtsausdruck ließ ihn jedoch verstummen.
„Also gut“, lenkte er ein.
„Wir machen es uns im Garten gemütlich. Dabei kannst du mir noch einmal alles in Ruhe erzählen“, schlug er vor.
Mein Mann Uli ist seit 30 Jahren Polizeibeamter. Kriminalist, um genauer zu sein. Als Kriminaldirektor leitet er einen Ermittlungsbereich. Von Berufswegen gewohnt zuzuhören, gezielte Fragen zu stellen und zu analysieren, glaubte er nur, was hieb- und stichfest beweisbar ist. Ausgerechnet seine Frau erzählt ihm nun im Brustton der Überzeugung so eine Geschichte!
Die Situation hatte ihre Komik und erinnert mich noch heute irgendwie an Loriot und seine

satirischen Fernsehsendungen.
Sehr viel später hat Uli mir gestanden, dass er sich in dieser Situation schon ein klein wenig Sorgen über meinen Geisteszustand gemacht hatte. Bis dahin hatte er aber noch nie Anzeichen von Verwirrtheit festgestellt, abgesehen von meiner nur wenige Tage dauernden VALIUM-Phase. Es erschien ihm deshalb klüger, diese Besorgnis für sich zu behalten. Er wollte erst einmal abwarten und sehen, ob noch weitere mysteriöse Dinge mit mir geschehen würden.
Zunächst suchte er logische Erklärungen. Für ihn stand fest, dass ich durch das schnelle Kühlen der Verbrühungen diesen sehr guten Heilungserfolg erreicht hatte.
Aber er nahm mich und meine Empfindungen ernst. Aus Sorge um mich, aber auch aus Interesse an der Sache.
„Ich kann mir nicht vorstellen, dass diese Heilung andere Ursachen als das Kühlen haben kann. Aber du hast diese Erfahrung gemacht und nicht ich. Wenn du glaubst, dass andere Dinge dabei eine Rolle gespielt haben, so gehe der Sache nach. Informiere dich. Vielleicht gibt es hier in Schwerin oder in der Nähe ja eine Reiki-Schule. Da kann man dir bestimmt deine Fragen beantworten“, schlug er vor.
Ich war und bin ihm sehr dankbar für diese Offenheit, für sein Interesse und für seine Unter-

stützung in all den Jahren. Ohne diese Hilfe hätte ich es sicher ungleich schwerer auf meinem Weg zum Reiki gehabt.
Ein weiter Weg beginnt immer mit dem ersten Schritt. Er ist der schwerste. Wer dabei Unterstützung von lieben Menschen erfährt, hat allen Grund, von ganzem Herzen dankbar zu sein.
Gestärkt durch die Ermunterungen meines Mannes beschloss ich, mehr über die Reiki-Methode in Erfahrung zu bringen.

Ich suchte schon längere Zeit nach einer wirkungsvollen Art, mir selbst zu helfen. Sie sollte praktisch in der Anwendung, leicht zu erlernen und möglichst überall auszuüben sein. Außerdem natürlich und schnell wirken. Kurz: praktisch, einfach, gut.
Auch weiß ich heute, dass ich genau dieses recht drastische und zunächst schmerzvolle Erlebnis gebraucht habe, um auf den für mich richtigen Weg geführt zu werden. Allein das Lesen von Büchern hätte mich nicht dahin geführt. So bin ich schon als Kind gewesen. Um ein Gebot oder gar ein Verbot einzusehen oder zu akzeptieren, musste ich immer selbst ausprobieren, wie weit ich gehen konnte. Nur aus meinen eigenen, natürlich teilweise leidvollen Erfahrungen, konnte und wollte ich lernen.
Ein Eventuell oder Vielleicht empfand ich als zu

schwammig und wurde von mir übergangen. Ich brauchte ein deutliches Ja oder Nein. Natürlich aus dem eigenen Erleben. Eine Art Holzhammermethode, die besonders in meiner "heißen Phase" zwischen dem 13. – 17. Lebensjahr eine extreme Herausforderung für mich und meine Umgebung gewesen war.

Ganz nach meiner bisherigen Lebensmaxime hatte ich hier und jetzt mit der Verbrühung mein Schlüsselerlebnis erfahren. Nun brauchte ich nur noch eine Reiki-Schule zu finden, dann konnte es losgehen. So einfach stellte ich es mir - unerfahren, wie ich war - vor.
Weder im Telefonbuch noch in den Gelben Seiten fand ich einen entsprechenden Eintrag. In den ausgeliehenen Büchern befanden sich zwar Literaturhinweise, leider aber keine Adressen von Reiki-Schulen.
Also was tun?
Na klar, Gisi anrufen.
Gisi war sehr überrascht, dass ich mich so schnell entschieden hatte, selber Reiki zu erlernen.
„Du stellst ja gar keine kritischen Fragen. Bist du etwa krank?" war ihre ironische Frage.
Ich erzählte ihr von meinem Erlebnis. Sehr zu meiner Verwunderung schien sie darüber keineswegs überrascht. Als wenn ich über eine völlig normale Angelegenheit reden würde, stellte

sie nur hin und wieder eine nüchterne Frage. Völlig cool diese Frau, war meine Feststellung. Nein, mit derartig spektakulären Erfolgen könne sie nicht dienen. Interessant sei lediglich, dass ich diesen enormen Heilerfolg erzielt habe, obwohl ich doch noch gar nicht in Reiki eingeweiht sei.

Von so genannten Einweihungen hatte ich in den Büchern gelesen. Was es aber bedeutete, war mir nicht klar geworden.

„Was heißt eingeweiht? Muss ich dafür in eine Kirche oder gar in ein Kloster? Ist das etwa eine religiöse Gemeinschaft oder so ähnlich?", war auch prompt meine nächste Frage an Gisela.

Sie lachte lauthals, konnte mich aber schnell beruhigen.

„Einweihungen bekommst du während des Reiki-Seminars. Es ist eine Energieübertragung, damit du dir und anderen Reiki geben kannst. Einweihen kann dich nur ein ausgebildeter Reiki-Lehrer oder eine Reiki-Lehrerin. Kein Pater oder Priester, es sei denn, er ist gleichzeitig auch Reiki-Lehrer", war ihre wieder durch Kichern unterbrochene Ausführung dazu.

Ich hatte keine Lust, dieses weiter zu hinterfragen. Mein Verhältnis zur Kirche war in den letzten Jahren stark gestört. Nach der Scheidung von meinem ersten Mann war ich ausgetreten. Ich, die im streng katholischen Münsterland ge-

boren und aufgewachsen war!
Schande über mich. Nur gut, dass meine Eltern keine Ahnung von dieser, in ihren Augen sicherlich verachtungswürdigen Tat hatten. Ich fegte diese Gedanken weg.
„Ich brauche jetzt Adressen von Reiki-Schulen oder Reiki-Lehrern von dir. Möglichst hier in der Nähe“, setzte ich das Gespräch fort.
„Ich weiß nicht, ob es schon Reiki-Lehrer bei euch im Osten gibt“, war ihre nüchterne Antwort.
„In Hamburg oder Berlin aber ganz sicher“, fuhr sie fort.
„Ich gebe dir Adressen von verschiedenen Reiki-Organisationen, die allerdings recht streng strukturiert sind. Diese Organisationen bilden auch aus oder vermitteln Reiki-Lehrer. Allerdings ist das meines Wissens ein sehr teures Vergnügen. Daher habe ich mich entschieden, Seminare bei einer freien Reiki-Lehrerin zu besuchen“, klärte Gisi mich weiter auf.
„Frei deshalb, weil sie keiner Organisation angehörten. Das ist aber erst seit Ende der 80er-Jahre möglich.“
„Schön, und wie komme ich jetzt an eine freie Reiki-Lehrerin?“
„Halte Augen und Ohren offen. Frage in einer esoterischen Buchhandlung nach. Kaufe dir entsprechende Zeitungen und schaue die Anzeigen

durch", war Gisis Antwort.
Ich war enttäuscht und sagte es ihr auch.
„Ich werde meine Reiki-Lehrerin fragen, ob sie vielleicht eine Kollegin bei euch in der Nähe kennt", bot Gisi an.
„Wenn der Schüler bereit ist, erscheint auch der richtige Lehrer wie von selbst", dozierte sie weise.
Wieder ein typischer Gisi-Spruch, ging es mir durch den Kopf.
Damit konnte ich nun absolut nichts anfangen. Ich war doch bereit, ... oder? Na klar, von mir aus könnte es morgen schon losgehen. Nur, wo war mein Lehrer?
Gisi bemerkte meine Nachdenklichkeit und wollte mich trösten.
„Reiki ist etwas ganz Wunderbares und jeder, der es verdient, bekommt es auch.
Ich rate dir jedoch dringend, deinen künftigen Reiki-Lehrer vorher genau anzusehen. Führe ein Informationsgespräch mit ihm oder mit ihr. Ein Reiki-Seminar ist etwas anderes als ein Computer-Lehrgang. Die Wellenlänge zwischen euch muss stimmen. Absolutes Vertrauen zu deinem Lehrer ist erforderlich. Wichtig ist, dich zu öffnen. Nur so wird das Seminar für dich zum Erlebnis, was wiederum deinen persönlichen Reiki-Weg prägt. Wichtig ist außerdem, dass Er oder Sie auch nach dem Seminar jeder-

zeit ansprechbar für dich ist. Dir werden ganz sicher anschließend noch Fragen einfallen oder möglicherweise werden Probleme auftreten, bei denen dir dein Reiki-Lehrer helfen sollte", ratschlagte Gisi weiter.

Mir rauchte mittlerweile der Kopf. Das hatte ich mir einfacher vorgestellt.

„Und außerdem ist es ratsam vorher zu wissen, ob Gruppen- oder Einzelseminare angeboten werden. Beide Arten haben Vor- und Nachteile, wobei Einzelseminare natürlich wesentlich individueller sind. Last, but not least, ist es aber auch eine Frage des Preises", beendete Gisi ihre Ausführungen.

„Über Preise haben wir ja noch gar nicht gesprochen", hakte ich gleich nach. „Was kostet denn so ein Seminar?"

„Da gibt es keine Festpreise. Jeder Reiki-Lehrer ist darin frei. Ich habe für mein erstes Seminar 400,-- DM bezahlt. Wir waren acht Teilnehmer. Ich habe aber auch schon von Preisen in Höhe von 600,-- bis 700,-- DM gehört."

Nun ja, 400,-- bis 700,-- DM für ein Seminar ist schon ein stolzer Preis, meldete sich mein Mr. Verstand nach längerer Zeit einmal wieder.

Ist es das wert?

Über diese Frage mochte ich jetzt nicht nachdenken. Wichtiger war mir erst einmal, an die Adressen oder Telefonnummern zu kommen.

Alles andere würde sich dann schon irgendwie regeln lassen. Schließlich verdiente ich ja auch etwas Geld.
Ich suchte im Telefonbuch nach einer esoterischen Buchhandlung. Leider Fehlanzeige. Also ab zur nächsten Tankstelle und Zeitschriften kaufen. Aus dem Bereich der Regenbogenpresse gab es reichlich Auswahl. Aber esoterische Zeitschriften gab es leider nicht. Auch an der zweiten und dritten Tanke fand ich nichts Brauchbares.

Im Kollegenkreis fragte ich, ob schon einmal jemand etwas von Reiki gehört habe. Keiner kannte es und keiner hatte auch nur einen Funken Interesse. Weiterhelfen konnte mir erst recht keiner.
Eine Kollegin nahm mich zur Seite und erklärte, dass „die Leute von hier" andere Sorgen hätten, als sich mit so einem Quatsch abzugeben. Das müsse ich als „Wessi" doch verstehen.
„Im Jahre Drei nach der Wende haben wir voll und ganz damit zu tun, 'euren Weststandard' zu erreichen. Möbel aussuchen, Autos kaufen und Reisen sind jetzt viel wichtiger. Wir können uns diese Art der Selbstverwirklichung nicht leisten. Außerdem sieht ja kein Nachbar oder Bekannter etwas davon", belehrte sie mich.
„Du als verwöhnte Wessi hast offenbar keine

anderen Sorgen, als dich um solche Dinge zu kümmern. Tu, was du nicht lassen kannst, aber halte um des Gottes Willen deinen Mund. Die Kollegen tuscheln schon über dich", riet sie mir mit Verschwörermiene.
Wouw, das saß.
Ätsch, das hast du jetzt davon. Was musst du auch dein winziges Körnchen Wissen hier anbringen, grinste Mr. Verstand mich schadenfroh an.
Der aus ihrer Sicht vielleicht gut gemeinte Ratschlag traf mich wirklich tief. Zerknirscht brachte ich es gerade noch fertig, mich bei ihr zu bedanken! War es Ironie, Spott oder ganz einfach mangelndes Selbstbewusstsein von mir? Da prügelt jemand verbal auf mich ein und ich bedanke mich auch noch dafür!

Ratschläge, zumindest nicht erbetene, sind auch Schläge. Und Schläge tun immer weh!

RÜCKBLICK

Von Außen gesehen, war es ein nichtiger Anlass. Er führte aber dazu, mein Verhältnis zu meinen Arbeitskollegen gründlich zu überdenken. Hatte ich etwas Wichtiges im zwischenmenschlichen Bereich übersehen oder aber falsch eingeschätzt?

Es war zwar damals eine ausgesprochen schwierige Zeit, jedoch glaubte ich eine zu allen freundliche, hilfsbereite und auch akzeptierte Kollegin zu sein.
Seit mehr als einem Jahr war ich als Verwaltungsangestellte in einem Ministerium in Schwerin tätig. Mein Mann und ich hatten 1991 die einmalige Chance genutzt und waren als so genannte Aufbauhelfer von West nach Ost, von Bonn nach Schwerin gegangen.
Diese Entscheidung, eine gewohnte Umgebung, ein gerütteltes Maß an Bequemlichkeit und lieb gewordene Gewohnheiten aufzugeben, war zumindest mir nicht leicht gefallen, zumal ich erst ein Jahr zuvor von Münster nach Bonn gezogen war.
Der Liebe wegen, wie man so schön sagt.
Meine Heimat, mein geliebtes Münsterland, hatte ich bis dahin lediglich bei Urlaubsfahrten verlassen.

„Wie kannst du deinen Mann verlassen? Eine Scheidung hat es in unserer Familie noch nie gegeben. Jetzt sieh gefälligst zu, wie du alleine klar kommst“, war die auf oberflächlicher Moral aufgesetzte, sture und typisch münsterländische Einstellung meiner Eltern. Als Kind eben dieser Eltern reagierte ich – na, wie wohl? - mit Sturheit! Wenn ihr nicht wollt, dann eben nicht. So stellte ich meine Überzeugung trotzig nach Außen zur Schau.
Innerlich litt ich sehr unter diesem Zustand, der noch viele Jahre anhalten sollte. Ich fühlte mich verletzt, unverstanden und verstoßen, wie ein „schwarzes Schaf“ eben.
Gerade in der sehr schweren Lebensphase der Trennung nach 14 Jahren Ehe hätte ich die Hilfe und Verständnis meiner Familie gebraucht. Leider Fehlanzeige. Ich war allein. Mutterseelenallein in meiner 2-Zimmer Sozialwohnung in einer Kleinstadt in der Nähe von Münster. Ohne Möbel, aber immerhin mit stolzen 5.000,-- DM Eigenkapital. Die hatte ich mühsam meinem Exmann abgeluchst. Dafür durfte er alle gemeinsam angeschafften Möbel und sonstigen Einrichtungsgegenstände behalten. Auch auf die mir zustehende Abfindung aus unserem gemeinsam erbauten Haus verzichtete ich. Ich hatte die Hoffnung, mit dieser edlen Geste meinen guten Willen gezeigt zu haben und eines zu er-

reichen: Das Sorgerecht für unsere 13-jährige Tochter Wencke.
Die Hoffnung trog. Es begann ein Kampf gegen Windmühlen.
Nicht die Auseinandersetzungen mit meinem Ex und dessen Familie, nicht die endlosen und erniedrigenden Gespräche und Begutachtungen beim Jugendamt schafften mich. Allein das Verhalten meiner über alles geliebten Tochter machte mir seelisch und körperlich zu schaffen. Ich hatte immer geglaubt, eine besonders enge Beziehung zu meinem Kind zu haben und eine gute, wenn auch halbtags berufstätige Mutter zu sein.
In den Augen meiner Tochter war ich es offenbar nicht gewesen. Wencke zog sich sofort von mir zurück. Sie wollte bei ihrem Vater und ihrer Oma, die im Nachbarhaus wohnte, leben. Sie wollte in „ihrem“ Haus und bei ihren Freundinnen bleiben. Keinesfalls würde sie mit mir in dieser „Bruchbude“ wohnen wollen, erklärte sie mir so knallhart, wie es wohl nur Kinder können.
Für mich brach eine Welt zusammen. Und auch ich brach zusammen. Mein Körper spielte einfach nicht mehr mit. Ich glaubte, jämmerlich versagt zu haben. Mein Körper nahm sich eine Auszeit.
Keine vier Wochen nach meinem Auszug lag ich

in der Universitäts-Klinik in Münster. Auf 42 kg abgemagert, mit stechenden Schmerzen im Unterleib und flatternden Nerven, von Weinkrämpfen geschüttelt, wurde ich zunächst ruhig gestellt und dann operiert.
Zum Glück geschah dieser Zusammenbruch während meiner Arbeitszeit. Ich war damals Sekretärin eines Abteilungsleiters in der Verwaltung der Universitätskliniken in Münster. Und ich war es gern. Ich fühlte mich dort wohl. Das Betriebsklima war sehr gut, die Arbeit machte Spaß. Mein Chef sorgte auch dafür, dass ich nach meiner Trennung schnellstens eine Ganztagsstelle bekam, um zumindest finanziell auf die Beine zu kommen.
In dieser Notsituation fand ich bei vielen Leuten, von de-nen ich es nicht erwartet hätte, tatkräftige Hilfe und seelische Unterstützung. Kollegen strichen während meines Krankenhausaufenthaltes die neue Wohnung. Ja sogar einige Möbel wurden aufgetrieben und aufgestellt. Gisi und ihr Mann Karsten besuchten mich jeden Tag, um mich aufzuheitern.
Gisi versorgte mich mit frischer Wäsche und allem, was Frau im Krankenhaus so braucht. Ich wurde gehätschelt und getätschelt. Und diese Zuwendung tat mir unendlich gut.
Einige Tage vor meiner Entlassung besuchte mich völlig überraschend Uli.

Ja, mein Uli. Wir hatten uns sechs Jahre zuvor kennen gelernt. Er war mit Kollegen auf einer Kegeltour an der Mosel. Ich hatte mit einer Freundin zusammen ebenfalls eine Wochenendtour nach Cochem unternommen. Es war wie in einem kitschigen Liebesfilm aus den 50er-Jahren. Wir sahen uns und mochten uns. So etwas gibt es wirklich. Es wurde eine intensive aber kurze Beziehung.
Ich hatte mich, obwohl verheiratet und Mutter einer sechsjährigen Tochter, Hals über Kopf verliebt.

Das einem so etwas nur wiederfährt, wenn Frau in der Ehe nicht glücklich ist, wollte ich mir nicht eingestehen. Mein Gefühlsleben war nach diesem Wochenende total durcheinander geraten. Hart im Nehmen und noch härter gegen mich selbst, habe ich diese Liebe jahrelang unterdrückt. Sie durfte nicht sein. Und was nicht sein darf, gibt es auch nicht.
Mein Pflichtbewusstsein gegenüber meiner kleinen Familie hatte scheinbar gewonnen. Aber nur scheinbar.
Tatsächlich schaffte ich es mit eisenharter Disziplin mir einzureden, dass die Affäre mit Uli nur ein einmaliger Ausrutscher gewesen und jetzt eben wieder brave Ehefrau und Mutter angesagt sei. Auch Uli musste das einsehen und

hielt sich zurück. Uns blieben nur gelegentliche Telefonate, die über allgemeine Floskeln nicht hinaus gingen.
Bei unserem vorerst letzten Telefonat erzählte er mir, dass er beabsichtige, aus beruflichen Gründen für längere Zeit ins Ausland zu gehen. Danach hörte ich mehr als fünf Jahre nichts mehr von ihm.

Jetzt stand er vor meinem Krankenhausbett. Groß und breit wie eh und je mit seinen 1,80 m Größe und geschätzten zwei Zentnern Lebendgewicht, grinste er mich mit seinem Teddybärlächeln an.
„Mensch, Mäuslein was machst du denn für Sachen“, dröhnte es durch das Zweibettzimmer. Meine Leidensgenossin im Nachbarbett zog automatisch ihre Bettdecke höher.
Ich saß wie gelähmt in meinem hübsch geblümten Nachthemd da. Nicht fähig, auch nur ein Wort zu sagen. Eindeutig Halluzinationen, mögliche Nachwirkungen der Narkose, diagnostizierte ich profihaft. Uli, ganz Gentleteddy, tat so, als wenn seine Anwesenheit das Selbstverständlichste auf der Welt sei.
Nachdem er sich umständlich einen Stuhl geangelt und geräuschvoll bis an mein Bett gezogen hatte, erzählte er frei und laut, in meinem Büro angerufen zu haben. Dort habe er erfahren, dass

ich selbst dafür sorgte, dass mein Arbeitgeber auch Kundschaft hatte. Seit heute habe er Urlaub und sei unterwegs nach Dänemark. Dabei sei ihm kurz entschlossen die Idee gekommen, einmal bei mir hereinzuschauen.
So einfach war das. Ich sagte ja schon .... es gibt keine Zufälle – oder etwa doch?

Es gab natürlich viel zu erzählen, und da mein Büro praktischerweise nur wenige Etagen unter meinem Krankenhauszimmer lag, verzogen wir uns dorthin. Mein guter Draht zur Oberschwester Agnes brachte mir ihre gütige Erlaubnis ein. Chef und Kollegen hatten schon längst Feierabend. Die Luft war also rein.
Kaffee trinkend und rauchend redeten wir bis weit nach Mitternacht. Wir trennten uns nur, weil ich vor Erschöpfung fast vom Bürostuhl gefallen wäre.
Es bleibt noch zu ergänzen, dass Uli seinen Urlaub nicht in Dänemark verbracht hat. Er bekam meinen Wohnungsschlüssel und hat in meiner „Luxus-Bruchbude“ übernachtet. Fortan besuchte er mich täglich.

Dabei lernten sich Gisi, Karsten und Uli kennen. Sie trafen an der Tür zu meinem Zimmer aufeinander. Uli wollte gerade gehen und stieß mit Karsten, ebenfalls über 1,80 m groß, aber einige

wenige Gramm leichter, zusammen. Ein gegenseitiges „tschuldigung“ murmelnd war die Sache zwischen den beiden erledigt.
Gisi hingegen war nicht entgangen, dass das Nachbarbett leer war. Da der Hinausgehende offensichtlich weder Arzt noch Pfleger sein konnte, musste der „Bär“ ein Besucher von mir gewesen sein, kombinierte sie messerscharf.
Nichts gegen Männer, aber das „Schwache Geschlecht“ hat in solchen Momenten wohl doch den besseren Durchblick.
„War das dein Bodyguard?“, stellte sie prompt ihre neckische Frage.
Ich mochte und mag Gisi und Karsten besonders gern. Über ihren sonnigen Humor kann ich mich normalerweise ausschütten vor Lachen. In diesem Moment fühlte ich mich aber überrumpelt und irgendwie ertappt. Eine teenagerartige Röte stieg mir ins Gesicht. Eigentlich hätte ich ja schwarz werden müssen vor lauter Ärger über diese – wie ich fand - blöde Frage und meine noch blödsinnigere Reaktion darauf.
„Ja, ja BKA, Abteilung frag mich nicht“, flüsterte ich ihr zu.
Nun hat Gisi nicht nur eine ausgesprochen gute Kombinationsgabe, sondern zu allem Überfluss auch ein exzellent gutes Gedächtnis. Meiner besten Freundin hatte ich natürlich vor vielen Jahren meinen „Fehltritt“ gebeichtet. Von ihr

hatte ich ja auch die Absolution erhalten. Wissend schaute sie mich grinsend an.
Anders der liebe Karsten. Ganz den heldenhaften Beschützer spielend rief er empört:
„Was, das war ein Bulle? Ich dachte schon, ich könnte Finderlohn kassieren. Der Zirkus Saratomba vermisst nämlich seit gestern seinen Tanzbären", rief er mit gespielter Enttäuschung.
„Aber jetzt mal im Ernst. Was wollte der denn von dir?", verlangte er zu erfahren.
„Bulle, Bodyguard, Tanzbär – wer braucht noch Feinde, wenn er solche Freunde hat", sinnierte ich laut.
Von einer Antwort befreite mich Engelchen Gisi.
„He Alter", wies sie ihren Mann lächelnd, wie es eben nur Gisi schafft, zurecht.
„Sei nicht so neugierig. Du kannst zwar fast alles essen, musst aber noch lange nicht alles wissen."
Der Wink mit dem Zaunpfahl reichte. Schließlich waren die beiden ein gut eingespieltes Team.

Eine Woche später lernten sich die Drei bei einem gemütlichen Abendessen kennen. Sie mochten sich auf Anhieb. Die beiden Männer pflegen bis heute eine, wie beide behaupten, „gegenseitig inspirierende Männerfreundschaft" und necken uns Frauen damit, dass es wahre Freundschaft sowieso nur unter Männern gibt.

Meine Genesung ging nun plötzlich gut voran. Besonders abends wunderten sich die Schwestern über meinen leicht erhöhten Blutdruck. Vier Tage später wurde ich von Uli als „Entlassene Kranke“ in mein neues Zuhause gefahren. Seinen Urlaub verbrachte er hauptsächlich damit, für uns einzukaufen, zu kochen und zu putzen. Ganz nebenbei erstand er mit mir auch noch fehlende Möbel in einem Secondhand-Möbelladen und stellte sie auch gleich auf.
Das Wichtigste für mich aber waren unsere Gespräche. Er versuchte mir Mut zu machen. Auch er war geschieden worden, als sein einziges Kind 13 Jahre alt war. Andrea habe genau so kindlich reagiert, ihm die „Alleinschuld“ gegeben und sich zunächst von ihm zurückgezogen. Ich solle nur Geduld haben und das Kind zu nichts zwingen. Dann würde sie schon von selber kommen, so sei es ihm jedenfalls ergangen. Das wollte ich ja nur zu gerne glauben.
Nach 14 Tagen war sein Urlaub zu Ende und er fuhr zurück nach Meckenheim bei Bonn. Dank seiner Hilfe hatte ich mich von meiner Operation einigermaßen erholt. Auch meine Wohnung war richtig gemütlich geworden. Da ich krank geschrieben war, hatte ich viel Zeit. Der

gefühlsmäßige Ablösungsprozess von meinem bisherigen Leben begann. Er war schmerzhaft und hat viele Tränen gekostet.

Alles regelte sich nach und nach. Ich bekam bald meine Ganztagsstelle. Um die Scheidung kümmerten sich die Rechtsanwälte. Ich lernte meine neue Umgebung und viele neue Leute kennen.
Nur das Verhältnis zu Wencke änderte sich nicht. In acht Wochen hatte sie mich nur einmal besucht und war dabei auch noch recht kratzbürstig gewesen.
In der Zwischenzeit hatte das Jugendamt nach „gewissenhafter Prüfung" dem Kindesvater das Sorgerecht zugesprochen.
In dem Bescheid konnte ich lesen:

Vater und Tochter leben in einem gepflegten Einfamilienhaus. Es sei nicht zu verantworten, das Kind aus seiner gewohnten Umgebung heraus zu reißen. Mit 13 Jahren habe das Kind außerdem ein Mitspracherecht. Wencke habe sich gegen eine regelmäßige Besuchsregelung ausgesprochen. Da das Wohnumfeld der Mutter dem sensiblen Kind nicht zuzumuten sei, habe der zuständige Sachbearbeiter von einer

```
Regelung des Umgangsrechts abgesehen.
Die Mutter wird zu monatlichen Unter-
haltszahlungen in Höhe von ... DM
verpflichtet.
```

Nun hatte ich Schwarz auf Weiß, was für eine unfähige Mutter ich war.
Dass ich dieses Einfamilienhaus so gut gepflegt und auf alle Rechte daraus verzichtet hatte, wurde mit keinem Wort erwähnt. Es spielte einfach keine Rolle. Mein jetziges Wohnumfeld war zugegebener Maßen nicht mit einer Neubausiedlung zu vergleichen. Hier wohnten hauptsächlich kinderreiche Familien und allein stehende Personen. Was aber war daran unzumutbar? Das war dem sensiblen Kind nicht zuzumuten? Wohl aber die fehlende Mutter?
Ein Sachbearbeiter hatte das entschieden.

Mir wurde schlecht. Mehrere Tage war ich zwischen Enttäuschung, Wut und Selbstmitleid hin- und her gerissen. Ich suhlte mich in meinem Elend und wollte mit niemandem reden.
Gisi gelang es schließlich doch, mich halbwegs wieder aufzurichten.
„Du hast alles getan, was man für ein Kind nur tun kann“, sagte sie mir immer und immer wieder.
„Höre endlich auf, dich selbst zu beschimpfen.

Wencke steht unter dem Einfluss deines Exmannes und seiner Familie. Außerdem ist sie als Einzelkind entsprechend verwöhnt und sieht zurzeit nur ihre eigenen Vorteile. Lasse ihr Zeit, sie wird sich schon besinnen. Höre jetzt endlich auf dich selbst zu bemitleiden und schaue nach vorn. Das Leben geht weiter", paukte sie mir ein.

Ja, das Leben ging weiter und holte mich schnell ein. Miete, Unterhalt, Anwaltskosten, Auto und Essen wollten bezahlt werden. Mir blieb nichts anderes übrig, ich musste mir eine Nebenbeschäftigung suchen. In einer Universitätsklinik werden immer Leute gesucht, die Schreibaufträge für medizinische Gutachten übernehmen. Das war eine saubere Arbeit und wurde gut bezahlt. So verbrachte ich meine Abende mit „Emma Olivetti", meiner Schreibmaschine. Das Computer-Zeitalter hatte für mich noch nicht begonnen.

Uli besuchte mich, so weit es sein Dienst zuließ, zunächst alle 14 Tage über das Wochenende. Ab und zu bin ich auch zu ihm ins Rheinland gefahren. Mein altersschwaches Auto nahm mir längere Touren allerdings übel und reagierte darauf mit sündhaft teuren Reparaturen.
Bald kam Uli jedes Wochenende und wir genossen jede Minute davon. Das Leben hatte plötz-

lich wieder seinen Reiz, machte wieder Spaß. Bald bat er mich zu sich nach Meckenheim zu ziehen. Aber ich war noch nicht so weit. Ich brauchte noch Zeit. Auch weil ich immer noch hoffte, Wencke würde es sich noch einmal überlegen und doch zu mir ziehen. Leider hoffte ich vergeblich.

Nach 1 1/2 Jahren wagte ich den Sprung. Problemlos konnte ich mich von der Uni-Klinik in Münster zur Uni-Klinik nach Bonn versetzen lassen. Eine glückliche Zeit begann. Zum vollkommenen Glück fehlte mir nur noch meine Tochter. Nun ja, vielleicht kann man wirklich nicht alles haben. Zumindest nicht gleichzeitig.

Und dann waren wir ein Jahr später in Schwerin. Ich „verwöhnte Wessi" aber auch, die keine anderen Sorgen hatte, als sich um ihre Selbstverwirklichung zu kümmern, wie mir von einer Kollegin unterstellt wurde.
Über diesen mit viel Wohlwollen betrachtet gut gemeinten Rat-SCHLAG grübelte ich nach. Stunden später hatte ich mich so richtig schön in Rage gegrübelt. Wenn dieser Zug bei mir erst einmal ins Rollen gekommen war, gab es kaum noch ein Haltesignal, was Beachtung finden könnte. So war ich wirklich – auch wenn ich heute manchmal darüber schmunzeln muss. So

richtig in Fahrt gebracht, gelang es mir mühelos alle, teilweise schon lange zurückliegenden Unstimmigkeiten, vermeintliches Fehlverhalten anderer und vor allen Dingen subjektiv empfundene Ungerechtigkeiten hervorzukramen. Selbst wenn sie noch so gut versteckt waren. Gnadenlos zerrte ich sie hervor. So mutieren Mäuse zu Elefanten. Eine herrliche Gelegenheit zum Rundumschlag auszuholen und so richtig in die Vollen zu gehen. Und da war doch noch.... und der.... und überhaupt und so weiter und so fort. Köstlich, köstlich, ein liebenswerter Zug von mir. Nicht wahr?

Seit einem Jahr war ich nun in Schwerin. Reichlich Gelegenheit, Erfahrungen zu sammeln.
Man muss sich diese einmaligen Gegebenheiten von Anfang der 90er noch einmal in Erinnerung rufen. Alle Behörden befanden sich im Aufbau. Aufbau Ost – Hurra, wir kommen. Viele „Wessis“ kamen. Einige sahen und wollten siegen. Andere sahen und wollten weg. Und wieder andere sahen und wollten gute Arbeit leisten.
Alle „Neuen“ hatten aber eines gemeinsam: Wir trafen hier nicht auf eine unbewohnte Zone. Wir trafen auf Menschen. Auf Menschen wie du und ich. Völlig verschiedene, in Jahrzehnten gewachsene Strukturen, unterschiedliche Ideale und Vorstellungen prallten aufeinander. Eine

wahrlich brisante Mischung, die ein gehöriges Maß an Fingerspitzengefühl von allen Beteiligten erforderte.

In Behörden und Amtsstuben der neuen Landeshauptstadt wurde dieses Fingerspitzengefühl natürlich besonders von den Vorgesetzten, den Amts- oder Abteilungsleitern gefordert. Damit zusammen wachsen konnte, was zusammen gehörte.
Selbstverständlich war jeder Einzelne auch gefordert, egal welches Rad oder Rädchen er in der großen Maschinerie auch war.
Ich war eines dieser Rädchen. Und ich war sogar stolz darauf, mit eine der Ersten gewesen zu sein, die diesen Schritt mit allen Konsequenzen getan hatten.
Hier war ich keine Sekretärin mehr, hier wurde ich als Sachbearbeiterin eingesetzt, wie es im Amtsdeutsch so schön heißt. Sachen bearbeiten, ein glorreicher Aufstieg. Die Tätigkeit mit den „Sachen" machte mir ja sogar Spaß. Der Umgang mit den Kollegen aus Ost und West sowie den Vorgesetzten, meistens aus West, gestaltete sich jedoch völlig anders, als ich es bisher gewohnt gewesen war. Nicht nur die Befindlichkeiten einiger Kollegen Ost und die zur Schau getragene „Hoppla,-jetzt-komme-ich"-Mentalität einiger Kollegen West sorgten für Spannun-

gen in den Abteilungen der altehrwürdigen, jetzt stark renovierungsbedürftigen Häuser.

Sehr viel mehr wurde die Stimmung durch das Gerangel um Posten und Pöstchen angeheizt. Ein Hauen und Stechen um Beförderungen und Eingruppierungen war an der Tagesordnung. Jeder wollte ein möglichst großes Stück von der Sahnetorte abbekommen. Alle lechzten danach, sich so gut wie möglich zu „verkaufen".
Doch alles hat seinen Preis.
Ich musste beobachten, wie hoch gepokert und mit welchen teilweise miesen Tricks gewerkelt wurde. Alles nur, um sich selbst in ein schönes, helles Licht bei den „Bossen" zu stellen.
Ich war es bisher gewohnt, meine Leistungen und meine Arbeitsergebnisse für mich sprechen zu lassen. Damit war ich immer gut gefahren. In allen meinen bisherigen Jobs hatte das wunderbar funktioniert. Ich hatte mich dadurch von einer Aushilfsangestellen bis zur Chefsekretärin hochgearbeitet. Aber hier waren offensichtlich andere Kriterien gefragt.
Vielleicht hatte ich bisher ja auch ganz einfach nur Glück gehabt, grübelte ich. Und so manche Dinge lernt man erst zu schätzen, wenn sie verloren sind. Jedenfalls wurde mir zu diesem Zeitpunkt erst richtig deutlich, wie wohl ich mich in meinen letzten beiden Jobs gefühlt hatte. Ich

kleines, naives Vorzimmermäuslein von einst hatte geglaubt, so sei das Arbeitsleben. Ganz nach dem Motto: Tu redlich deine Pflicht und zeige dem Tag kein Sorgengesicht. (Ach, was bin ich wieder poetisch!)
Ohne Ausnahme hatte ich in meinen bisherigen 15 Arbeitsjahren Freundlichkeit und Offenheit bei den Kollegen kennen gelernt. Noch heute bestehen freundschaftliche Bande zu einigen Ehemaligen. Auch zu meinen Vorgesetzten hatte ich immer ein besonders offenes Vertrauensverhältnis. Eine schöne heile Welt, nicht wahr?
Plötzlich war alles ganz anders. Nach und nach gewann ich den Eindruck, dass es sich hier nicht um VORgesetzte, sondern um HINgesetzte handelte. Wohl bemerkt: Meine Meinung und meine Empfindungen! Ein gnadenloses und zu hartes Urteil?
Es soll kein URTEIL oder erst recht keine VERURTEILUNG sein. Ich versuche mit dieser Schilderung lediglich meinen Blickwinkel und meine damaligen Empfindungen darzustellen. Nicht mehr - aber auch nicht weniger.
HINgesetzte waren sie meiner Meinung nach deshalb, weil nur wenige der damaligen Führungsriege wirklich führen gelernt hatten. Menschenführung ist damit gemeint. Führen mit Fingerspitzengefühl und mit Sinn für Gerechtigkeit. Ich betone nochmals: Mir geht es bei dieser

Schilderung um den menschlichen Gesichtspunkt. Keinesfalls sollen hier fachliche oder gar politische Entscheidungen kritisiert werden.

So manch eine der damaligen Personalentscheidungen wiesen meiner Meinung nach eindeutig Merkmale des so genannten Peterprinzips auf. Daraus entwickelte sich ein Klima von gegenseitigem Beobachten und Taxieren. Zusätzlich gemischt mit Neid, Be- und Verurteilungen, Klatsch und Tratsch.
Die einen fühlten sich benachteiligt, einfach falsch beurteilt. Eben als Verlierer. Die anderen fühlten sich voll bestätigt. Ganz als glorreiche Sieger. Hier wäre Fingerspitzengefühl der Chefs nötig gewesen. Einerseits aufmunternd und motivierend, andererseits besänftigend und dämpfend eingreifend. Leider Fehlanzeige!

So war die damalige Situation, aus der heraus sich dieser kollegiale RatSCHLAG entwickelte. Wie gesagt, ich war so richtig schön wütend und in Fahrt, als ich Uli abends davon berichtete. Ich verstand es drehbuchreif, diese kleine Geschichte in Szene zu setzen, aufzubauschen und gleich unser Hiersein in Frage zu stellen.
Ich holte völlig aufgebracht zum Rundumschlag aus:
„Warum um alles in der Welt sind wir nur hier?

Warum sind wir nicht geblieben wo wir waren und haben schön gemütlich weitergelebt?"
Uli hörte sich geduldig mein Geschimpfe und Gejammere an. Er hatte gerade eine gute Phase. Er war gut drauf, wie es so schön heißt. Jedoch kannte er aus eigenem Erleben derartige Gemütsschwankungen.
Glücklicherweise hatten wir immer zu unterschiedlichen Zeiten unsere, wie wir sie nannten „Ich-will-zurück-Phase". Wahrscheinlich wären wir heute nicht mehr in Schwerin, wenn diese Stimmung uns gleichzeitig und gleich bleibend erwischt hätte.
So hatten wir wechselseitig die Möglichkeit, uns gegenseitig aus einem Tief zu helfen, uns aufzumuntern oder auch einmal den Kopf zurecht zu rücken oder uns auf ein möglicherweise eigenes Fehlverhalten aufmerksam zu machen. Daraus ergaben sich schon manchmal reinigende Gewitter und rückblickend gesehen, amüsante Dialoge.
Uli saß gemütlich im Sessel und nuckelte genüsslich an seiner Zigarre. So kam es, wie es kommen musste:
„Mäuslein, nun rege dich doch über so eine unüberlegte Aussage einer Kollegin nicht auf", setzte er - ganz Herr der Lage - an.
„Du hast eine falsche Fragestellung. Frage nicht WARUM sind wir hier. Frage lieber WOZU."

Ich staunte nicht schlecht.
„Es gibt keine falschen Fragen, nur falsche Antworten“, erwiderte ich genervt.
„Ärger ist die Unfähigkeit, Wut in Aktion umzusetzen“, legte er noch einen drauf.
„Du hast heute Mittag wohl eine Portion Weisheit gegessen. Sage mir lieber WIE ich etwas ändern kann und spare dir deine philosophischen Feierabendsprüche“, konterte ich.

So oder ähnlich liefen derartige Gespräche ab. Dadurch konnten zwar die Probleme auch nicht weggehext werden, es tat aber so unendlich gut, darüber reden zu können. So manchen gedanklichen Anstoß gab es dann doch.
So viel und jetzt auch abschließend zur damaligen Lebenssituation. Sozusagen die Ausgangsposition für meine Suche.

WO IST MEIN REIKI-LEHRER?

Diese Suche, allein schon einen Reiki-Lehrer zu finden - geschweige denn ein Seminar zu belegen – forderte von mir, was ich immer noch nicht besaß: GEDULD.
Heute weiß ich, es war genau so für mich vorgesehen. Als Geduld verteilt wurde, muss ich abwesend gewesen sein. Hier hatte ich nun reichlich Gelegenheit, meine erste Lektion zu lernen.

Von Gisi hatte ich die Telefonnummer ihrer Reiki-Lehrerin und auch gleich dort angerufen. Sie kenne leider keine Kollegin in oder in der Nähe von Schwerin. Selber habe sie gerade eine schöpferische Pause eingelegt und veranstalte das nächste halbe Jahr keine Seminare, erklärte sie. Ich hatte keine Ahnung davon, was sie damit meinen könnte und sagte nur der Höflichkeit halber zu, mich später wieder bei ihr zu melden. Tatsächlich war ich aber irritiert. Eine schöpferische Pause einzulegen, wenn gerade ICH ein Seminar machen möchte! Unglaublich – was sollte das nun wieder bedeuten?
Strengt Reiki so an, dass man ein halbes Jahr Pause braucht?, lästerte Mr. Verstand auch prompt.
Kann eigentlich nicht sein. Wer Reiki anwendet bekommt doch Energie, meldete sich meine leise

Stimme. Wer weiß schon, was der Grund für dieses Verhalten der Reiki-Lehrerin ist. Nimm es einfach zur Kenntnis und suche weiter. Vielleicht ist sie nicht die Richtige für dich, tröstete mich die leise Stimme in mir, die ich inzwischen deutlich von den doch recht kurz und knapp gehaltenen Anweisungen meines Mr. Verstands unterscheiden konnte.

Zwischenzeitlich hatte ich Geburtstag. Uli schenkte mir einen Gutschein für ein Reiki-Seminar. Ich war vor Freude ganz aus dem Häuschen.
„Wo den? Wann geht es los? Wie bist du an die Adresse gekommen?" Ich überhäufte ihn mit Fragen.
Keine davon konnte er beantworten. Er hatte ja mitbekommen, wie gerne ich ein Reiki-Seminar besuchen wollte und mir daher die finanzielle Möglichkeit dazu geben wollen. Wo und wann müsse ich schon selber in Erfahrung bringen.
Tja, was sollte ich dazu sagen?
Danke natürlich, was denn sonst. Somit war zumindest der finanzielle Teil der Sache geregelt.

Kurz darauf flogen wir für eine Woche in Urlaub. La Palma, die wunderschöne grüne kanarische Insel war unser Ziel. Mein Göttergatte

hatte nichts Besseres zu tun, als am Zeitungskiosk auf dem Flughafen eine deutschsprachige Inselzeitung für Touristen zu kaufen. Was will der denn mit dieser Zeitung, fragte ich mich. Am folgenden Tag blätterte ich sie eher gelangweilt durch. Plötzlich erregte eine Anzeige darin meine Aufmerksamkeit.
Sie lautete: Reiki-Seminare auf La Palma.
Darunter stand eine Adresse, mehr nicht. Ich war sogleich begeistert. Das ist es, schrie alles in mir. In dieser herrlichen Umgebung, losgelöst vom Alltag Reiki zu erlernen, erschien mir als das einzig Wahre. Meine Freude war riesig. Endlich konnte es losgehen!
Uli wagte auch keinen Widerspruch, als ich, gerade einmal die Koffer ausgepackt, den Plan für den nächsten Tag schon fertig hatte.
„Wir fahren gleich morgen Früh mit dem Auto zu der angegebenen Adresse“, entschied ich selbstsicher.
„Jawohl mein Schatz“, parierte Uli artig „wir schauen uns den Laden aber erst einmal an.“
Bewaffnet mit einer Straßenkarte und der Inselzeitung ging es früh am nächsten Morgen los.
Wir fuhren und fuhren und suchten und suchten. La Palma ist eine der kleinsten kanarischen Inseln und mit dem Auto bequem in einem Tag abgefahren. Genau das taten wir. Nur die angegebene Adresse fanden wir nicht.

In verschiedenen Hotels fragten wir nach. Nach Auskünf-ten der diversen Hoteliers musste es diese Adresse wenigstens an fünf verschiedenen Stellen auf der Insel geben.
Auch der zweite Urlaubstag wurde für die Suche nach dieser ominösen Adresse geopfert. Wir fanden letztlich eine kleine Finca. Wunderschön auf einem Berg gelegen, mit einem herrlichen Blick über ein fruchtbares Tal bis hin zum Meer. Einfach traumhaft. Leider war das Grundstück sehr verwildert und die Finca schien verlassen zu sein. Jedenfalls waren weit und breit weder Mensch noch Tier zu sehen.
Meine Hoffnungen schwanden nun endgültig. Enttäuscht musste ich einsehen, dass ich mich wohl zu früh gefreut hatte. Meine zweite Lektion lautete wieder: GEDULD.

Wir verbrachten dennoch wunderschöne Ferien. Meine Urlaubslektüre bestand aus verschiedenen Reiki-Büchern, die ich mir zwischenzeitlich gekauft hatte. Mein Entschluss, trotz aller Widrigkeiten irgendwann ein Reiki-Seminar zu besuchen, wurde dadurch weiter gefestigt.

Wieder zu Hause, las ich in der Tageszeitung die Anzeige einer Heilpraktikerin, die Ausbildungsseminare in Schwerin anbot.
Vielleicht bietet sie ja auch Reiki-Seminare an, gab

mir Mr. Verstand einen Hinweis. Offensichtlich hatte er inzwischen verstanden, was ich wollte. Also habe ich dort angerufen.
„Aber natürlich biete ich auch Reiki an“, antwortete meine Gesprächspartnerin fast beleidigt auf meine Frage.
„Es ist wohl ihrer Aufmerksamkeit entgangen, dass es in Schwerin schon eine Reiki-Gruppe gibt, die sich einmal im Monat trifft“, belehrte sie mich.
„Zufällig trifft sich diese Gruppe schon in zwei Tagen wieder. Kommen sie doch einfach einmal vorbei“, bot sie mir an.
Ich notierte mir die Adresse, bedankte mich artig und beendete das Gespräch.
Jetzt hatte ich endlich einen Hinweis! Aber komisch, in mir wollte keine Freude aufkommen. Was soll das denn nun wieder bedeuten, grübelte ich. Wieso freue ich mich denn jetzt nicht? fragte ich mich. Weder Mr. Verstand, noch meine leise Stimme antworteten mir.

Nur pflichtbewusst, weil ich mein Kommen zugesagt hatte, fuhr ich zwei Tage später zu der angegebenen Anschrift. Freudige Erwartung war immer noch nicht in mir aufgekommen. Wieder war es ein heruntergekommener Altbau, der mich erwartete. Nun gut, das ist ja nicht entscheidend, dachte ich mir selber Mut zu.

Im Erdgeschoss stand eine Tür weit offen, aus einem Raum klangen laute Stimmen in den Flur. Zögernd betrat ich das Zimmer. Es waren acht Frauen anwesend, die wie es mir schien, alle gleichzeitig redeten. Nur mit wem? In einer Ecke des Raums bemerkte ich eine Liege. Auf dieser saß im Schneidersitz ein orientalisch wirkender Mann. Er hatte ein farbenfrohes Gewand an, einen bauschigen Vollbart und trug einen weißen Turban. Hoheitsvoll schweigend beobachtete er mit seinen ungewöhnlich großen braunen Augen das Geschehen um sich herum. Wie angewurzelt stand ich noch immer an der Tür und wusste absolut nicht, was ich von dieser Szene halten sollte.

Hier bist du falsch. Mach, dass du hier wegkommst, kommandierte Mr. Verstand.

Zu spät, denn gerade in diesem Moment kam eine ca. 50-jährige korpulente Frau auf mich zu. Bevor ich begriffen hatte, was geschah, umarmte sie mich und drückte mich an ihre üppige Brust.

„Du musst die Karin aus Pinnow sein", vermutete sie.

„Welch ein Glück für dich, dass du gerade heute kommst, wo doch der große Heiler HABMICHLIEB (oder so ähnlich) bei uns zu Gast ist. Nein, welch wirklich großes Glück für dich, ihn heute kennen zu lernen. Er kann dich gleich untersuchen und dein gestörtes Ki in Ordnung bringen“, zwitscherte sie in mein Ohr.

Innerlich ging ich zehn Meter zurück. Äußerlich schaffte ich unter Mühen nur einen halben Meter, weil ich mich zunächst einmal aus ihrer dominanten Umarmung befreien musste. Mir lief es eiskalt den Rücken hinunter. Eine derartige Begrüßung von einer mir völlig unbekannten Person empfand ich doch arg übertrieben. Oder stimmte etwas mit meinen zwischenmenschlichen Beziehungen nicht?
Vielleicht ist das in diesen Kreisen ja so üblich, meinte Mr. Verstand dazu.
Meine Gefühle sagten mir allerdings etwas ganz anderes. Ich mochte diese Art des Umgangs miteinander nicht. Ich empfand es als ein künstliches, oberflächliches und aufgesetztes Verhalten. Ob üblich oder nicht, jedenfalls nicht mit mir. Und wieso sollte ich mich von diesem Mann untersuchen lassen? Was ist ein Ki, und noch dazu ein gestörtes? Diese Fragen schossen mir blitzschnell durch den Kopf.
„Ich komme, weil ich an einem Reiki-Treffen teilnehmen möchte. SIE haben mir am Telefon gesagt, diese Zusammenkunft würde hier und heute stattfinden“, antwortete ich ziemlich kühl und hoffte, sie damit auf Distanz zu bringen.
Meine Hoffnung wurde enttäuscht. Unbeirrt

von meiner deutlich gezeigten Ablehnung legte sie ihren dicken Arm um meine Schultern und dirigierte mich in Richtung Liege.
Es muss köstlich ausgesehen haben. Mit einer Größe von 155 cm und 45 kg Gewicht bin ich bestimmt nicht als groß und auffällig zu beschreiben. Erst recht nicht, wenn eine ca. 1,80 m große und wenigstens 100 kg schwere Frau mich unter ihre Fittiche nimmt. Wie Pat und Patachon, das dänische Komikerpaar. Mir war aber nicht spaßig zu Mute, jedenfalls nicht in diesem Moment.
„Das Reiki-Treffen fällt heute aus. Maria, unsere Reiki-Lehrerin aus Hamburg, hat derzeit Besuch von dem großen Heiler aus Indien. Es ist für uns eine große Ehre, dass Maria auch an uns gedacht und ihn zu uns nach Schwerin gefahren hat. Maria hat noch andere Verpflichtungen und ist schon wieder weggefahren. Unser großer Heiler bleibt für drei Tage bei mir. Und stelle dir vor, für nur 150,-- DM pro Sitzung wird er jeden von uns körperlich und geistig heilen", erklärte sie mir mit leuchtenden Augen.
„Spricht der große Heiler denn deutsch?" war meine pragmatische Frage.
Ein vernichtender Blick traf mich.
„ER braucht nicht zu reden. ER sieht deine Aura und in dich hinein", war ihre pikierte Antwort.
„Wie schön für ihn, aber wie erfahre ich denn,

was er um mich herum und vor allem in meinem Körper gesehen hat?" wollte ich wissen.
„Du hast wohl überhaupt noch keine Erfahrungen mit übersinnlichen Kräften", stellte sie fest, „nur darum kannst du so naiv fragen. Sei dankbar, hier kannst du jetzt richtig was erleben, du musst nur auch daran glauben", war ihr guter Rat.
Ich wollte aber weder dankbar sein, noch etwas erleben. Nein, ich war noch nicht einmal neugierig darauf, übersinnliche Erfahrungen zu sammeln.
Das griechische Wort Schisma, wenn purer Glaube entweder zu unglaubwürdig oder zu anstrengend wird, fiel mir dazu ein. Dieses hier schien mir Beides zu sein.
„Nein, vielen Dank. Ich möchte zunächst einmal meine Erfahrungen mit Reiki machen. Für übersinnliche Erlebnisse fehlt es mir einfach an Mut", sagte ich, und meine Stimme klang tatsächlich fest und sicher.
„Tja, da hast du wohl Pech gehabt. Reiki machen WIR heute jedenfalls nicht. WIR hier sind jetzt bereit, uns mit höheren Energien zu verbinden. Reiki kann ja nur ein Einstieg sein. Über das bloße Hand auflegen sind WIR längst hinaus. Da musst du ein anderes Mal wieder kommen. Ruf mich einfach wieder an, dann sage ich dir, wann wir Reiki machen werden. Dann ist

Maria bestimmt auch hier. Die Reiki-Einweihung ist sowieso nur Minutensache. Das macht sie dir dann bei unserem Treffen", antwortete sie mir.
Das war nun wirklich zu viel für mich. Inzwischen waren der „große Heiler" und die anderen Frauen auf uns aufmerksam geworden und fixierten mich. Ich kam mir vor wie ein Kaninchen vor der Schlange, und mein Fluchtreflex setzte endlich ein.
„Na gut, das mache ich dann so", bekam ich gerade noch heraus, machte auf den Absätzen kehrt und verließ mitsamt meinem „gestörten Ki" schnell den Raum und das Haus. Draußen musste ich zunächst einige Male tief durchatmen.
„Da bin ich ja noch einmal entkommen", sagte ich laut zu mir. Regelrecht erleichtert fuhr ich nach Hause.

Natürlich habe ich noch lange über dieses Erlebnis nachgedacht und auch gleich nachgeschlagen, was denn nun ein „gestörtes Ki" ist. Die Silbe Ki findet sich auch in dem Wort Reiki wieder. In einem meiner Bücher konnte ich nachlesen: Ki bedeutet ganz allgemein Energie. Reiki heißt: Universelle Lebensenergie.
Meine Energien sind also gestört. Nun gut, das wusste ich mehr oder weniger genau ja schon.

Gerade deshalb, weil ich mich ja immer irgendwie „gestört" fühlte, suchte ich nach einen Weg, mich ohne Medikamente gesünder und ausgeglichener zu fühlen. Das zu erkennen, konnte nicht besonders schwer sein, zumal ich der Heilpraktikerin am Telefon ein wenig über meine momentane gesundheitliche Situation erzählt hatte.

Mag sein, dass der „große Heiler" wirklich und wahrhaftig in seine Patienten hinein sehen und sie heilen konnte. Zum damaligen Zeitpunkt überstieg das aber bei weitem meine Vorstellungskraft. Und noch heute bekomme ich bei der Erinnerung an dieses Erlebnis eine Gänsehaut und eine Eiseskälte läuft mir den Rücken hinunter. Nicht, weil meine Vorstellungskraft noch immer nicht dafür ausreicht. Nein, heute weiß ich, dass Geistheilung durchaus möglich ist.
Diese Methode, Krankheiten im menschlichen Körper zu erkennen, nennt der deutsche Doktor der Psychologie, Soziologie und Philosophie, Harald Wiesendanger: Psi-Diagnose.
Psi ist der 23. Buchstabe des griechischen Alphabets und bezeichnet die Parapsychologie, die sich mit Übersinnlichem befasst, unter anderem mit dem Hellsehen von Krankheiten. In diesem Fall dem so genannten „Röntgenblick".

Menschen mit diesen Fähigkeiten sind im Stande, das Skelett und die Inneren Organe zu „sehen“ und dabei Krankheitsherde wahrzunehmen.
Aber gerade auf diesem wissenschaftlich noch immer nicht vollkommen erforschten Gebiet ist eines unabdingbar notwendig und wichtig: VERTRAUEN zum Behandler zu haben. Sich beim ihm sicher und gut aufgehoben zu fühlen. FÜHLEN ist das Zauberwort. Unser Verstand hat dabei wirklich Pause! Hier kommt es nur auf das „Innere Erleben“ an. Ganz gleich, welches Verfahren der Behandler anwendet. ICH muss es vom Gefühl her zulassen können. Nur so kann „Heilung“ stattfinden. Wenn der Heilung Suchende sich unwohl fühlt oder ihm diese Art der Behandlung gar unangenehm ist, kann kein Mensch der Welt etwas für ihn tun.
Ein angenehmes Gefühl lässt sich niemals durch den Verstand erzwingen. Darum hat ER hier Pause. Da nutzt auch ein vom Verstand gesteuerte Befehl wie z.B.: „Stelle dich nicht so an, das ist jetzt deine letzte Chance, nur er kann dir noch helfen“, nichts aber auch wirklich gar nichts.
Das heißt wiederum nicht, dass der zu Behandelnde an die Wirksamkeit des Heilverfahrens glauben muss. Glaube kann zwar Berge versetzen, wie der Volksmund so schön sagt, ist aber

keine Voraussetzung, um sich auf ein vielleicht ungewöhnliches bzw. unbekanntes Heilverfahren einzulassen.
Es reicht, einfach nur offen zu sein, sich sicher und gut aufgehoben zu fühlen und annehmen zu können.
Dieses gute Gefühl fehlte mir bei dieser kleinen Vorstellung des Heilers aus dem Orient von Anfang an. Eigentlich hatte ich überhaupt keine Lust gehabt, zu diesem Treffen zu fahren. War das vielleicht schon eine Vorahnung gewesen?
Wahrscheinlich ja. Nur fehlten mir noch die Erfahrungen, mich auf meine Gefühle oder Vorahnungen zu verlassen und entsprechend zu handeln.
Aller Anfang ist eben schwer.
„Reiki-Einweihungen sind ja sowieso nur Minutensache, das macht sie dir dann bei unserm Treffen."
Diese Aussage der Heilpraktikerin war für mich wohl der endgültige Hinweis, dass diese Art mit Reiki umzugehen, nicht das Richtige für mich sein konnte. Zwar hatte ich kaum praktische Erfahrungen, dafür hatte ich aber viel gelesen.
Da war die Rede von Seminaren, die zwei Tage dauern sollten. Von feierlichen Einweihungen, die den weiteren Reiki-Weg prägen sollten. Von Vertrauen und Geborgenheit bis hin zu der Inneren Erfahrung und Gewissheit, den Weg hin

zur Inneren Harmonie und heiteren Gelassenheit eingeschlagen zu haben. Und das alles in wenigen Minuten? Nur mal eben so nebenbei? Das konnte machen wer wollte. Ich jedenfalls nicht! Für mich sollte es etwas ganz Besonderes sein!
Giselas Hinweis, mir meinen Reiki-Lehrer vorher genau anzusehen und mit ihm ein Gespräch zu führen, schien mehr als berechtigt zu sein.

Nun gut, jetzt hatte ich die Erfahrung gemacht, Reiki-Lehrer ist nicht gleich Reiki-Lehrer. Und nicht jeder der in Reiki eingeweiht ist, muss damit automatisch ein Mensch mit höheren Idealen und besonderer Ausstrahlung sein.
Vielleicht sollte ich meine Vorstellungen und damit auch meine Erwartungshaltung überdenken.
Durch das Lesen der zahlreichen Bücher war bei mir der Eindruck entstanden, dass sich für alle, die ein Reiki-Seminar besucht haben, das Leben schlagartig verändern müsse. Für „Reikianer“ müsse sich wenigsten der Himmel auftun und sie fortan auf einer Wolke der Glückseligkeit schweben. Alles Gewöhnliche müsse von ihnen weichen und die Last und Bürde des Alltags der Vergangenheit angehören. Sie müssten irgendwie andere (bessere?) Menschen sein. Mir dämmerte, dass diese Erwartung wohl arg übertrie-

ben sein musste.
Und trotzdem: Ich wollte weiter suchen!

Kurze Zeit später erkrankte meine Kollegin Herta. Sie hatte eine doppelseitige Lungenentzündung bekommen und es ging ihr sehr schlecht.
Wir hatten uns in den letzten Monaten angefreundet und auch privat das eine oder andere zusammen unternommen. Auch sie war mit ihrem Mann als Aufbauhelfer nach Schwerin gekommen. Schon allein dadurch hatten wir reichlich Gesprächsthemen und konnten unsere Erfahrungen als Neulinge in Schwerin austauschen. Ganz nach dem Motto: Geteilte Freude ist doppelte Freude – geteiltes Leid ist halbes Leid.
Ich besuchte sie. Herta sah so erbarmungswürdig aus, wie sie sich nach ihren Erzählungen auch fühlte. Wir redeten, wie es bei kranken Leuten so üblich ist, hauptsächlich über ihre Krankheit und sie tat mir unendlich Leid. Daher erzählte ich ihr von der Reiki-Methode. Sie zeigte gleich großes Interesse, wenn sie mich auch oft mit ihren großen blauen Kulleraugen zweifelnd ansah.
„Na ja, es gibt sicherlich mehr zwischen Himmel und Hölle, als wir kleinen Lichter es uns vorstellen können", war ihr Kommentar.
Bezeichnender Weise hatte ich auch ein Reiki-

Buch, Zufall oder nicht, in meiner Handtasche. Das habe ich ihr da gelassen und sie gebeten, sich das Buch in aller Ruhe durchzulesen und mir danach einfach einmal ihre Meinung dazu zu sagen.

Schon zwei Tage später rief sie mich völlig begeistert an.
„Das hört sich ja toll an", kam sie gleich zu Sache.
„Wenn du einen Reiki-Lehrer gefunden hast, sage mir bitte Bescheid. Das möchte ich auch gerne erlernen", teilte sie mir ihren Entschluss mit.
„Na prima, dann sind wir ja schon zwei Suchende", freute ich mich.
Wochen später, Herta hatte inzwischen ihre Krankheit überstanden, kam sie aufgeregt in mein Büro gestürmt. Und wenn Herta aufgeregt ist, kommt sie einem kleinen Wirbelsturm sehr nahe. Sie ist zwar auch nur 155 cm groß, wenn es ihr aber gut geht und sie von einer Sache überzeugt ist, kann sie enorme Kräfte freisetzen.
„Lasse mal alles liegen und schaue dir an, was ich hier habe", kommandierte sie, während sie mit einem grünen Faltblatt vor meiner Nase herumfuchtelte.
„Diesen Zettel habe ich gestern im Teeladen entdeckt. Was sagst du jetzt?" wollte sie erwar-

tungsvoll von mir wissen.
„Hast du das große Los gezogen oder warum regst du dich so auf? Zeig mal her", antworte ich und nahm ihr den Zettel ab.
Reiki-Ausbildungsseminare in Lübstorf, las ich zu meiner Überraschung. Es folgten eine kurze Erklärung darüber, was Reiki ist und auf der letzten Seite befanden sich eine Reihe von Terminen, wann die Seminare stattfinden sollten sowie die Adresse und Telefonnummer der Reiki-Lehrerin.
Lübstorf liegt wenige Kilometer nördlich Schwerin. Sollte es wirklich so einfach sein? Da versuchte ich Monate lang nicht nur in Deutschland, sondern sogar während des Urlaubs an ein Seminar zu kommen. Nun bot sich die Möglichkeit quasi vor der eigenen Haustür. Zudem wurde sie mir noch auf dem goldenen Tablett serviert.

„Herta, du bist ein Schatz", lobte ich meine Kollegin.
„Weist du was, da rufe ich jetzt sofort an und mache einen Termin für ein Informationsgespräch aus. Wann hast du Zeit?"
„Die Zeit nehme ich mir ganz einfach", erwiderte Herta.
Gesagt - getan. Schon für den folgenden Abend machte ich einen Termin in Lübstorf aus.

Und dieses Mal war ich völlig ruhig und ohne große Erwartungshaltung. Ehrlich.
An der angegebenen Adresse fanden wir ein schmuckes Doppelhaus. In der einen Hälfte wohnte die Reiki-Lehrerin.
Eine Frau um die 40 in Jeans und Rolli öffnete uns die Tür und begrüßte uns freundlich. Sie führte uns in das Wohnzimmer, wo sie einen Tisch mit Tee und Gebäck gedeckt hatte.
Alles völlig normal, kein Hinweis auf einen Guru, kommentierte Mr. Verstand und ich musste bei der Erinnerung an mein letztes Treffen bezüglich Reiki grinsen.
Sogleich führten wir drei Frauen eine angenehme Unterhaltung. Was heißt Unterhaltung? Ich stellte Fragen, Karin, so hieß die Reiki-Lehrerin, beantwortete sie und Herta hörte zu.
„Wie lange wenden sie für sich Reiki an? Wie lange sind sie schon Reiki-Lehrerin? Was war ihr Motiv, den Reiki-Weg zu gehen? Wie hat sich durch Reiki ihr Leben geändert? Wie viele Schüler haben sie schon eingeweiht? Was ist Inhalt ihrer Seminare? Wie viele Teilnehmer sind in den Seminaren? Was kostet die Ausbildung? Wie sieht die über ein Seminar hinausgehende Begleitung aus und wie teuer ist diese ......?"

Lange Zeit später hat Karin mir gesagt, sie habe

sich bei diesem Gespräch wie bei einem Verhör gefühlt und ihrerseits insgeheim lächeln müssen, weil sie selber die gleichen Fragen an ihren Reiki-Lehrer gestellt habe.
Mir hat die ruhige Art, mit der Karin ihre präzisen Antworten gegeben hat, sehr gefallen. Sie machte auf mich den Eindruck einer sehr selbstbewussten Frau, die mit beiden Beinen fest im Leben steht, die sehr genau wusste, was sie tat und Reiki in ihr tägliches Leben fest integriert hatte. Eine Aussage von ihr hat mich sehr beeindruckt:
„Ich wende Reiki täglich an, um mir den Alltag zu erleichtern und um mit Reiki meinen Tagesablauf zu vereinfachen. Alles andere, bis hin zur möglichen Veränderung der Persönlichkeit, hängt ganz davon ab, wie weit sie bereit sind sich zu verändern. Das können nur sie selber entscheiden und damit zulassen oder nicht. Ich bin weder Guru noch eine Hexe. Ich kann sie, bildlich gesprochen, nur auf das Pferd setzen. Reiten müssen sie selber. Ebenso ist es ihre eigene Entscheidung, wie schnell sie reiten und welchen Parcours sie nehmen wollen."
Herta hatte bisher nur zugehört und uns dabei beobachtet. Nun, nachdem ich mich zufrieden zurückgelehnt hatte, fand sie endlich Gelegenheit, ihrerseits Fragen zu stellen. Und wie konnte es bei Herta als ausgesprochener Familien-

mensch mit drei Kindern und vier Enkelkindern auch anders sein: Sie fragte danach, wie denn der Mann und die anderen Familienmitglieder von Karin auf Reiki reagiert hätten.
Typisch Herta! Darauf wäre ich ja nie gekommen.
Karin erzählte uns, dass ihr Mann anfangs sehr kritisch und eher ablehnend gewesen sei. Zunehmend sei er offener dafür geworden und genieße jetzt die Reiki-Behandlungen. Selber wolle er es aber nicht erlernen. Für ihre drei Kinder sei es zur Normalität geworden. Wenn ihnen etwas fehle, müsse Mutter eben die Hände auflegen. Besonders der Jüngste im Alter von drei Jahren sei sehr fordernd und genieße Reiki täglich während der Kuschelstunde mit der Mutter.
Das überzeugte Herta. So unterschiedlich können Prioritäten sein!

Wir haben gleich für das nächste Seminar unsere Plätze gebucht. Es sollte 14 Tage später und an zwei aufeinander folgenden Tagen jeweils vier Stunden stattfinden.
Wahrscheinlich würden sechs bis acht Leute teilnehmen. Auf ein Seminar nur allein mit Herta und mir wollte Karin sich nicht einlassen. Dafür wären ihre Unkosten zu hoch oder sie müsse die Seminarkosten erheblich erhöhen. Stattfinden würde das Seminar in dem Konferenzraum

der örtlichen Gaststätte, wofür sie entsprechende Gebühren zu bezahlen hätte. In der Gruppe koste das Seminar 450,-- DM pro Person. Bei nur zwei Teilnehmern natürlich entsprechend mehr, erklärte sie uns.
Herta hatte keine Bedenken, an einem Gruppenseminar teilzunehmen.
450,-- DM mal acht macht 3.600,-- DM Bruttoeinnahme; Stundenlohn gleich 300,-- DM, rechnete Mr. Verstand mir vor.
Ganz schön geschäftstüchtig, deine Reiki-Lehrerin, stichelte er.
Qualität hat eben ihren Preis, war meine trotzige, stille Antwort. Außerdem kann Geld kein Übel sein, sonst würden wir es ja nicht so schnell los, witzelte ich.
Alles Wichtige war für den Moment gesagt, und so verabschiedeten wir uns von Karin.

Ich fuhr Herta nach Hause.
„Sag mal, wie bist du nur auf diesen Fragenkatalog gekommen? Ich habe dich ja gar nicht für so misstrauisch gehalten und dich kaum wieder erkannt", fragte sie mich unterwegs.
„Misstrauen? Hat sich das wirklich so angehört?" entfuhr es mir.
„Ich will ja nur wissen, woran ich bin und herausfinden, ob Karin zu mir passt", antwortete ich etwas verlegen.

Zur Erklärung schilderte ich ihr meine bisherigen Erfahrungen auf der Suche nach einem Reiki-Lehrer.
„Oh“, antworte sie darauf, „das hätte ich ja nicht erwartet. Vielleicht war es ja so vorgesehen, dass wir beide zusammen dieses Seminar machen. Ich freue mich jedenfalls sehr darauf. So können wir beide unsere Erfahrungen austauschen und uns vielleicht später gegenseitig mit Reiki behandeln. Wir verstehen uns doch so gut und können über alles reden. Darum empfinde ich es als großes Geschenk, mit dir als Freundin dieses Seminar zu machen.“
So deutlich hatten wir noch nie über unser Verhältnis zueinander gesprochen. Ich war gerührt über dieses Freundschaftsangebot und nutzte die nächste Gelegenheit um anzuhalten, sie in den Arm zu nehmen und ihr zu danken.
So hatte ich es noch gar nicht gesehen. Doch jetzt erkannte ich, dass ich an diesem Tag zwei wunderbare Geschenke erhalten hatte.

Nun hatte ich es endlich geschafft!
Das von mir so sehr herbei gesehnte Reiki-Seminar war in greifbare Nähe gerückt. Uli freute sich mit mir und wünschte mir am Tag X alles Gute und viel Spaß.

In den 14 Tagen zuvor hatte er es allerdings

nicht unterlassen können, über mein Vorhaben witzige Bemerkungen fallen zu lassen. Bei einem gemeinsamen Stadtbummel schubste er mich mit ernster Miene an, zeigte in ein Schaufenster und sagte:
„Schau Mäuslein, da steht dein künftiges Fahrzeug."
Da wir beabsichtigten, in Kürze ein neues Auto für mich zu kaufen, war ich natürlich sehr interessiert. Neugierig schaute ich in die angezeigte Richtung. Von einem Auto war nichts zu sehen.
„Der Rote da hinten würde gut zu dir passen. Sieht klein und wendig aus. Damit hast du bestimmt keine Parkplatzsorgen", meinte er mit Unschuldsmiene.
Ich suchte weiter nach einem schnittigen roten Auto. Was ich in dem Schaufenster sah, waren allerlei Gegenstände für die Gebäudereinigung. Der Rote da hinten war ein besonders hübscher Besen mit Teleskopstiel.
„Meinst du den?"
Breit grinsend nickte er.
„So, so. Von dem eingesparten Benzingeld kaufe ich mir einen Zauberstab, mit dem ich lästernde Männer, ohne sie vorher küssen zu müssen, in kleine niedliche Kröten verwandeln kann", ging ich auf dieses verbale Spielchen ein.
Humor ist, wenn Frau trotzdem lacht.

ERSTER SEMINARTAG

Der erste Seminartag war ein Freitag und dazu auch noch der 13te. Na, wenn das nicht ein gutes Zeichen war!
Pünktlich um 17.00 Uhr war ich in der angegeben Gaststätte. Karin, Herta und fünf weitere Frauen standen zusammen und unterhielten sich. Sie hatten nur noch auf mich gewartet.
„Na, dann sind wir ja komplett und können anfangen", rief Karin und führte ihre Frauentruppe in das Seminarzimmer. Das Verhalten der Teilnehmerinnen war wie bei allen anderen Seminaren zuvor. Vorsichtige Blicke wurden in die Runde geworfen. Teils schüchtern und zurückhaltend, teilweise aber auch sehr offen und interessiert. Nicht schwer zu erraten, welcher Gruppe ich angehörte.

Doch unsere Reiki-Lehrerin ließ uns wenig Zeit für voreilige Einschätzungen. Schnell war ein Stuhlkreis zusammengestellt und sie forderte uns auf, Platz zu nehmen. Zunächst stellte sie sich vor.
Sie sei 40 Jahre alt und von Beruf Sportlehrerin. Allerdings sei sie vor einiger Zeit aus dem Schuldienst ausgeschieden, da Anfang der 90er-Jahre nicht alle Lehrer der früheren DDR in den

Schuldienst übernommen wurden. Sie sei verheiratet und Mutter von drei Kindern. Ihr jüngster Sohn war zur Wendezeit geboren worden. Seit dieser Zeit beschäftige sie sich mit Reiki und habe ihre Ausbildung bis zur Reiki-Lehrerin in Berlin absolviert.

Zurzeit mache sie eine Ausbildung als Management- und Firmencoach, um künftig für Unternehmer und Führungskräfte Seminare durchzuführen.

Sie schlug vor, sich während des Seminars mit „du" anzureden. Das stellte keine Probleme dar. Alle Frauen waren im Alter von 35 – 55 Jahren und nach der Vorstellungsrunde schon viel lockerer als zu Anfang.

Eine Teilnehmerin war Kinderärztin. Sie behandelte die Kinder von Karin. Für mich war es sehr verblüffend, dass selbst eine Schulmedizinerin an diesem Seminar teilnahm. Erika, so hieß sie, erzählte, warum sie so großes Interesse an Reiki habe.

Durch die Behandlung aller drei Söhne von Karin habe sie in letzter Zeit eine merkwürdige Veränderung der jüngeren beiden Söhne sowie der Mutter bemerkt. Alle drei seien sehr viel ruhiger geworden und die Asthmaanfälle des Kleinsten hätten überraschend schnell nachgelassen. Jetzt seien sie schon seit einem Jahr nicht mehr aufgetreten.

Elke nahm zusammen mit ihrer Schwiegertochter Marion teil. Sie war Managerin in einer Großbäckerei und hatte vor sechs Monaten schon einmal ein 1. Grad Seminar bei Karin besucht. Weil sie in dem halben Jahr beruflich sehr angespannt gewesen war, hatte sie keine Zeit gefunden, sich mit dem Erlernten zu beschäftigen. Jetzt habe sie Marion dieses Seminar zum Geburtstag geschenkt und sich entschlossen, es gleich auch noch einmal mitzumachen.
Simone arbeitete als Angestelle bei der Stadtverwaltung in Schwerin. Sie litt unter Migräne und verschiedene Ärzte hatten ihr geraten, eine Entspannungstechnik zu erlernen.
Monika war gelernte Erzieherin, zurzeit aber arbeitslos. Sie wollte die freie Zeit nutzen, um etwas Gutes für sich zu tun.
Die Runde komplettierten Herta und ich.
So saßen wir also in unserem Stuhlkreis. Bereit, hier und jetzt Reiki zu erlernen.
Zunächst erzählte uns Karin die Geschichte des Reiki. Wie ich schon in den Büchern gelesen hatte, berichtete sie von Dr. Mikao Usui, der als Wiederentdecker dieser Methode gilt. Sie berichtete von seinen selbstlosen Taten in den Bettlervierteln von Kyoto und seiner Erkenntnis, dass es nicht reicht, die Menschen allein von ihren körperlichen Erkrankungen zu befreien, wenn nicht gleichzeitig etwas für ihre seelische

Entwicklung getan würde. Aus dieser Erkenntnis heraus entstanden seine „Lebensregeln“, die noch heute ein wichtiges Fundament des Reiki seien:

Gerade heute freue dich.
Gerade heute sei frei und glücklich.
Gerade heute ist für dich gesorgt.
Lebe bewusst im Jetzt.
Nimm deine Segnungen dankbar an.
Ehre deine Eltern, Lehrer und die Älteren.
Verdiene dein Brot ehrlich.
Liebe deinen Nächsten wie dich selbst.
Sei dankbar für alles und liebevoll zu allen Lebewesen.

Alle künftigen „Reikianerinnen“ hatten andächtig zugehört.

Es hörte sich ja auch wirklich toll an.

„Gerade heute freue dich“. An diesen Satz hatte ich mich aus mir unverständlichen Gründen gedanklich festgehalten. So hatte ich gar nicht mitbekommen, dass Karin mich angesprochen hatte. Alle Augen waren fragend auf mich gerichtet.

„Entschuldigt, ich habe wohl nicht zugehört“, setzte ich schüchtern zu einer Erklärung an. Alle lachten und meinten übereinstimmend, dass das wohl nicht zu übersehen gewesen sei.

„Hast du eine Frage? Nur ja nichts zurückhal-

ten, wir können hier über alles reden.
Ich bitte an dieser Stelle alle Teilnehmer darum, alles, was hier besprochen wird, vertraulich zu behandeln. Nur so kann es jedem von euch möglich sein, offen über seine Probleme zu reden.
Karin, ich sehe dir doch an, dass du grübelst. Also, heraus damit", ermunterte mich unsere Lehrerin.
„Na ja, ich weiß nicht Recht", setzte ich mutig an.
„Diese Lebensregeln scheinen mir in der heutigen Zeit doch sehr schwierig zu befolgen zu sein. Wenn ich mir sage: Gerade heute freue dich, fallen mir automatisch wenigstens drei Gründe ein, warum ich mich gerade heute nicht freuen kann.
Nimm doch nur den normalen Tagesablauf. Warum sollte ich mich freuen, gerade heute um 6.00 Uhr in der Frühe aufzustehen, wo ich doch viel lieber im Bett bleiben würde? Warum sollte ich mich freuen, gerade heute achteinhalb Stunden im Büro zu sitzen, wo ich doch viel lieber frei machen möchte? Und warum sollte ich mich gerade heute freuen, abends auch noch das bisschen Haushalt machen zu dürfen?"
Herausfordernd schaute ich in die Runde. Es entstand eine lebhafte Diskussion.
Elke meinte sarkastisch:

„Ja, das würde mich auch interessieren."
Erika, Herta und Simone meinten, diese Regel sei im übertragenen Sinn zu verstehen. Sie solle uns ihrer Meinung nach darauf aufmerksam machen, dass es jeden Tag etwas gibt, worüber wir uns freuen können.
Monika sagte so traurig, dass ich fast ein schlechtes Gewissen bekam:
„Ich würde mich freuen, wenn ich um 6.00 Uhr aufstehen müsste und zur Arbeit gehen könnte."

Unsere Lehrerin hatte die Diskussion aufmerksam verfolgt, sich aber nicht daran beteiligt. Sie saß ganz ruhig und gelassen da und lächelte uns an. Erst als uns Lehrlingen nichts mehr dazu einfiel, ergriff sie das Wort.
„Ich freue mich, dass ihr so schnell in eine so konstruktive Diskussion eingestiegen seid. Zeigt es mir doch, dass ihr euch mit dem Thema auseinandersetzt und euch eigene Gedanken dazu macht. Nichts ist schlimmer für mich, als hier den Alleinunterhalter zu spielen mit Zuhörern, die alles, was ich sage, kommentarlos, oder besser gesagt, kritiklos übernehmen. Kritik ist durchaus erwünscht. Setzt euren wunderbaren Verstand ruhig ein. Schließlich habt ihr ihn ja nicht an der Garderobe abgegeben."
Wir fühlten uns geschmeichelt und blickten uns

erfreut an. Das Lob einer Lehrerin erfreut jeden Schüler – ganz gleich, wie alt er ist.

„Wenn dir, liebe Karin, gleich drei Gründe einfallen, warum du dich gerade heute nicht freuen kannst, so ist das doch schon ein erster kleiner Schritt in Richtung eines geistigen Bewußtwerdungsprozesses“, sprach sie mich jetzt an.
„Um gerade diesen Prozess zu unterstützen, hat Dr. Usui die Lebensregeln aufgestellt. Er hat erkannt, dass neben dem Auflegen der Hände oft auch eine gedankliche Veränderung nötig ist. Somit ist Reiki eben mehr als ein angenehmes, warmes Gefühl und wirkt ganzheitlich. Das heißt, auf den ganzen Menschen. Auf seinen Körper, seinen Geist und seine Seele.“
Hier ließ uns Karin einige Minuten Zeit, um das Gehörte „sacken“ zu lassen. Bei mir „sackte“ es sehr schnell.
„Das heißt also, ich soll mich fragen, warum ich mich nicht freue?“ fragte ich zu meiner eigenen Überraschung in die Runde.
„Ja, genau. Es heißt, analysiere deinen Tagesablauf. Wenn du geistig den Tag durchgehst, achte dabei auf deine Gefühle. Wo hast du ein positives, wo ein negatives Gefühl? So kannst du schon eine Menge Informationen bekommen. Und jetzt setze deinen Verstand ein. Er bekommt die Aufgabe zu überlegen, wie deine

negativen Wahrnehmungen, also das Unerfreuliche im Tagesablauf, verändert werden kann. Ihr kennt sicher alle den Spruch: Problem erkannt – Problem gebannt. Darum geht es hierbei", beendete Karin ihren kleinen Vortrag.
„Na ja, so einfach ist das ja wohl nicht", sagte Elke laut und ich stimmte ihr innerlich zu.
„Es hat niemand behauptet, dass das immer einfach ist", antwortete unsere Lehrerin.
„Es wäre natürlich schön, wenn wir uns im täglichen Leben immer mit den Lebensregeln des Dr. Usui identifizieren könnten. Aber, wie Karin so schön gesagt hat, ist das in der heutigen Zeit nicht immer leicht. Aber das finde ich nicht tragisch und wir sollten deshalb auch kein schlechtes Gewissen haben. Wir sind ja hier um zu lernen, um uns weiter zu entwickeln. Wenn wir diese Lebensregeln immer leben könnten, bräuchten wir kein Reiki mehr, wäre Entwicklung nicht mehr möglich. Dann wären wir an dem Ziel, bedingungslose Liebe immer leben zu können, schon angekommen.
Bitte setzt euch jetzt, wo ihr bald Reiki praktiziert, nicht dem Zwang aus, die Lebensregeln immer leben zu müssen. Das wäre unmenschlich. Bei Reiki gibt es kein 'du musst' oder 'du sollst'. Reiki bedeutet: Geschehen lassen und beobachten. Daraus könnt ihr lernen. Doch es bedeutet auch, dass ihr für diese Entwicklung

Zeit braucht. Ihr könnt nicht von heute auf morgen euer Ziel erreichen. Jeder geht seinen eigenen Weg und jeder braucht unterschiedlich lange Zeit dafür.
So, meine Damen. Jetzt machen wir eine kleine Pause. Danach werden wir uns dem praktischen Teil zuwenden und Hand anlegen", beendete Karin dieses Thema.

Ich war dankbar für die Unterbrechung. Herta und ich gingen nach draußen. Ich wollte eine Zigarette rauchen und sie die frische Luft genießen.
Draußen atmete sie tief durch und fragte mich:
„Oh je, ob ich das Ziel, bedingungslose Liebe zu leben, jemals erreiche? Wenn ich nur an Kollege XY denke, gehen bei mir schon die Nackenhaare hoch. Den jemals bedingungslos zu lieben, kann ich mir beim besten Willen nicht vorstellen."
Ich musste lachen und meine humorvolle Seite gewann die Oberhand.
„Herta, es verlangt sicher keiner von uns, dass wir demnächst mit ausgebreiteten Armen über die Flure des Ministeriums laufen und 'wir lieben euch alle' rufen."
Bei dieser Vorstellung mussten wir beide lachen.
„Seht ihr, da freuen sich die beiden ja schon", hörten wir Karins Stimme hinter uns. Erschro-

cken drehten wir uns um. Da stand die ganze Frauentruppe. Sie wollten sich wohl auch etwas frischen Wind um die Nase wehen lassen.
Herta erzählte ihnen, worüber wir beide so gelacht hatten. Zunächst sahen alle Schülerinnen verlegen zu Karin. Erst als diese lauthals loslachte, stimmten die Fünf ebenfalls in das Gelächter mit ein. Es kam mir vor, als wenn sie erst um Erlaubnis gebeten hätten.
„Schön, dass ihr es von der lustigen Seite aus angeht. Die Arbeit mit Reiki soll euch ja Spaß und Freude machen. Durch krampfhaftes Handeln und ängstliches Denken ist niemandem geholfen. Wer über sich selber lachen kann, beweist damit, dass er wirklich Humor hat", meinte Karin.
„Ja, manchmal gelingt es uns noch", antwortete ich.
„Der Umgang mit einigen Kollegen und Vorgesetzten ist wirklich sehr schwierig. Da kann einem das Lachen schon vergehen. Ach, was wäre es schön, wenn Herta und ich das ändern könnten", setzte ich hinzu.
„Vielleicht könnt ihr ja etwas verändern", hörte ich Karin sagen.
Mit Augen, die fast so groß wie Bierdeckel waren, sah Herta mich an, und wie aus einem Mund fragten wir beide ungläubig: „Wir? Ja wie denn?"

„Manchmal ist es sehr hilfreich, seine eigene Einstellung gegenüber anderen zu überprüfen. Wie ihr wisst, könnt ihr eure Kollegen oder Chefs nicht ändern. Wohl aber euer Denken und die Art und Weise, wie ihr ihnen entgegen tretet. Das Prinzip ist ganz einfach und heißt: Ursache und Wirkung – Wirkung und Ursache. Oder anders ausgedrückt: Was ich aussende, erhalte ich auch zurück."

Na prima. Mit anderen Worten: du bist selber schuld, wenn du mit anderen Menschen Probleme hast. Das ist ja eine super tolle Erkenntnis. Und so hilfreich, nicht wahr? lästerte Mr. Verstand.
Ratlos schaute ich zuerst Herta und dann die anderen an. Jede machte sich wohl eigene Gedanken dazu. Wir Anfänger schienen recht zerknirscht über diese These zu sein.
„Sei dankbar für alles und liebevoll zu allen Lebewesen", zitierte Karin eine Lebensregel von Dr. Usui.

In mir regte sich erneut Widerspruch. Jemals Dankbarkeit für das schwierige Miteinander im Job zu empfinden, konnte ich mir nun wirklich nicht vorstellen. Bevor ich jedoch meine Kritik formulieren konnte, hörte ich Elke sagen:
„Ich glaube zu ahnen, worauf du hinaus willst. Zumindest habe ich bei meinen Mitarbeitern die

Feststellung gemacht, dass ein freundliches Lächeln, was mir manchmal wirklich sehr schwer fällt, Wunder wirken kann. Damit schaffe ich es jedoch häufig, eine kritische Situation zu entschärfen und meine Leute dahin zu bekommen, wo ich sie hin haben will. Dankbarkeit dafür zu empfinden, muss ich wohl noch üben."
Sie überlegte einen Moment und setzte dann hinzu:
„Oder ist meine Freude, die ich nach so einer geglückten Aktion empfinde, als Dankbarkeit zu bezeichnen?"
„Genau so ist das zu verstehen", antwortete unsere Lehrerin.
„Elke hat es an einem praktischen Beispiel erläutert. Sicher habt ihr alle schon einmal den Ausspruch gehört: Ein entwaffnendes Lächeln. Durch das Lächeln in kritischen Situationen passiert nicht nur äußerlich, sondern auch innerlich sehr viel. Dadurch entkrampft ihr und reagiert gelassener. Diese Gelassenheit sendet ihr umgehend an euer Gegenüber. Da kann es passieren, dass eure Gesprächspartner zunächst sehr irritiert reagieren. Sie werden sich fragen, was denn plötzlich los ist. Und was passiert? Sie lächeln zurück. Das nenne ich Ursache und Wirkung!"

Ich stellte mir in meiner Phantasie sogleich vor,

wie ich völlig ruhig und gelassen am Schreibtisch saß, meinem Gegenüber gnädig zulächelte und darauf wartete, dass sich alle Sorgen und Probleme in Luft auflösten.
In diesem Moment hörte ich Herta sagen:
„Wenn ich meinen Spezi im Büro plötzlich freundlich anlächle, kommt der sich unter Garantie ver....albert vor. Seine Reaktion darauf vermag ich mir gar nicht vorzustellen."
„Natürlich ist das Übungssache und anfangs muss man sich vielleicht selbst dazu überreden. Die ersten Male sieht euer Lächeln möglicherweise auch eher wie ein Grinsen aus. Lasst euch dadurch nicht beirren. Wenn euer Gegenüber sich veralbert vorkommt, so ist das seine Denkaufgabe, keinesfalls eure. Außerdem höhlt steter Tropfen den Stein. Sein Lächeln und damit auch seine Entkrampfung wird unter Garantie spätestens beim zweiten oder dritten Versuch kommen. Also übt es. Probiert es aber bitte nicht gleich mit einer Gehaltserhöhung bei eurem Chef. Fangt mit einfacheren Dingen an. Ihr habt täglich Gelegenheit dazu. Wenn euch morgens beim Bäcker eine unfreundliche Verkäuferin bedient, lächelt sie an und beobachtet, was geschieht.
Herta und Karin, ihr zwei habt im Büro reichlich Übungsobjekte. Fangt bei gefühlsmäßig neutralen Personen an und nicht gleich bei den dicken

Brocken, die euch die Nackenhaare hochstehen lassen. Die Freude über ein erwidertes Lächeln ist einfach schön und kann durchaus als Dankbarkeit interpretiert werden. Außerdem stärkt sie enorm das Selbstbewusstsein."
Um uns Zeit zu geben, das Gehörte zu verarbeiten, legte Karin eine Pause ein.
Wieder meldete sich Mr. Verstand:
So einfach soll das alles sein? Das wird gleich Montag ausprobiert, legte er fest. Ich nickte automatisch den Kopf.
Ja, so einfach kann es sein, hörte ich meine Innere Stimme auch mal wieder.
Als du das erste Mal die Lebensregeln gelesen hast, warst du zwar von der Natürlichkeit dieser Gebote beeindruckt, hast dir aber keine Gedanken gemacht, wie du sie praktizieren kannst. Du wirst das schon schaffen, redete sie mir Mut zu.
Wieder nickte ich unmerklich.
Genau wie ich standen alle Seminarteilnehmerinnen schweigend da.
Karin lächelte uns wieder an und sagte:
„Nur Mut, meine Damen. Ich werde euch Morgen eine praktische Reiki-Übung zeigen, mit der ihr diesen Prozess unterstützen könnt. Jetzt aber hinein in die gute Stube. Wir wollen nun zum praktischen Teil kommen."
Damit war unsere Pause beendet. Ich fühlte

mich aber kein bisschen ausgeruht. Im Gegenteil. Dieses „Gedanken machen" strengte mich sehr an. Es kostete geradezu Kraft. Das hatte ich mir alles viel leichter vorgestellt. Jedenfalls hatte ich nicht damit gerechnet, dass mir so deutlich ein Spiegel vorgehalten würde. Und schon gar nicht, dass ich in diesem Spiegel so viele - wie ich in diesem Moment meinte - fehlerhafte Verhaltensweisen von mir erkennen würde.
Was da wohl noch alles kommt? legte Mr. Verstand auch gleich seine Finger in die Wunde.

Jetzt bekamen wir endlich Gelegenheit zu entspannen. Jede breitete ihre mitgebrachte Decke auf dem Fußboden aus und ließ sich darauf nieder. Karin erklärte die einzelnen Positionen, auf die wir unsere Hände legen sollten.
Einfach nur daliegen, auf ihre angenehme Stimme hören und ab und zu die Hände auf eine andere Körperstelle legen, war leicht. Endlich keine akrobatischen Geistesübungen mehr, dachte ich zufrieden und räkelte mich auf meiner weichen Unterlage.
Als wir mit den Händen im Bauchbereich angelangt waren, fragte Karin:
„Was habt ihr beim Auflegen der Hände gespürt?"
Na nun sag schon, dass du nichts gespürt hast, forderte Mr. Verstand mich auf. Bis ich mich jedoch

mühsam aufgerichtet hatte, erzählte Marion schon, dass sie angenehme Wärme dort gespürt habe, wo sie ihre Hände hingelegt hatte. Die anderen Frauen bestätigten dieses Empfinden.
Erika meinte, nicht nur ihre Körperstellen seien schön warm geworden, sondern auch ihre Hände. Dabei sei sie sehr ruhig geworden und zum Ende fast eingeschlafen.
Ich hatte diese Empfindungen nicht gehabt und hielt mich vornehm zurück.
Aber Karin ließ ein Verstecken innerhalb der Gruppe nicht zu und so musste ich schließlich zugeben:
„Ich habe lediglich das Ausruhen genossen. Weder an den Körperstellen, wo ich meine Hände hingelegt habe, noch in den Händen habe ich etwas Ungewöhnliches bemerkt."
„Vielleicht glaubst du nicht richtig daran", warf Monika ein.
Das könnte stimmen. So richtig glauben kann ich es ja immer noch nicht, überlegte ich. Schuldbewußt schaute ich unsere Lehrerin an.
„Hat das denn überhaupt etwas mit Glauben zu tun?" fragte Simone.
„Wenn mit Glauben der Glaube an Gott gemeint ist, habe ich aber sehr schlechte Karten", hörten wir von Elke.
Hier und dort hörte ich zustimmendes Gemurmel.

„Nein, Reiki ist keine Glaubenssache im religiösen Sinn", beendete Karin unser Ratespiel, „auch ich gehöre keiner Glaubensgemeinschaft oder Kirche an. Zu DDR-Zeiten ist darauf auch wenig Wert gelegt worden. An Gott oder an andere Mächtige zu glauben, ist keine Voraussetzung, um Reiki anwenden zu können. Lasst euch jedoch aus meinem Erleben sagen, dass der Glaube an Gott die Sache ungemein erleichtern kann. Ich habe durch Reiki den Weg zu ihm gefunden und ich bin dankbar dafür. Wenn euch das Wort Glaube erschreckt, ersetzt es durch Vertrauen.
Traut euch neue Wege zu gehen. Habt Vertrauen zu den Möglichkeiten, die in euch stecken. Oft ist es euer Verstand, der da versucht, euch einzuschränken. Getarnt als Vernunft, Erfahrungswerte oder Angst. Um dieses Vertrauen Schritt für Schritt zu entwickeln, brauchte ich einen geistigen Ansprechpartner. Zunächst war das für mich allerdings Meister Usui."
Hier legte Karin für uns eine „geistige Verdauungspause" ein.

PAUSENGEDANKEN

Die Vorstellung, mit Meister Usui zu kommunizieren, fand ich genial. In einem Reiki-Buch hatte ich sein Bild gesehen. Da ich eine sehr gute Vorstellungsgabe habe, tauchte er direkt vor meinen Augen auf und lächelte mich gütig an. Automatisch lächelte ich zurück und spürte ein seltsam angenehmes Kribbeln im Bauch.
Jetzt spinnst du aber wirklich, kommentierte Mr. Verstand kurz und knapp meine Reaktion.
Höre nicht auf ihn, lasse dich ja nicht ablenken, antwortete ihm meine Stimme. Aber es war schon vorbei.
Irritiert versuchte ich, dieses Kribbeln im Bauch wieder zu spüren. Vergeblich. Es hatte nur einen ganz kurzen Moment angehalten und war offensichtlich von Mr. Verstand verscheucht worden.

Dieses kurze Erspüren erinnerte mich an meine Kindheit. Im Alter von sechs Jahren hatte ich völlig geistesabwesend stundenlang mit meiner Puppe Erika gespielt und ihr dabei meine kleinen und großen Sorgen anvertraut.
Diese Puppe war das letzte Geschenk meiner über alles geliebten Tante Erika gewesen. Bis zur Einschulung hatte ich bei ihr gelebt. Sie war Schaustellerin gewesen und betrieb zusammen

mit ihrem Sohn ein Fahrgeschäft. Sie zogen durch die Lande und bauten jede Woche an einem anderen Ort ihre Schiffschaukel auf. Das war für Kinder natürlich ein Paradies. Tante Rika, wie ich sie immer genannt hatte, war eine wunderbare und herzensgute Frau gewesen. Von ihr bekam ich die Fürsorge und liebevolle Zuwendung, ohne die kein Kind heranwachsen sollte. Die Schulpflicht beendete mein bis dahin unbeschwertes Leben. Ohne Vorwarnung musste ich zu Eltern, die ich so gut wie gar nicht kannte. Eine schwere Eingewöhnungsphase mit Schulbesuch und geregelten Tagesabläufen begann für mich. Noch heute werde ich traurig, wenn ich mich an diese Zeit erinnere.
Tante Rika konnte ihr Versprechen, meine Schulferien bei ihr verbringen zu dürfen, leider nicht einhalten. Zwei Monate nach meiner „Umsiedlung" verstarb sie an Krebs.
Mir blieben nur meine kindlichen Erinnerungen an eine schöne Zeit und meine Puppe Erika.
Ich fühlte mich in meiner neuen Familie unverstanden, ungeliebt und immer irgendwie als Eindringling. Sowohl meinen Eltern als auch meinem Bruder, der ein Jahr älter ist, fehlten das notwendige Feingefühl, um mir diese schwere Zeit zu erleichtern. Wahrscheinlich waren wir mit der neuen Situation alle überfordert.

Ich flüchtete immer mehr in eine Phantasiewelt. In dieser marschierte ich mit Puppe Erika im Arm über den geliebten Rummelplatz. Mit ihr schaukelte ich stundenlang in der riesigen Gondel der Schiffschaukel und jubelte, wenn es immer höher und höher hinauf ging. Abends kuschelte ich mit Tante Rika, die mich liebevoll in ihre Arme nahm.
So konnte ich wenigstens zeitweise der rauhen Wirklichkeit entfliehen. Diese Flucht wurde von meinen Eltern aber nicht geduldet. Meine schulischen Leistungen waren miserabel und in den ersten Jahren war meine Versetzung in die nächste Klasse mehrfach gefährdet. Darum wurde ich immer mehr dazu angehalten, jetzt endlich diese Spinnereien zu unterlassen, fleißig zu lernen, um vernünftige Zensuren mit nach Hause zu bringen. Puppe Erika wurde als Grund für meine Spinnereien ausgemacht und kurzerhand einkassiert. Wenn sich meine Leistungen verbessern würden, bekäme ich sie zurück, hieß es. Ohne Fleiß kein Preis. Das war die Regel, der ich mich von nun an zu unterwerfen hatte. Lob gab es nur, wenn die Benotung der Lehrer wenigstens „gut" lautete. Anerkennung oder gar aufmerksame Zuwendung gab es nur bei „sehr gut". So einfach war das.

Derartig unter Leistungsdruck gesetzt, begann

ich damit, in Gedanken mit Tante Rika zu reden. Es entwickelte sich eine lebhafte Kommunikation zwischen uns. Über viele Jahre hinweg wurde sie meine tröstende Zuflucht.

Auf sie war Verlass. Immer hatte sie Zeit für mich und stets begrüßte sie mich mit einem gütigen Lächeln. Mit ihrer Hilfe gelang es mir mit der Zeit, wenigstens ab und zu eine seelische Barriere aufzubauen, um mich gegen gefühlsmäßige Verletzungen abzuschirmen.

Meine schulischen Leistungen verbesserten sich. Nach und nach wurde ich zu einem von Ehrgeiz geplagten Kind und musste mich von Klassenkameraden als Streberin beschimpfen lassen.

In meiner kindlichen Einfalt hatte ich angenommen, bei überdurchschnittlichen Leistungen die ersehnte Zuwendung meiner Eltern zu bekommen.

Irgendwann, ich weiß nicht warum, war der geistige Kontakt zu Tante Rika eingeschlafen.

Erst jetzt, im Zusammenhang mit den geistigen Ansprechpartnern, war mir meine Tante wieder eingefallen. Konnte ich sie nun, im gestandenen Frauenalter vielleicht wieder ansprechen? Würde sie wieder mit mir reden wollen?

Da hörte ich von Ferne Karins Stimme.

„Wenn euch Gott oder Meister Usui zu abstrakt erscheinen, sucht euch einen anderen geistigen

Helfer. Bittet einfach um Unterstützung und wartet ab, was geschieht."

Ich fand, bei mir war schon eine Menge geschehen. Die Erinnerungen an meine Kindheit hatten mich traurig aber auch irgendwie wütend gemacht. Innerlich aufgewühlt, musste ich mich sehr zusammen nehmen, wollte ich nicht hier und jetzt in Tränen ausbrechen.

Was sollen denn die anderen von dir denken, wenn du jetzt losheulst? meldete sich Mr. Verstand.

Auch das erinnerte mich an früher. Heulsuse hatte mich mein Bruder oft genannt und sich in seiner kindlichen Gemeinheit über mich lustig gemacht. Diese und ähnliche Beschimpfungen halfen seinerzeit mit, die genannte seelische Barriere zu festigen. Immer mehr lernte ich meine Gefühle zu unterdrücken oder sie zumindest anderen gegenüber nicht zu zeigen. Nur still und heimlich gestattete ich mir manchmal, meinen Emotionen freien Lauf zu lassen.

Während meiner ersten Ehe hatte sich diese Eigensicherung nur unwesentlich verändert. Erst im Zusammenleben mit Uli lernte ich sehr langsam, meine Gefühle zu zeigen und sie auszudrücken.

Aber hier und noch dazu vor fremden Leuten?

Außerdem interessieren deine Kindheit und deine Gefühle ja wohl niemanden, setzte Mr. Verstand hinzu.

Mir blieb keine Zeit weiter darüber nachzudenken. Karin sprach mich an:
„Mache dir bitte keine Gedanken, wenn du beim Auflegen der Hände noch nichts gespürt hast. Jeder Mensch hat unterschiedliche Wahrnehmungen. Jeder braucht verschieden lange Zeit, um ein Gespür dafür zu entwickeln.
Jetzt werde ich die ersten beiden Einweihungen bei jedem von euch vornehmen. Dabei wird der Reiki-Kanal geöffnet und gereinigt. Gleichzeitig werden dabei die oberen vier Chakren geöffnet. Danach wird sich vielleicht schon einiges in der Wahrnehmung verändert haben. Morgen folgen zwei weitere Einweihungen, so dass ihr erst dann in der Lage seid, euch und anderen Reiki zu geben. Was bisher gemacht wurde, diente der Vorbereitung, um die Positionen kennen zu lernen, auf die ihr eure Hände legen könnt."
Sie machte eine kleine Pause und stellte einen Paravent auf.
„Elke, bei dir ist der Reiki-Kanal schon geöffnet und du brauchst keine Einweihungen mehr. Du bist jetzt meine Assistentin und übst bitte mit den anderen die einzelnen Positionen. Eine von euch geht jetzt mit mir hinter den Paravent. Sobald sie in den Raum zurückkehrt, kommt die Nächste zu mir."
Elke nickte.

ZWEIFELNDE GEDANKEN

Mir ging das alles viel zu schnell. Vielleicht lag es an meinen gedanklichen Wanderungen, die ich gemacht hatte. Möglicherweise hatte ich dadurch Wichtiges nicht mitbekommen. Vorsichtig schaute ich in die Runde. Keine der anderen Frauen schien meiner Meinung zu sein. Sie legten bereits die Reihenfolge fest, nach der jede hinter den Paravent gehen sollte.

Karin beschäftigte sich in einer Ecke des Raumes mit dem Raumteiler. Ich beschloss, ihr zu helfen. Dabei konnte ich gleich meine Fragen stellen.

„Sag mal, wie öffnest du denn meinen Reiki-Kanal? Was passiert eigentlich dabei?" legte ich gleich los. Karin schaute mich wie immer lächelnd an und sagte:

„Ich werde euch später noch einiges dazu sagen. Jetzt möchte ich, dass ihr völlig unvoreingenommen und ohne Erwartungshaltung eure Einweihungen erlebt. Glaube mir, es passiert nichts Schlimmes dabei. Sei einfach nur offen und nimm dankbar an."

Zweifelnd schaute ich sie an. Etwas mehr an Information hatte ich schon erwartet.

„Habe einfach Vertrauen zu mir und Reiki. Es passiert nur das, was du zulassen kannst. Wenn du zu mir kommst, setzt du dich auf den Hocker, behältst beide Füße auf dem Boden, schließt die Augen und lässt einfach geschehen. Dabei kannst du auf deine Gefühle und Empfindungen achten. Wenn die Energieübertragung beendet ist, werde ich dich leicht an den Schultern berühren und du kannst die Augen wieder öffnen. Ich kann dir dabei nur so viel geben, wie du bereit bist anzunehmen", fügte sie aufmunternd hinzu.

„Na gut, ich werde es versuchen", antwortete ich resignierend und drehte mich um.

Gisis Erklärungen fielen mir wieder ein. Von Vertrauen und „sich öffnen" hatte auch sie gesprochen. Das also war damit gemeint.

„Nur keine Angst. Bisher hat das noch jeder überstanden", hörte ich Karins Stimme, als ich schon einige Schritte von ihr entfernt war.

Das war ja besonders witzig, meinte Mr. Verstand dazu.

Du musst doch wirklich nicht immer alles ganz genau wissen, flüsterte meine Innere Stimme.

Schlagartig wurde mir klar, bei meiner zweiten Lehraufgabe angekommen zu sein. Neben Geduld wurde jetzt Vertrauen gefordert. Vertrauen zu anderen, aber auch zu mir selbst. *Na, wenn das auch so lange dauert, wie es gedauert hat eine Reiki-Lehrerin zu finden, kann das ja heiter werden*, mäkelte Mr. Verstand.

Verlorenes Vertrauen wieder zu finden erfordert

eben Geduld. Geduldig zu sein hast du ja schon geübt. Also wird es mit dem Vertrauen auch klappen, versuchte mich meine Innere Stimme aufzumuntern.

Ich legte mich wieder auf meine Decke und versuchte es unter Elkes Anweisung erneut mit dem Auflegen der Hände. Erika war als Erste zu Karin hinter den Raumteiler entschwunden.

Mir ließ meine Neugier keine Ruhe. Mit einem Ohr versuchte ich mitzubekommen, was sich dort hinter dem Paravent tat. Zu gerne wäre ich aufgesprungen und hätte um die Ecke geluschert. Das ging natürlich nicht. Als Erika zurückkam konnte ich es jedoch nicht unterlassen, die Augen zu öffnen um sie zu mustern. Eine Veränderung konnte ich bei ihr allerdings nicht feststellen. Wortlos legte sie sich auf ihre Decke und Marion ging zu Karin. Sie und alle anderen verhielten sich genau so. Nur bei Herta meinte ich ein leises Schluchzen vernommen zu haben. Als Letzte war ich an der Reihe. Irgendwie war es schon ein merkwürdiges Gefühl. Ein Gemisch aus Hoffen und Bangen empfand ich auf den wenigen Metern, bis ich Karin erreicht hatte.

So wie sie es mir zuvor gesagt hatte, setzte ich mich auf den Hocker, schloss meine Augen und harrte der Dinge, die nun geschehen sollten.

Lasse es einfach geschehen und erwarte nichts, flüsterte mir meine Innere Stimme zu. Ich wollte

mir ja Mühe geben. Deshalb versuchte ich so gut wie möglich alle Erwartungen loszulassen.
Plötzlich wurde um mich herum alles ganz schwarz. Ich fühlte mich wie in einem dunklen Keller eingesperrt. Es war aber weder unangenehm, noch beängstigend. Ganz langsam wurde es vor meinen geschlossenen Augen etwas heller. Es kam mir so vor, als wenn irgend jemand in diesem dunklen Raum sehr langsam einen Vorhang ein kleines Stückchen zur Seite schiebt und ein winziger Sonnenstrahl hereinkommt. Gleichzeitig wurde mir vom Kopf bis zu den Füßen angenehm warm. Besonders in meinen Händen fühlte ich ein starkes Kribbeln.
Dann war es auch schon vorbei und ich spürte Karins Hände auf meinen Schultern.
„Wir sind mit dem ersten Teil deiner Einweihung fertig", flüsterte sie mir zu. Ich brauchte einen kurzen Moment, um wieder in der Realität zu sein. Perplex schaute ich sie an.
„Das war schon alles?" entfuhr es mir.
Karin schaute mich dieses Mal nicht lächelnd, sondern nachdenklich an.
„Für heute ja. Ich glaube, für den Anfang war das auch schon eine Menge. Nach anfänglichen Schwierigkeiten, die sich für mich wie ein Hindernis angefühlt haben, konnte die Reiki-Energie ungehindert fließen. Als sehr angenehm und harmonisch habe ich es zum Schluss empfunden."

Diese Äußerung überraschte mich. Wie konnte sie meine Empfindungen während der Einweihung gespürt haben?
Nimm es einfach so hin und sei dankbar für dieses Erlebnis, riet mir meine Innere Stimme.
Ich nickte Karin zu, die mich immer noch gedankenvoll ansah, und bedankte mich bei ihr. Daraufhin nahm sie mich sanft in ihre Arme und flüsterte in mein Ohr:
„Ich danke dir für dein Vertrauen und wünsche mir sehr, dass du an dich und an deine Fähigkeiten glaubst. Du bist etwas ganz Besonderes und wirst wunderbare Erfahrungen machen. So wie ich dich einschätze, wirst du deinen Reiki-Weg konsequent und mit Leichtigkeit gehen. Dabei wünsche ich dir viel Licht und Liebe."
Ich war gerührt. Ich sollte etwas ganz Besonderes sein? Das hatte mir noch niemand gesagt. Es tat so unendlich gut, diese Worte zu hören, wobei mir wieder ganz warm wurde. Vom Kopf bis zu den Füßen durchrieselte mich eine angenehme Wärme. Nochmals bedankte ich mich bei Karin und löste mich langsam aus ihrer Umarmung. Damit war der Zauber dieses wunderschönen Augenblicks vorbei. Gemeinsam gingen wir zu den anderen Frauen.

Komisch, mir fielen gar keine Fragen ein. Mr. Verstand schien zu schlafen. Wie in Trance legte

ich mich auf meine Decke. Immer noch eingehüllt in diese phantastische Wärme, die sich jetzt in der Mitte meines Bauches zu manifestieren schien. Ich genoss ganz einfach dieses schöne und neue Gefühl. Den anderen Frauen schien es ähnlich zu ergehen. Es herrschte eine wohltuende Ruhe in unserem Seminarraum.
Nach einer kurzen Weile bat uns Karin, mit der Eigenbehandlung zu beginnen und dabei die Hände an den zuvor bezeichneten Stellen aufzulegen. Willig folgten alle ihren Anweisungen. Anschließend wurden die Empfindungen ausgetauscht.
Ich hielt mich wiederum zurück. Außer dieser angenehmen und gleich bleibenden Wärme im Bauchbereich hatte ich nichts verspürt. Dieses Mal durfte ich mich zurückhalten. Weder Karin noch die anderen Frauen fragten nach meinen Erfahrungen bei der Eigenbehandlung. Ich war ihnen dankbar.

Ganz plötzlich war auch Mr. Verstand wieder da und griff boshaft an:
Was soll das denn heißen? Du willst etwas Besonderes sein? Da kann ich ja nur lachen. Falle bloß nicht auf so ein Gerede herein. Deine bisherigen Lebenserfahrungen zeigen doch wohl mehr als deutlich, worin deine Besonderheiten liegen. Besonders schwierige Kindheit, eine besonders aufreibende erste

Ehe, ein besonders schlechtes Verhältnis zu der eigenen Tochter und zu den Eltern. Auch bei der Eigenbehandlung war von besonderen Fähigkeiten nichts zu spüren.

Ich musste ihm Recht geben. Augenblicklich verschwand die bis dahin angenehme Wärme aus meinem Bauchbereich. Auf einmal fühlte ich mich niedergeschlagen. Eine lähmende Traurigkeit stieg in mir auf. Plötzlich hatte ich keine Lust mehr an diesem Seminar. Liebend gern wäre ich nach Hause gefahren, hätte mich in mein Bett verkrochen und mir die Decke über den Kopf gezogen, um nichts mehr hören oder sehen zu müssen.

Mr. Verstand hatte punktgenau meine Schwachstelle getroffen. Die von ihm benannten „Besonderheiten" wurden mir jetzt wieder bewusst. Jahrelang hatte ich darunter gelitten und mich allein für das Scheitern meiner persönlichen Beziehungen verantwortlich gefühlt. Immer wieder hatte ich mich dafür als Versager beschimpft, ohne es fertig zu bringen, daran etwas zu ändern. Mit der Zeit hatte ich es irgendwie geschafft, diese bitteren Gefühle zu verdrängen. Ausgerechnet jetzt musste er mir damit kommen. Aber er war noch nicht fertig.

Du musstest dir alles, was du bisher erreicht hast, mühevoll und mit viel Fleiß erarbeiten. Warum sollte das jetzt anders sein? Wieso solltest ausgerechnet

du diesen Weg mit Leichtigkeit gehen können? setzte er mir weiter zu.
Bange machen gilt nicht. Mag sein, dass du diesen Weg nicht mit der Leichtigkeit einer Pusteblume gehen wirst. Ganz sicher aber mit dem Wagemut eines Schneeglöckchens. Warum wird immer über „diesen Weg" gesprochen? Du bist hier, um Reiki zu erlernen. Was daraus wird, ob es für dich zu einem Weg oder zu einer Sackgasse wird, lasse doch einfach in Ruhe auf dich zukommen. Auch wenn Karin es meint, so kann auch sie es heute noch gar nicht wissen. Genieße einfach dieses Seminar. Alles andere wird sich zu gegebener Zeit schon finden, antwortete meine Innere Stimme.
Dieser Dialog zwischen Mr. Verstand und meiner Inneren Stimme wurde mir jetzt auch zu viel. Ich wollte nichts mehr hören und dachte sogar schon daran, ob sich so Schizophrenie bemerkbar machen könnte.

Ich war mal wieder so mit mir selbst beschäftigt gewesen, dass ich überhört hatte, wie Karin das heutige Seminar beendet hatte. Erleichtert atmete ich durch und packte meine Decke zusammen. Die anderen Frauen waren wohl auch froh, jetzt Feierabend zu haben. Plötzlich hatten es alle eilig nach Hause zu kommen. Selbst Herta war auffallend ruhig.

„Ich bin total fertig und brauche jetzt erst einmal meine Ruhe“, sagte sie mir zur Verabschiedung und ging nach draußen, wo ihr Mann sie schon erwartete.
Ich fuhr bedrückt nach Hause. Uli hatte schon auf mich gewartet.
„Na, da ist ja mein Reiki-Mäuslein. Nun erzähle mir einmal, wie dein Seminar gelaufen ist. Ich bin schon ganz gespannt darauf zu erfahren, was du heute gelernt hast“, begrüßte er mich, kaum dass ich das Haus betreten hatte.
Das hatte mir gerade noch gefehlt! Schweigend ging ich an ihm vorbei, legte Tasche und Mantel ab und ging geradewegs in die Küche, um mir erst einmal einen starken Kaffee zu kochen. Vielleicht schaffte ich es ja damit, wieder munter zu werden. Da kannte ich meinen Uli aber schlecht oder anders ausgedrückt, er kannte mich zu gut.
„Was ist denn mit dir los?“ fragte er verdutzt, stellte sich mir in den Weg und musterte mich.
„Meine Güte, wie siehst du denn aus? Ist etwas passiert? Hast du etwa einen Unfall gehabt? Nun rede doch endlich“, forderte er mich ungeduldig auf.
„Nein, nein, es ist nichts passiert. Ich bin nur sehr müde. Außerdem fühle mich ziemlich ausgelaugt. Das Seminar ist sehr anstrengend“, antwortete ich zögernd.

„Na, dann ist es ja gut“, meinte er und zog mich in seine Arme, „bist du wirklich sicher, dass du bei einem Entspannungsseminar gewesen bist? Nimm den Kaffee mit ins Wohnzimmer und erzähle mir, was denn an so einem Seminar so anstrengend ist, dass du kreidebleich und mit dunklen Ringen unter den Augen nach Hause kommst.“

Auf den Weg ins Wohnzimmer warf ich einen Blick in den Flurspiegel. Uli hatte Recht. Ich sah aus, als wenn ich von einem Marathonlauf gekommen wäre. Was sollte ich ihm nur erzählen? Ich wusste ja selber nicht, warum ich einerseits so k.o. war, mich andererseits aber so völlig aufgewühlt fühlte. Wie hätte ich ihm meine Gefühle erklären sollen?

„Sei mir nicht böse. Ich kann dir jetzt nicht sagen oder zeigen, was ich heute gelernt habe. Ich weiß auch gar nicht, ob dieses Seminar das Richtige für mich ist und überlege sogar, ob ich morgen überhaupt wieder hinfahre“, sagte ich leise.

Genau das ist es! Du bleibst morgen einfach zu Hause. Was soll das denn überhaupt Gutes bringen? Jahre hast du gebraucht, um die Demütigungen und Verletzungen von früher zu vergessen. Jetzt machst du so ein Seminar und plötzlich ist alles wieder da und macht dich traurig und wütend, hakte Mr. Verstand umgehend ein.

Uli musterte mich lange.
„Das verstehe ich jetzt aber nicht. Bisher bist du von jedem Seminar zufrieden und hoch motiviert zurückgekommen. Immer hast du gleich das Erlernte ausprobiert, hast experimentiert und mir davon berichtet. Was ist denn heute passiert, dass du so deprimiert bist? Ist Reiki vielleicht doch etwas Spiritistisches? Bist du etwa an eine Sekte geraten?" fragte er mich besorgt.
„Quatsch, nun lasse mal dein Polizistendenken beiseite. Ich kann es dir nicht erklären, weil ich es selber erst einmal verarbeiten muss. Ganz sicher hat Reiki aber nichts mit Spiritismus oder Sekten zu tun. Alle Teilnehmerinnen sind nette und lebenstüchtige Frauen und von Karin habe ich dir doch schon erzählt. Da kannst du ganz unbesorgt sein", versuchte ich ihn zu beruhigen.
„Na gut, dann sehe ich keinen Grund, warum du morgen nicht wieder hinfährst. Monatelang hast du herumgequengelt, dass du Reiki erlernen willst. Jetzt hinzuschmeißen, wo du erst die Hälfte erlebt hast, finde ich ausgesprochen dumm. Was auch immer du erst verarbeiten musst, es wird dir sicher erst gelingen, wenn du das Seminar ganz mitgemacht hast. Nur dadurch hast du doch die Chance, deine möglichen Probleme oder Fragen mit einer Fachfrau zu besprechen. Wenn du jetzt aufhörst, schmorst du

hier im eigenen Saft und wirst bestimmt nicht glücklich damit", redete er mir zu.
Und du musst dir das dann anhören, dachte ich diesen Satz weiter.

„Passe auf Mäuslein. Da das Seminar so anstrengend für dich ist, werde ich dich morgen nach Lübstorf fahren und dich auch wieder abholen. Was hältst du davon?" bot er mir aufmunternd an.
Was sollte ich schon dazu sagen? Ist das Anteilnahme, Besorgnis oder etwa der Versuch der Kontrolle? dachte ich.
Wie wäre es mit Liebe? flüsterte meine Innere Stimme. Beschämt nickte ich meinem Schatz zu.
„Danke für das Angebot. Ob und wie ich morgen nach Lübstorf komme, will ich morgen Früh erst entscheiden. Jetzt möchte ich ins Bett gehen und werde hoffentlich gut schlafen", beendete ich die Diskussion.

Und wie gut ich geschlafen habe! Hinlegen, zudecken, einschlafen waren eins. Ich konnte mich am nächsten Morgen nicht mehr daran erinnern Reiki-Übungen, wie von Karin geraten, gemacht zu haben. Aber ich konnte mich an einen Traum erinnern!
In diesem Traum saß ich traurig und allein an einem Gebirgsbach und schaute in das reißende

Wasser. Plötzlich setzte sich eine ältere Frau neben mich und sagte:
„Siehe dieses reine und fließende Wasser. Es hat unendliche Kraft in sich. Es fließt mit Freude über jeden noch so großen Stein und nimmt alle Verschmutzungen mit fort. Werfe einfach deine Traurigkeit hinein und siehe zu, wie sie von dem reinigenden Wasser fortgetragen wird. Ähnlich wird es dir mit Reiki ergehen. Gehe den nächsten Schritt und schaue zu, was geschieht."

Seit Jahren hatte ich nicht mehr geträumt oder konnte mich zumindest nicht daran erinnern. Diesen Traum wertete ich jetzt als Zeichen dafür, dass ich weitermachen sollte - und fuhr am Morgen allein nach Lübstorf.

ZWEITER SEMINARTAG

Keine Seminarteilnehmerin fehlte. Karin begrüßte uns herzlich und begann damit, an einer Tafel einen menschlichen Körper zu zeichnen, auf dem sie einige Stellen in unterschiedlichen Farben ausmalte.
Aha, jetzt kommen endlich die Erklärungen, kommentierte Mr. Verstand Karins Bemühungen.
„In unserem Körper befinden sich ca. 88.000 Chakren. Die ich hier aufgemalt habe, sind unsere sieben Hauptchakren, über die wir durch das Auflegen der Hände die Reiki-Energie aufnehmen oder abgeben.
Das Wort Chakra kommt aus dem Sanskrit, einer altindischen Sprache und steht für Kreis oder Rad. Die Chakren dienen als Verteiler der kosmischen Energie. Die Chakralehre ist sehr umfangreich, und wer tiefer einsteigen möchte, kann sich entsprechende Bücher zulegen. Für euch Anfänger ist es wichtig zu wissen, wo die Hauptchakren liegen und wie sie durch die Reiki-Spende mit Energie aufgeladen werden können. So kann die Universelle Lebensenergie an die Orte gelangen, wo sie gebraucht wird. Ob im feinstofflichen oder im physischen Körper, im Drüsensystem, in den Organen, im Nervensystem oder am Knochengerüst, immer unterstützt Reiki die Körperregionen, die Energie

brauchen“, erklärte uns Karin anhand der Zeichnung.
Das leuchtete mir sofort ein und ich konnte mir sehr gut vorstellen, über diese Schaltstellen den Energiehaushalt in meinem Körper zu regulieren.
Karin schaute in die Runde. Niemand stellte eine Frage. So fuhr sie mit ihrem Vortrag fort:
„Außer diesen sieben Hauptchakren habt ihr noch in jeder Hand ein wichtiges Chakra. Nämlich eure Handchakren, über die ihr die Reiki-Energie abgebt.“
Auch das war für alle gut vorstellbar und warf keine Fragen auf.
„Bei den Einweihungen wird der innere Heilungskanal in euch wieder geöffnet und es findet eine Energieübertragung statt. Nach den vier Einweihungen oder Einstimmungen des 1. Reiki-Grades seid ihr somit wieder zum Reiki-Kanal geworden“, erklärte uns Karin.
„Wieso wieder zum Reiki-Kanal?“ fragte Herta.
„Jeder Mensch wird mit einem geöffneten Reiki-Kanal geboren. Durch unsere Erziehung und unsere Lebensumstände wird bei vielen von uns dieser Kanal verschüttet oder verstopft, so dass der Fluss der Lebensenergie durch uns auf Grund von verschiedenen Blockaden erschwert ist. Dieser Kanal wird bei der Einweihung gereinigt. Von da an fließt die Reiki-Kraft ein Leben

lang. Auch wenn ihr Reiki lange Zeit nicht anwendet, bleibt dieser Kanal geöffnet und verschließt sich nie mehr. Allerdings ist es sehr ratsam, regelmäßig Reiki anzuwenden. Erst dadurch werdet ihr nach und nach feststellen, dass ihr euch verändert und an Körper, Geist und Seele gesund werdet", antwortete Karin.
„Wie regelmäßig sollen wir Reiki anwenden?" fragte Monika.
„In den ersten drei Wochen ist es empfehlenswert, täglich eine Eigenbehandlung durchzuführen. Da jede Position drei bis fünf Minuten behandelt werden sollte, kommt so leicht eine Stunde Zeitaufwand zusammen", erklärte Karin.
„Was? Wo soll ich denn die Zeit dafür hernehmen?" rief ich entsetzt in den Raum. Auch Herta schien verblüfft und schaute mich hilflos an. Elke nickte grinsend und bemerkte:
„Jetzt könnt ihr bestimmt verstehen, weshalb ich zum zweiten Mal hier bin. Ich hatte nach meinem ersten Seminar einfach keine Zeit dafür. Jetzt bin ich darauf vorbereitet und werde es sicher so einrichten können, dass ich täglich üben kann."
„Wieso müssen wir überhaupt täglich eine Stunde üben? Ich habe doch gelesen, dass Reiki ganz natürlich nur durch Auflegen der Hände fließt. Ich habe mir gedacht, bei Bedarf meine

Hände auf eine schmerzende Körperstelle zu legen, Reiki einfließen zu lassen und damit die natürlichen Selbstheilungskräfte so gut zu unterstützen, dass nach kurzer Zeit meine Beschwerden verschwunden sind. Dass dafür eine dreiwöchige Übungszeit nötig ist, kann ich mir gar nicht vorstellen. Außerdem wäre es sehr hilfreich gewesen, wenn du, liebe Karin, mir das vorher gesagt hättest. Ich fahre nämlich nächste Woche aus beruflichen Gründen zu einem Lehrgang. Da werde ich weder Zeit noch Ruhe dazu haben", empörte sich Simone. Sie schien regelrecht sauer zu sein.
Es entstand Unruhe unter uns Schülerinnen.
„Ich hätte es auch besser gefunden, davon vorher gewusst zu haben. Schließlich bin ich täglich wenigstens zehn Stunden nicht zu Hause. Dann muss noch das Essen gemacht und im Haushalt einiges erledigt werden. Hinterher bin ich meistens so k.o., dass ich auf dem Sofa einschlafe", gab Herta zu bedenken.
Ich stimmte ihr uneingeschränkt zu. Mein Tagesablauf war ähnlich organisiert und zumindest innerhalb der Woche war wenig Freiraum zu finden.
„Das ist für mich überhaupt kein Problem. Ich habe mehr Zeit, als mir lieb ist", musste Monika den Berufstätigen auch noch Öl ins Feuer gießen.

„Das ist ja sehr schön für dich“, giftete Simone in Monikas Richtung.
„Na na, nun mal langsam meine Damen. Nichts wird so heiß gegessen, wie es gekocht wird“, versuchte Karin die Wogen zu glätten.
„Denkt bitte daran, dass es bei Reiki kein 'Du sollst' oder 'Du musst' gibt. Was ich euch in diesem Seminar sage oder rate, ist eine Empfehlung und das Ergebnis eigener Erfahrungen. Ob ihr diese Empfehlungen annehmt und umsetzt, ist eure eigene Entscheidung. Ihr seid für euer Tun oder Nichttun einzig und allein selbst verantwortlich“, setzte Karin ohne ihr sonst übliches Lächeln hinzu und fuhr weiter fort:
„Die ersten drei Wochen nach den Einweihungen werden auch als die 21 Tage der Reinigung bezeichnet. Durch die Übertragung der Reiki-Kraft beginnen sich im Körper die Energien neu zu orientieren. Die Schwingungsfrequenzen werden erhöht. Dadurch werdet ihr langsam sensibler für die inneren und äußeren Prozesse. Die 21 Tage erklären sich dadurch, dass die neuen Energien durch die sieben Hauptchakren durchgeleitet werden. Für die positive Beeinflussung jedes einzelnen Chakras werden etwa drei Tage benötigt. Durch die Erhöhung der Schwingungsfrequenzen werden Energieblockaden gelöst. Dadurch kann es manchmal zur so genannten Erstverschlimmerung bestehen-

der Symptome kommen. Das kann in Einzelfällen als unangenehm empfunden werden. Diese Erstverschlimmerung ist zum Beispiel auch in der Homöopathie bekannt. Grundsätzlich ist es als positive Reaktion zu werten. Sie zeigt uns, dass in unserem Körper etwas in Bewegung geraten ist und deutet auf den Beginn der Reinigungsphase hin.
Ebenso kann sich dieses im psychischen Bereich bemerkbar machen. Es ist durchaus möglich, dass ihr plötzlich an alte, längst verarbeitet geglaubte Probleme erinnert werdet. Ich persönlich halte das für gut. Seht es als Chance, diese seelischen Probleme mit Hilfe von Reiki jetzt endgültig bearbeiten zu können."
Karin legte eine Verschnaufpause ein.
Mir fiel mein Traum wieder ein. Das konnte doch kein Zufall sein!
Es fließt mit Freude über jeden noch so großen Stein und nimmt alle Verschmutzungen mit fort. Damit konnte sehr gut die Reinigungsphase gemeint sein.
Das ist ja spannend, gab selbst Mr. Verstand zu.
„Du sagst, dass durch die Einweihungen die Zeit der Reinigung sowohl auf körperlicher als auch auf seelischer Ebene beginnt. Jetzt kommt bei mir aber die Schulmedizinerin durch. Ich frage mich, wie jemand, der an einer sehr schweren Erkrankung leidet, mit der Verschlim-

merung der Symptome fertig werden soll. Ganz gleich ob physisch oder psychisch. Das könnte doch sehr gefährlich für den Betreffenden werden", fragte die Kinderärztin Erika.

„Nein, keinesfalls. Hier zeigt sich deutlich, wie intelligent das Reiki-System ist. Die Erstverschlimmerung wird fein dosiert. Es zeigt sich immer nur so viel, wie euer Körper auch verkraften kann. Wir können darauf vertrauen, niemals überfordert zu werden", antwortete Karin. Erika schien wenig überzeugt, äußerte sich aber nicht weiter dazu.

„Da bin ich aber beruhigt. Ich habe in meinem Leben schon viele Dinge erlebt, die mich an die Grenze der psychischen Belastbarkeit gebracht haben. Sehr lange Zeit bin ich auch in psychologischer Behandlung gewesen. Wenn sich das alles jetzt auf einmal wieder bemerkbar machen würde, hätte ich garantiert ein riesengroßes Problem", sagte Simone und sie klang sehr besorgt.

„Habe Vertrauen zu Reiki. Es passiert nichts, was deine Kräfte übersteigen würde. Auch ich hatte damals, als ich mit Reiki anfing, große psychische Probleme, die mit dem Tod meines Vaters zusammen hingen. Durch die Arbeit mit Reiki ist mir einiges bewusst geworden, worüber ich vorher nie nachgedacht hatte. Meine Probleme wurden mir sozusagen aus einer anderen Position gezeigt. Dadurch habe ich gelernt zu verstehen, aufrichtig zu verzeihen und damit auch endgültig loszulassen. Damit ist nicht gemeint, vergessen zu müssen. Unsere Vergangenheit ist ein Teil von uns und ohne diese, manchmal auch schmerzhaften Erlebnisse, wären wir heute nicht hier. Aber wir haben immer die Möglichkeit frei zu entscheiden, ob uns unsere Vergangenheit heute noch lenken und dadurch auch über unsere Zukunft entscheiden kann", antwortete ihr Karin.

„Tut mir Leid, Karin. Das verstehe ich nicht. Kannst du mal ein Beispiel dafür bringen?" bat Simone.

„Ja, natürlich. Stelle dir vor, du bist ein Kind von sagen wir mal fünf Jahren. Du bist für dein Alter überdurchschnittlich intelligent und hast einen starken Bewegungsdrang. Alles willst du ausprobieren, nichts ist vor dir sicher. Nimm weiterhin an, deine Eltern sind, aus was für Gründen auch immer, extrem in Sorge um dich. Sie haben einfach Angst, dir könnte durch deine Neugier irgend etwas zustoßen. Folglich werden sie dir vieles verbieten und dir sagen, dass du dieses oder jenes nicht kannst oder nicht tun darfst. Dieses: 'Das kannst du nicht!', hörst du über viele Jahre und es sackt ganz tief in dein Unterbewusstsein. Möglicherweise wirst du dadurch gehemmt und dein natürliches Selbst-

vertrauen kann sich nicht entsprechend entwickeln. Natürlich wirst du jetzt sagen, die Kindheit prägt doch den Menschen."
„Ja klar", rief Simone dazwischen. Einige von uns nickten zustimmend mit dem Kopf.
„Aber nur zu einem gewissen Teil. Irgendwann entwächst jeder seiner Kindheit und somit auch dieser Prägung. Spätestens dann ist es an der Zeit selbst zu entscheiden, was man kann oder nicht kann. Selbst die Verantwortung für sein Tun oder Nichttun zu übernehmen. Nur so können Grenzen, die uns von anderen aufgezeigt wurden, überwunden werden. Macht euch also immer deutlich, dass ihr einzig und allein selbst für euer Denken und Handeln verantwortlich seid.
In unserem Beispiel wäre es nötig herauszufinden, warum die Eltern in übertriebener Sorge um ihr Kind gewesen sind. Dadurch könnte man ihr Verhalten verstehen. Wenn man etwas versteht, wird es leichter zu verzeihen, um damit auch loszulassen. Dieses Loslassen hat ganz sicher enorme Auswirkungen auf das jetzige Leben.
Garantiert wird sich dieser Mensch nun mehr zutrauen, wodurch das Selbstbewusstsein gestärkt wird", erklärte Karin.
„Aha, so ist das gemeint. Der Bewusstwerdungsprozess, der durch die Einweihung und

der danach folgenden Reinigungszeit in Gang gesetzt wird, macht uns auf Dinge aufmerksam, die wir durch die Übernahme der Eigenverantwortung verändern können", fasste Erika zusammen.

„Grob gesehen ist das so zu verstehen. Aber auch hier reagiert jeder Mensch anders. Erwartet bitte nicht, wo ihr jetzt in Reiki eingeweiht seid, dass sich sofort euer ganzes Leben verändert und sich alle Probleme in Luft auflösen", meinte Karin.

Ich musste schmunzeln, weil mir meine früheren Erwartungen wieder einfielen.

„Es kann durchaus sein, dass einige Dinge längere Zeit brauchen, bis sie ins Bewusstsein gelangen. Ebenso ist es möglich, dass ihr keinerlei Erstreaktion verspürt. Nehmt es einfach hin."

Aufmerksam hatten wir zugehört.

„Ich möchte aber noch etwas zur Übungszeit sagen", fuhr Karin fort.

Ich lehnte mich stöhnend zurück. Mir war das Gerede von möglichen Veränderungen, Eigenverantwortung und Bewusstwerdung einfach zu kompliziert geworden. Nach einfacher Methode sah das nun wirklich nicht mehr aus.

„Die folgenden drei Wochen sind im wahrsten Sinne des Wortes eine Übungszeit. Neben der Erhöhung der Schwingungsfrequenzen passiert nämlich noch etwas ganz Wichtiges. Habt ihr

eine Vorstellung davon, was ich damit meine?" fragend schaute Karin uns an.
Nur Elke nickte wissend den Kopf, äußerte sich aber nicht dazu. Wir anderen Neulinge schauten verlegen Löcher in die Luft. Endlich beendete Karin die von mir als peinlich empfundene Pause.
„Nun, zunächst einmal ist es erforderlich, die doch recht unterschiedlichen Wahrnehmungen in euren Händen sowie in den unterschiedlichen Körperpositionen zu erkennen.
Manchmal werden die Hände sofort sehr heiß, manchmal dauert es auch längere Zeit, bis ihr etwas spürt. Auch kann es passieren, dass ihr ein Kribbeln in euren Händen bemerkt. Fast so, als wenn sie eingeschlafen sind. Diese Gefühle miteinander in Einklang zu bringen, erfordert ganz einfach Übung. Es gibt aber noch einen anderen Grund für diese 21 Tage Frist."
Wieder legte unsere Lehrerin eine Pause ein und schaute uns herausfordernd an.
Mir wurde ganz mulmig zu Mute. In mir stiegen Ungeduld und Unruhe auf. Auch Herta, die mir gegenüber saß, rutschte unruhig von einer Pohälfte auf die andere. Unsere Blicke trafen sich. Jetzt kommt's gleich dicke, schien sie mir sagen zu wollen. Wieder gab keine der Schülerinnen auch nur einen Mucks von sich.
Endlich fuhr Karin fort:

„Eure teilweise empörte Reaktion auf diese Übungszeit hat mir deutlich gezeigt, dass sich die meisten von euch wenig Zeit für sich selbst nehmen. Ja, sich noch nicht einmal vorstellen zu können, diese Zeit für sich jemals zu haben. Und warum nicht? Weil es immer etwas Wichtigeres zu tun gibt? Weil es die Kinder, den Mann, den Job, den Haushalt, die Eltern, die Haustiere und was weiß ich noch alles gibt?
Glaubt mir, ich weiß, wovon ich rede. Das scheint ein typisch weibliches Denken der etwas reiferen Jugend zu sein. Komischerweise höre ich dieses Argument nur in Seminaren, wo Frauen unseres Alters teilnehmen. Noch nie habe ich es in den Seminaren mit Jugendlichen gehört. Noch nie hat ein männlicher Teilnehmer diese Überlegungen angestellt. Es muss wohl das Muttersyndrom oder provozierender ausgedrückt, das Helfersyndrom sein. Ganz nach dem Motto: Erst müssen alle anderen versorgt oder bedient werden. Wenn dann noch Zeit übrig ist, bin ich an der Reihe. Und wie hat Herta so schön gesagt: Danach bin ich meistens so geschafft, dass ich auf dem Sofa einschlafe.
„Das kann ich auch nicht ändern", meinte Herta trotzig.
„Schließlich lebt keiner von uns allein. Als berufstätige Mutter und Ehefrau bleibt kaum Zeit. Außerdem würde ich es für sehr egoistisch hal-

ten, die Familie in den Hintergrund zu stellen, nur um für mich Zeit zu haben", meinte Marion. „Vielleicht müssen wir umdenken. Ich glaube, keine von uns hat noch Kinder, die jünger als zehn Jahre sind. Die könnten doch sehr wohl die eine oder andere häusliche Pflicht übernehmen. Auch mein Mann könnte einiges mehr im Haus erledigen. Das fällt mir erst jetzt so richtig auf, wo wir darüber reden", überlegte Erika laut.
Karin klatschte in die Hände und rief begeistert: „Bravo, das wäre eine Möglichkeit. Versteht mich nicht falsch. Das soll hier keine Emanzipationsgruppe werden. Ich möchte nur dazu anregen, dass ihr euch an die eigenen Bedürfnisse erinnert. Ich war doch genau so. Ich habe die gleichen Überlegungen gehabt. Solange, bis mir ein Satz, den mir meine Oma in der Kindheit gesagt hat, wieder eingefallen ist.
Sie sagte häufig zu mir: Kann ich nicht, liegt auf dem Friedhof und will ich nicht, liegt genau daneben.
Das bedeutet nichts anderes als: Streiche 'Das kann ich nicht und das will ich nicht', und setze 'Das kann ich und das will ich'."
Das ist ja wohl eine Frechheit. Die unterstellt dir doch glatt, dass du keine Zeit für dich haben willst, meldete sich Mr. Verstand aufgebracht.
Das sah ich ebenso und Ärger stieg in mir auf.
„Wenn ich nichts für mich tun wollte, wäre ich

sicher nicht hier“, entgegnete ich entrüstet.
Auch die anderen Frauen lehnten diesen Vergleich teilweise ebenfalls erbost ab. Wir diskutierten laut, und jede fühlte sich offenbar durch dieses Gleichnis angegriffen. Von Harmonie war jedenfalls nichts mehr zu spüren.
„Du hast gut reden. Du stehst in keinem abhängigen Arbeitsverhältnis und kannst dir deine Zeit frei einteilen“, grollte Simone in Karins Richtung.
„Es geht eben nicht immer so, wie wir es gerne hätten“, meinte Elke.
„Meine Familie steht für mich immer an erster Stelle“, gab Herta ihren Standpunkt kund.

Vielleicht stimmt es ja doch, was Karin gesagt hat, meldete sich meine Innere Stimme sehr leise.
Möglicherweise ist es gar nicht so bequem, dich mit dir selbst zu beschäftigen. Da könnten ja unangenehme Dinge hochkommen, mit denen du dich gar nicht beschäftigen willst. Deshalb verdrängst du sie. Dabei passt es dir doch sehr gut in den Kram, dieses oder jenes zu erledigen, obwohl es in Wirklichkeit gar nicht so wichtig ist. Damit lenkst du dich herrlich ab. Außerdem kannst du auch noch behaupten, ja sooo viel zu tun zu haben und sooo fleißig zu sein. Dafür lässt du dich auch noch gerne im Büro und zu Hause loben. Das hat wenig

mit Ehrgeiz zu tun. Eher mit Geiz.
Geiz ist Grausamkeit gegen den Bedürftigen, und die Verschwendung ist es nicht weniger.
Wer ist hier bedürftig? Wer ist hier verschwenderisch?
Darüber denke einmal nach.

Mittlerweile war die hitzige Diskussion verstummt und Karin ergriff wieder das Wort.
„Ich möchte euch nicht kritisieren, sondern sensibilisieren.
Liebe deinen Nächsten wie dich selbst, hat Dr. Usui geboten. Wobei hier die Betonung auf dich selbst liegt. Und denkt bitte daran, es ist nötig, sich selbst zu lieben, um andere lieben zu können.
Mehr möchte ich jetzt nicht dazu sagen. Lasst es einfach so stehen. Vielleicht denkt ihr später noch einmal drüber nach.
Jetzt machen wir eine kleine Pause, danach mache ich mit den Einweihungen weiter."

Da hat sie aber sauber die Kurve gekriegt, lästerte Mr. Verstand.
Reichlich bedröppelt gingen wir in die Pause. Herta begleitete mich in die Raucherecke.
„Du siehst ziemlich müde aus", stellte sie besorgt fest und legte ihren Arm um meine

Schultern, „geht es dir nicht gut?"
„Nee, ach eigentlich doch. Ehrlich gesagt, ich weiß es selber nicht so genau. Jedenfalls finde ich dieses Seminar sehr anstrengend. Gestern Abend war ich total ausgelaugt. Für mich ist das alles so ungewohnt und neu. Ich brauche bestimmt lange Zeit, um das alles zu verstehen. Wie geht es dir denn?"
„Ach, gestern Abend ist es mir ähnlich ergangen. Mein Mann wollte unbedingt noch mit mir Essen gehen. Ich hatte aber weder Hunger noch Lust dazu. Außerdem hat er mich mit seiner ewigen Fragerei genervt. Er hat erst Ruhe gegeben, als ich ihm gesagt habe, er hätte ja mitkommen können, wenn ihn Reiki so sehr interessiert", gab Herta zu.
„Und wie gefällt dir dieses Seminar?"
„Na ja, weißt du, ich bin ehrlich froh, hier zu sein. Zwar verstehe ich längst nicht alles, was Karin uns hier erzählt. Jedoch finde ich es faszinierend. Ich glaube, ich muss wenigstens so alt wie Methusalem werden, um das alles zu begreifen", seufzte Herta mit gespielter Theatralik.
„Du glaubst wirklich, dass 967 Jahre ausreichen werden?" fragte ich belustigt.
Herta lachte laut.
„Wir werden sehen. Außerdem sind wir ja zu zweit und können uns austauschen."
„Das kann ja klasse werden. Albert Einstein hat

einmal gesagt: Wenn die Menschen nur über das sprächen, was sie begreifen, dann würde es sehr schnell still auf der Welt sein", erwiderte ich.

„Nun lasse mal die Kirche im Dorf. Wir werden das ganz locker angehen. Erzwingen kann man sowieso nichts. Und probieren geht immer noch über studieren. Ich finde es gut, dass Karin uns eine Übersicht über die Möglichkeiten gibt, die in Reiki stecken. Zunächst geht es doch einmal darum, die Hände aufzulegen und die universelle Energie zu spüren. Alles andere ist Zukunftsmusik.

Für mich ist es ganz wichtig gelernt zu haben, Dinge, die ich nicht sofort verstehe, nicht gleich grundsätzlich abzulehnen. Das habe ich bisher so gemacht. Dadurch ist mir sicherlich viel Gutes entgangen. Aber es bringt mir bestimmt nichts, wenn ich jetzt versuche, alles im Sauseschritt nachzuholen.

Ich weiß, dass du unglaublich ehrgeizig bist und immer alles 150%ig machen willst. Manchmal bewundere ich dich deswegen. Aber ab und zu denke ich, dass du ganz schön übertreibst und dir selbst damit schadest. Ich hoffe sehr, dass du jetzt etwas ruhiger wirst", beendete Herta ihren kleinen Vortrag.

Komisch, auch Herta spricht von Ehrgeiz, ging es mir durch den Kopf.

„Ja, du hast sicher Recht", stimmte ich ihr zu.

Inzwischen war unsere Pause beendet. Arm in Arm gingen Herta und ich zurück in den Seminarraum.
„Schön, dass es dich gibt und du jetzt hier bist“, flüsterte ich ihr noch zu.
Selber war ich darüber am meisten überrascht. Für mich war es neu, so spontan einem Menschen ein Kompliment zu machen. Sonst war ich eher zurückhaltender und im umgekehrten Fall, wenn mir ein solches Lob zuteil wurde, reagierte ich oft verlegen und manchmal sogar misstrauisch. Herta lächelte mich hingegen dankbar an.

Im Übungszimmer wiederholte sich der gleiche Ablauf wie am Vortag. Nach und nach ging jede von uns hinter den Paravent. Die Anderen übten derweil das Auflegen der Hände. Nach dem Pausengespräch mit Herta war ich plötzlich die Ruhe selbst und lag völlig entspannt auf meiner Decke. Meine Gedanken waren wieder bei meinem Traum und mir war so, als wenn ich das Plätschern des Wassers hören würde. Weder Mr. Verstand noch meine Innere Stimme meldeten sich.
Ich schrak regelrecht zusammen, als Simone mich leicht an der Schulter berührte und „du bist dran“ sagte. Ich setzte mich wieder auf den Hocker, schloss die Augen und Karin begann mit dem Einweihungsritual.

Augenblicklich spürte ich diese angenehme Wärme wieder, die mich vom Kopf ausgehend bis zu den Füßen einhüllte. Ein Gefühl von Geborgenheit und Frieden durchströmte mich. Wieder spürte ich ein starkes Kribbeln in meinen Händen, die mir jetzt wenigstens doppelt so groß wie sonst erschienen. Plötzlich war um mich herum alles in ein warmes Licht gehüllt. Es kam mir vor, als wenn ich ein Sonnenbad nehmen und dabei ohne Sonnenbrille direkt in die Sonne schauen würde. Ich genoss jede Sekunde davon und mochte meine Augen gar nicht öffnen, obwohl ich längst schon Karins Hände auf meinen Schultern spürte. Mir war regelrecht feierlich zu Mute, als Karin mich in ihre Arme nahm um mir zur Einweihung in den ersten Reiki-Grad zu gratulieren.

„Gehe verantwortungsbewusst mit deinen neuen Fähigkeiten um, dann wird sich dir Reiki mit seinen wunderbaren Möglichkeiten erschließen. Es wird dir die Gelassenheit geben, alles hinzunehmen, was nicht zu ändern ist sowie die Kraft das zu ändern, was nicht länger zu ertragen ist. Lasse es nur zu, dann wirst du auch das intuitive Wissen haben, das eine vom anderen zu unterscheiden. Ich danke dir, dass ich dich in Reiki einweihen durfte", fügte sie hinzu und löste langsam die Umarmung.

Ich konnte darauf nicht antworten. Mir fielen

einfach keine passenden Worte ein. So nickte ich ihr nur zu und gemeinsam gingen wir zu den Anderen.
Unglaublich, für einen ganz kurzen Moment kam es mir tatsächlich so vor, als wenn ich auf Wolken schweben würde.
Das war für Mr. Verstand genau der richtige Moment, um sich zu melden: *Gelassenheit, Kraft und Weisheit für dich? Wer es glaubt wird selig, wer es nicht glaubt, kommt auch in den Himmel. Nun komme auf den Boden der Realität zurück.*
Glauben oder nicht glauben. Mir war es jetzt einerlei. Ich hatte diese wunderbare Wärme bei der Einweihung gespürt. Meine Hände waren jetzt noch ganz heiß, deshalb beschloss ich, Mr. Verstand mit Nichtachtung zu strafen.
„Jetzt, wo die Reiki-Energie wieder frei durch euch fließen kann, werden wir mit der Fremdbehandlung beginnen“, hörte ich Karin sagen.
„So wie ich euch einschätze, werdet ihr es bestimmt bald bei euren Männern, Kindern und Freunden ausprobieren wollen“, fügte sie wissend lächelnd hinzu.
Keine Schülerin widersprach ihr.
„Wenn ihr selbst versorgt seid, ist das grundsätzlich auch in Ordnung. Denkt aber bitte daran: Jetzt seid ihr die Nummer Eins. Das ist das große Geschenk des ersten Reiki-Grades. Wenn ihr darüber hinaus noch Lust und Zeit habt, könnt ihr-

natürlich auch bei anderen Hand anlegen", fügte sie ermahnend hinzu. Artig und gehorsam nickten alle Reiki-Neulinge.

Es wurden zwei dicke Decken auf einen der Tische gelegt, Elke wurde zu unserem ersten Übungsobjekt bestimmt und mit einer weiteren Decke zugedeckt. Ein kleines Kissen wurde ihr unter den Kopf geschoben. Sie hatte nichts weiter zu tun, als die Augen zu schließen und ruhig dazuliegen.
Von Karin wurden wir anderen sechs um den Tisch verteilt und eingewiesen, wo wir unsere Hände hinzulegen hätten. Ich legte meine auf Elkes Kopf. Herta und Simone standen auf der rechten Seite. Sie bedeckten die rechte Körperhälfte und das rechte Knie. Auf der linken Seite standen Erika und Monika, die Füße behandelte Marion. Es sah irgendwie schon sehr lustig aus. *Wenn jemand durch das Fenster sieht, glaubt der, dass ihr alle eine Macke habt, eine schwarze Messe abhaltet und ruft bestimmt die Polizei,* stänkerte Mr. Verstand.
Ich ignorierte ihn noch immer und versuchte, mich ganz auf meine Hände zu konzentrieren.
Und tatsächlich spürte ich das Fließen der Energie in den Innenflächen meiner Hände ganz deutlich. Mal etwas intensiver, dann wieder etwas sparsamer. Freude kam in mir hoch. Ich

schaute gebannt auf meine Hände und auf Elkes Kopf.
Auch ein Bonsei träumt von Größe, kommentierte Mr. Verstand meine aufkeimende Freude über diese Empfindungen.
Automatisch nahm ich meine Hände von Elkes Kopf und schaute sie mir kritisch an. Äußerlich war keine Veränderung zu erkennen.
Siehst du, alles reine Einbildung, gab Mr. Verstand seinen Senf dazu.
„Karin, warum machst du nicht weiter? Mein Kopf war so wunderbar warm. Es fühlte sich so an, als wenn ich eine Rotlicht-Bestrahlung bekommen hätte und plötzlich geht die Lampe aus", beschwerte sich Elke.
Siehst du, es funktioniert doch! Du hast zum ersten Mal jemanden Reiki gegeben und es ist angekommen. Freue dich doch endlich darüber, ermunterte mich meine Innere Stimme.
Ich war hin und her gerissen. Schwankte zwischen Unglaube und Faszination.
Vorsichtig schaute ich zu den anderen Frauen. Alle hatten die Augen geschlossen, während ihre Hände auf Elkes Körper ruhten. Alle sahen total entspannt aus und einige lächelten so entzückt, wie es Frauen tun, wenn sie ein Baby im Kinderwagen bestaunen.
Komischer Vergleich - aber durchaus zutreffend, ging es mir durch den Kopf. Ich musste schmunzeln.

Als Karin die erste Reiki-Behandlung beendete, bedankte sich Elke bei den Spendern. Sie fühle sich ausgesprochen wohl und so entspannt, dass sie fast eingeschlafen sei. Überall am Körper habe sie diese schöne Wärme gespürt. Besonders intensiv am Kopf, wobei sie es sehr bedauert habe, als ich so plötzlich aufhörte.
Alle Reikianerinnen waren erfreut über diese ersten Erfahrungen. Keine schien mehr Zweifel zu haben. Nur ich stand da wie das Kind vor der verschütteten Milch und mein inneres Pendel neigte stark in Richtung Unglaube. So schnell war ein westfälischer Dickschädel eben doch nicht zu überzeugen.
Karin bemerkte meine Unsicherheit und lächelte mich an.
„Glaube mir, es funktioniert wirklich. Du gehörst scheinbar zu den Oberzweiflern. Es soll ja Menschen geben, die erst hundert Mal probieren müssen, bevor sie auch glauben können. Also probiere. Wenn du nach dem hundertsten Mal immer noch an Zufall glaubst, schenke ich dir ein Eimerchen, Schüppchen und Förmchen und du kannst weiterhin im Sand spielen."
Alle fanden diese Bemerkung ausgesprochen witzig und lachten darüber. Ich fühlte mich verletzt und bloßgestellt. Kritik konnte ich noch nie besonders gut vertragen. Es gelang nur mit Mühe, mir meinen Groll über diese Anspielung

nicht anmerken zu lassen. Allerdings nahm ich mir vor, meine Empfindungen künftig nicht so deutlich zu zeigen.
Heute weiß ich, dass mein Verhalten nicht richtig war. Wie schon gesagt, ich musste immer meine eigenen Erfahrungen machen, um daraus zu lernen. Wieso sollte es bei Reiki anders sein? Auf er anderen Seite habe ich auf diese Weise so einige Hochs und Tiefs im Umgang mit Reiki aus dem eigenen Erleben erfahren, wovon ich heute profitiere, eine große Palette von Gefühlsschwankungen zu kennen und somit bei meinen Schülern nachvollziehen zu können.

Aber zurück in unseren Seminarraum.
Nach und nach kamen alle „Lehrlinge“ in den Genuss einer ersten Reiki-Behandlung. Ich wechselte jedes Mal meine Standposition, so dass ich immer eine andere Körperstelle behandeln konnte. Und siehe da, jedes Mal spürte ich diese wunderbare Wärme in meinen Händen und jede Reiki-Empfängerin war dankbar und völlig entspannt nach diesen Behandlungen. Alle behaupteten, dass ihnen dort, wo meine Hände gelegen haben, besonders warm geworden sei. Durch diese Bestätigungen wurde mein Unmut über Karins Bemerkung besänftigt. Ich spürte in mir ein klein wenig Stolz aufkeimen.
Als Letzte war ich an der Reihe mich auf den

Tisch zu legen, um von den anderen Reiki zu empfangen.
Aber was war nun plötzlich wieder los? Kaum hatten die anderen Frauen ihre Hände auf meinen Kopf, Körper und Füße gelegt, wurde ich innerlich unruhig. Von Entspannung war bei mir nichts zu spüren.
Meine Augenlider fingen an zu zucken und die Hand, die in der Mitte meiner Brust lag, schien mich immer tiefer in den Tisch zu drücken. Mein Magen verkrampfte sich und ich glaubte keine Hand, sondern eine Faust darauf zu fühlen. Zwar spürte ich etwas Wärme, glaubte aber, es könne nur die normale Körpertemperatur sein. Von einer Rotlicht-Bestrahlung, von der Elke gesprochen hatte, bemerkte ich nichts. Je länger diese Behandlung andauerte, desto unruhiger wurde ich.
Unvermittelt fielen mir Gisis Worte ein: Reiki ist etwas ganz Wunderbares. Jeder der es verdient, bekommt es auch.
Da ich nicht viel gespürt hatte, konnte das ja nur bedeuten, dass Reiki bei mir nicht ankam. Wenn es so ist bedeutet es auch, dass ich es nicht verdiente?

Nein, dass bedeutet es ganz und gar nicht. Verdienen hat auch etwas mit d i e n e n zu tun und dienen heißt auch helfen. Hilfe solltest du aber auch annehmen wollen oder können. Du musst dir wirklich nicht immer alles mühevoll und mit viel Fleiß selbst verdienen, wie es dir dein Verstand einredet. Ebenso wie bei den Einweihungen wird hier nur verlangt, dankbar anzunehmen, beantwortete mir meine Innere Stimme diese Fragen.

Mittlerweile war meine Reiki-Behandlung zu Ende. Ich bedankte mich bei meinen Kolleginnen. In der allgemeinen Euphorie war keiner aufgefallen, dass ich mich so gut wie gar nicht zu der Behandlung geäußert hatte.

Karin bat uns, wieder einen Stuhlkreis zu bilden und Platz zu nehmen.
Da hast du ja richtig Glück gehabt, grinste mich Mr. Verstand frech an.
„Ich möchte euch noch auf etwas Wichtiges bei der Eigen- und Fremdbehandlung hinweisen. Merkt euch bitte: Wir sind keinesfalls die großen Heiler. Wir können mit Reiki die Selbstheilungskräfte des Körpers aktivieren und zur Harmonisierung unseres Lebens beitragen. Das sind schon enorme Möglichkeiten. Hütet euch aber davor zu glauben, wenn an einer Stelle des Körpers sehr viel Energie benötigt wird, sich dahinter auch immer eine schwere Krankheit verbergen muss. Bis auf Erika ist keine von euch Medizinerin. Haltet euch also mit Vermutungen

oder gar Diagnosen zurück. Euren Körper mit seinen Schwachstellen kennt ihr, und mit ein wenig Übung im Umgang mit Reiki wird sich euer Körperbewusstsein noch deutlich verbessern. Selbstverständlich werdet ihr bei Beschwerden weiterhin den Arzt aufsuchen. Ebenso ist völlig klar, dass verordnete Medikamente weiterhin einzunehmen sind und nur in Absprache mit dem behandelnden Arzt die Dosierung herabgesetzt werden kann. Dringend rate ich euch, weiterhin die regelmäßigen Vorsorgeuntersuchungen wahrzunehmen. Glaubt bitte nicht, dass ihr jetzt, wo ihr Reiki praktiziert, in dieser Hinsicht einen Persilschein habt und euch nichts mehr passieren kann", ermahnte sie uns streng.

„So leichtsinnig wird doch wohl keine sein", warf Erika ein.

Alle anderen Frauen stimmten ihr zu.

„Das will ich auch meinen. Simone, du hast gesagt, dass du deine Hände auf eine schmerzende Körperstelle legen möchtest, Reiki einfließen lassen willst und darauf warten wirst, dass deine Beschwerden verschwinden. Das ist auch richtig so, denn damit kannst du jede andere Therapie unterstützen, keinesfalls aber ersetzen", warnte unsere Lehrerin nachdrücklich.

„Ja, das habe ich jetzt verstanden", antwortete Simone eifrig.

„Wenn unsere Hände an manchen Stellen sehr warm werden bedeutet das doch, dass dort ein hoher Energiebedarf ist. Wie sollen wir diesen Mangel einem anderen Menschen, der nicht in die tieferen Geheimnisse eingeweiht ist, erklären?“ fragte Herta.

„Genau darauf wollte ich zu sprechen kommen. Gerade bei der Fremdbehandlung ist hohe Empfindsamkeit und Einfühlungsvermögen gefordert. Der von euch Behandelte wird natürlich Fragen stellen und wissen wollen, wieso einige Körperstellen so sehr warm geworden sind. Deshalb schildere ich euch einmal meine Erlebnisse bei einer der ersten Behandlungen, die ich meinem Mann gegeben habe:

Mein Mann war anfangs sehr kritisch und zurückhaltend gegenüber Reiki. Nach einiger Zeit wurde er aber neugierig und bat mich um eine Reiki-Sitzung. Bei der Behandlung wurde in seinem Oberbauch sehr viel Energie angenommen. Meine Hände wurden unglaublich heiß. Sie fühlten sich an wie von einem Magneten angezogen. Ich habe sie bestimmt zehn Minuten dort liegen lassen, bis ich das Gefühl hatte, die nächste Position einnehmen zu können.

Nach der Behandlung hat er mich völlig irritiert gefragt, was denn um des Himmels Willen bloß mit seinem Magen los sei. Er habe das Gefühl gehabt, sein Magen würde in Flammen stehen,

so heiß sei er geworden. Ich habe unüberlegt, weil mich seine Raucherei immer irgendwie geärgert hat, gesagt, sein Magen könne vielleicht wegen dieser Qualmerei sauer sein.
Mit dieser unbedachten Äußerung habe ich etwas Böses angerichtet. Ich war selbst erstaunt, wie sensibel mein Mann reagierte. Oh Gott, ich habe bestimmt Magengeschwüre oder gar Krebs, waren seine Worte, und Hilfe suchend schaute er mich an.
Im anschließenden Gespräch fanden wir heraus, dass er einige Stunden zuvor unterwegs eingekehrt und ein dickes, fettes Eisbein mit Sauerkraut gegessen hatte. Natürlich brauchte sein Magen zur Verdauung dieser Mahlzeit besonders viel Energie!
Es bedurfte einer besonders großen Überzeugungsarbeit, meinem Mann die von mir aufgebauten Ängste wieder zu nehmen.
Ich habe dadurch anschaulich gelernt, dass es eine Vielzahl von Ursachen geben kann, weshalb ein erhöhter Energiebedarf besteht und halte mich seitdem mit solchen Bemerkungen zurück", beendete Karin ihren Ausflug in die Vergangenheit.
Alle Reiki-Anfänger hatten gebannt zugehört.
Schreibe dir das gut hinter die Ohren, befahl mir Mr. Verstand.

„Unsere Seminarzeit ist jetzt fast um", sagte Karin, „ich möchte euch aber noch einige Übungen zeigen, mit denen ihr viel erreichen könnt." Sie holte ein kleines Kästchen aus ihrer Tasche und hielt es in die Höhe.
„Das hier ist meine Wunschbox. Wenn ich einen Wunsch habe, schreibe ich ihn auf einen Zettel und lege ihn hinein. Danach gebe ich meiner Wunschbox Reiki. Je nach Dringlichkeit meines Wunsches richtet sich auch die Behandlungszeit. Bei sehr eiligen Wünschen gebe ich diesem Kästchen täglich bis zu 20 Minuten Reiki, und zwar so lange, bis meine Wünsche erfüllt sind."
Das dürfte wohl eine Lebensaufgabe werden, illustrierte Mr. Verstand Karins Worte.
Herta beugte sich zu mir und flüsterte:
„Das ist doch eine tolle Sache. Lasse uns gleich Montag unsere Wünsche für unser Büro absprechen. Damit teilen wir uns die Arbeit und haben den doppelten Erfolg."
Zustimmend nickte ich ihr zu. Glauben konnte ich es jedoch nicht.
„Und das funktioniert immer?" fragte Monika.
Karin lächelte uns an.
„Nicht immer, aber immer öfter. Probiert es einfach aus. Überlegt euch eure Wünsche jedoch ganz genau. Denkt bitte immer daran, alles was ihr euch wünscht, könnte auch in Erfüllung gehen. Und was dann? Achtet auf eure Gefühle

und geht nicht leichtfertig damit um. Damit meine ich, dass man ja oft so Dinge wünscht wie: Ich möchte nie mehr arbeiten. Wie dumm würden wohl so einige gucken, wenn es tatsächlich auch geschehen würde?"
„Das hört sich unglaublich an. Ich werde es bestimmt ausprobieren", versprach Erika. Auch alle anderen waren von dieser Idee begeistert.
Nur ich „Oberzweiflerin" fand mal wieder das berühmte Haar in der Suppe:
„Das klingt für mich wie ein Märchen aus 'Tausend und eine Nacht'. Ich brauche nur einen Wunsch formulieren, ihn in einen Kasten zu legen, diesen mit Reiki behandeln und schon wird alles erledigt?
Wenn ich mir zum Beispiel wünsche, meine Angelegenheiten im Büro sollten sich ändern, dann sind immer auch andere Menschen davon betroffen. Glaubst du nicht, dass diese Art der Problembehandlung schon stark nach Manipulation riecht?"
„Ach Karin, was hast du nur wieder für Ideen. Du bist ein Spielverderber", maulte mich Elke mit verstellter Empörung an und fügte hinzu:
„Ich habe auch schon daran gedacht, einen Wunsch, von dem andere Menschen betroffen sind, in meine Wunschbox zu legen. Letztlich habe ich mich aber nicht getraut."
„Alle Achtung, dass ihr euch solche Gedanken

macht. Natürlich sind in solchen Fällen immer auch andere Menschen betroffen. Hier geht es jedoch darum, eine Situation für euch selbst erträglicher zu machen. Wenn ihr euren Wunsch mit Reiki-Energie bestrahlt, so gebt ihr damit keinem anderen Menschen Reiki. Das schafft ihr noch nicht. Dafür müsste Fernreiki eingesetzt werden. Diese Methode wird erst beim zweiten Reiki-Grad erlernt. Wenn ihr später mit Hilfe des zweiten Grades Fernreiki versendet, dann ist dafür selbstverständlich die Einwilligung des Empfängers notwendig. Im vorliegenden Fall gebt ihr jedoch Energie auf einen besonderen Umstand, um damit zur Verbesserung der allgemeinen Lage beizutragen. Das ist keine Manipulation.
Wenn ihr jedoch Bedenken habt, könnt ihr eure Wünsche absichern, indem ihr unter euer Anliegen 'zum Wohle aller Beteiligten' schreibt", erklärte uns Karin.

Das ist ja mal wieder eine für Esos typische Aussage. Immer schön zum Wohle aller, und falls doch etwas in die Hose geht, waschen sie ihre Hände in Unschuld, frotzelte Mr. Verstand.
Ich erinnerte mich an Hertas Worte und nahm mir vor, diese Möglichkeit im Hinterkopf zu behalten, um sie später auszuprobieren.
„Oh, das sind ja ungeahnte Möglichkeiten",

freute sich Monika, „kannst du uns nicht noch mehr solcher Kniffe verraten?"
Karin lachte und sah uns verschmitzt an.
„Na gut. Was ich euch jetzt beschreibe, hat weniger mit Reiki zu tun, sondern mehr mit positivem Denken. Setzt die Macht eurer Gedanken intelligent ein. Zum Beispiel bei der Parkplatzsuche. Man(n) sagt uns Frauen ja nach, dabei große Probleme zu haben", fing Karin immer noch lachend an.
Ja, das konnte ich gut nachvollziehen. Ich litt unter dem so genannten Möbelwagenkomplex, brauchte zum Parken meines Kleinwagens immer eine riesige Parklücke und fuhr daher nur in Ausnahmefällen mit meinem Auto in die Innenstadt.
Um nichts zu überhören, beugte ich mich interessiert vor und hing gebannt an Karins Lippen.

„Für diese Fälle gibt es Zwerg Laurin. Zwerg Laurin ist der Zwergenkönig einer mittelalterlichen Sage und in Reiki-Kreisen der Ansprechpartner rund ums Auto. Er ist geradezu ein Spezialist bei der Parkplatzbeschaffung.
Ich fahre zwar nur einen Kleinwagen, brauche aber Platz wie für einen Lkw. In Berlin hat mich das besonders geärgert, weil ich wegen der lästigen Parkplatzsuche regelmäßig zu spät zu meinen Seminaren gekommen bin. Bis ich von

Zwerg Laurin erfahren habe und damit begann, ihn kurz vor meinem Ziel zu bitten, mir einen passenden Parkplatz zu besorgen
Anfangs konnte ich nicht glauben, dass es funktioniert. Dann habe ich mir aber gesagt, ich habe nichts zu verlieren, sondern nur zu gewinnen und es einfach ausprobiert. Mein überraschtes Gesicht hättet ihr sehen sollen, als es schon beim ersten Mal geklappt hat. Ich habe mich riesig gefreut und mich aus vollem Herzen bei Zwerg Laurin bedankt.
Es macht einfach Spaß, schadet niemandem und ist zudem äußerst praktisch. Seitdem ist das bei mir zum Ritual geworden. Ich finde immer den Parkplatz, den ich brauche. Ich kann euch nur raten, es ebenso zu machen", beendete Karin ihre Erzählung.

Und wenn sie nicht gestorben sind, dann leben sie noch heute, witzelte Mr. Verstand, *ich verstehe nicht, wie das funktionieren sollte und weiß auch nicht, was das überhaupt soll. Fehlt nur, dass ihr auch noch Tische und Stühle allein mit Gedankenkraft durch die Bude tanzen lassen wollt. Das ist doch absoluter Quatsch.*
Ich fand diese Idee prächtig. Der Praktiker in mir war entzückt. Auch alle anderen Frauen waren von dieser Möglichkeit hellauf begeistert und brannten darauf, sie möglichst bald auszu-

probieren. Nur Monika war deutlich anzusehen, dass sie diese Idee für zu phantastisch hielt. Scheinbar hatten wir eine neue „Oberzweiflerin" gefunden.

„Wenn ich das zu Hause erzähle, lässt mich mein Mann nie wieder auf ein Reiki-Seminar", meinte sie lakonisch. Elke schubste ihre Schwiegertochter freundschaftlich an und meinte dazu: „Männer dürfen zwar alles essen, doch nicht alles wissen. Das mit dem Parkplatz ist eines der wenigen Dinge, die ich nach dem ersten Seminar ausprobiert habe. Es hat zwar etwas gedauert bis es geklappt hat, aber jetzt verlasse ich mich voll und ganz auf Zwerg Laurin. Stelle dir vor, ich würde das deinem Schwiegervater erzählen. Der würde mich doch für verrückt halten. Er glaubt doch immer nur das, was er auch versteht. Und dein Mann ist genau so. Also mach es wie ich, halte den Mund und freue dich über den freien Parkplatz."

Alle fanden, dass sei ein guter Rat. Karin lachte abermals.

„Das wirft doch gleich die Frage auf: Wie sage ich es meinem Partner? Es wäre natürlich schön, wenn eure Männer Reiki zumindest tolerant gegenüberstehen würden." Fragend schaute sie uns an. Alle zuckten nur die Schultern. Elke meinte, ihr Mann stehe Reiki insgesamt sehr aufgeschlossen gegenüber. Einmal habe sie ihn bisher behandelt. Er habe die Wärme und natürlich die Zuwendung sehr genossen. Allerdings sei von ihm nicht hinterfragt worden, wie das funktioniere. Über Zwerg Laurin würde sie aus den genannten Gründen bestimmt nicht mit ihm reden.

Bei dieser Gelegenheit dachte ich an Ulis Interesse an meinen bisherigen Seminaren und an seine gestrigen Fragen. Ich konnte mir überhaupt nicht vorstellen, zumindest nach einer gewissen Zeit nicht mit ihm ausführlich darüber reden zu können. Für mich war es völlig normal, über Dinge mit ihm zu reden, die mich interessieren. Emanzipation hin oder her, mir war seine Meinung sehr wichtig.

Als wenn Karin meine Gedanken gelesen hätte, sagte sie:
„Es ist selbstverständlich eure Sache, wie offen und mit wem ihr über Reiki redet. Es ist ja nichts Geheimnisvolles oder gar Verbotenes. Rechnet aber damit, dass euch so einige Zeitgenossen für moderne Hexen halten und sich zurückziehen.
Auch in der Partnerschaft, so haben mir einige Schülerinnen und Schüler berichtet, kann es zu Irritationen kommen. Es ist schon vorgekommen, dass der Nichteingeweihte misstrauisch oder verunsichert reagiert und seinen Partner

kritisch beäugt. Das lässt sich nur durch ein offenes Gespräch vermeiden.
Zudem habe ich es schon erlebt, wie sich nach dem Seminar und der dreiwöchigen Reinigungsphase Probleme in der Ehe oder in der Partnerschaft ins Bewusstsein drängen. Es ist nun einmal ein Bewusstwerdungsprozess, der keinen Bereich des Lebens auslässt. So kann es vorkommen, dass Frau oder Mann erst jetzt ein schon lange vorhandenes Problem wahrnehmen und es nun bearbeiten wollen. Für den Uneingeweihten kommt das dann völlig unvorbereitet, und schnell wird von ihm die Schuld an dem scheinbar neuen Problem auf dieses Reiki-Seminar geschoben.
Denkt daran, dass ihr euch ganz sicher nach und nach verändern werdet. Durch die neue Gelassenheit seid ihr immer weniger von außen zu dirigieren oder zu manipulieren. Für eure Familie reagiert ihr plötzlich völlig anders auf eine x-beliebige Sache, die zuvor schon hundert Mal wie vom Computer gesteuert abgelaufen ist. Schließlich kennen euch eure Männer, Kinder oder Eltern sehr gut und wissen genau, welchen Knopf sie an diesem PC zu drücken haben, damit das Programm wunschgemäß abläuft. Nun ist unverhofft ein Virus im System. Nichts geht mehr so wie früher. Ganz schön schwierig, nicht wahr?“

Nachdenkliches Schweigen folgte.
„Wer ständig glücklich sein möchte, wird sich bestimmt öfter verändern müssen", sagte Erika wie zu sich selbst.
Darauf konnte oder wollte keine etwas erwidern.
„Nun lasst doch die Ohren nicht hängen", versuchte Karin uns aufzumuntern.
„Was immer auch geschehen mag, denkt daran, ihr habt es euch selber ausgesucht."
Auch auf diesen Ausspruch reagierte keine Schülerin, deshalb setzte Karin hinzu:
„Damit meine ich nicht nur die Teilnahme an diesem Seminar oder dass wir uns unsere Partner selber ausgesucht haben. Vielmehr ist damit gemeint, dass wir alles, was in unserem Leben geschieht, selber herangezogen haben, um eben genau diese Erfahrungen zu machen."
Was soll denn nun wieder diese These? Soll das etwa bedeuten, du wolltest diese wenig erquickenden Erfahrungen in deinem bisherigen Leben machen? Wie Peitschenhiebe stellte Mr. Verstand mir diese Fragen.
„Das kann ich mir aber kaum vorstellen", hörten wir von Monika, „die Erfahrung arbeitslos zu sein, wollte ich garantiert nicht machen."
„Wer weiß? Vielleicht war der Beruf der Erzieherin ja nicht der Richtige für dich. Oder du brauchtest - aus was für Gründen auch

immer - Zeit für dich", rätselte Simone laut. Monika schnappte für alle hörbar nach Luft, lief rot an, setzte eine beleidigte Miene auf und schaute Simone böse an. Oh je, jetzt gibt es Ärger, dachte ich. Bevor sich die beiden Kolleginnen aneinander festbeißen konnten, ergriff Herta das Wort:
„Es lohnt sich bestimmt, darüber einmal in Ruhe nachzudenken. Ich denke dabei nur an meine Lungenentzündung vor einigen Wochen. Mit dem eben Gehörten sehe ich meine Beschwerden plötzlich aus einer anderen Sicht. Wochen vor meiner Erkrankung hatte ich im Büro und zu Hause großen Stress. Mir blieb im wahrsten Sinne des Wortes manchmal vor lauter Ärger die Luft weg. Da habe ich mir sehr gewünscht, endlich einmal meine Ruhe zu haben und mich um nichts mehr kümmern zu müssen. Vielleicht hat dieser Wunsch die Krankheit herangezogen und mich somit zur Ruhe gezwungen."
„Wenn dir vor lauter Ärger die Luft wegbleibt und du kurz darauf an den Atemwegen erkrankst, ist es sehr wahrscheinlich so gewesen", stimmte Karin ihr zu.
Dieser Zusammenhang schien mir in Hertas Fall eindeutig zu sein. Wie ein offenes Buch konnte ich Ursache und Wirkung ablesen.
Ist doch sonnenklar und eigentlich ganz einfach, dachte ich mir.

Dann fange bei deinen eigenen Erkrankungen an. Warum hast du denn die Ischias-Beschwerden gehabt? fragte Mr. Verstand wie der Blitz.
Dazu fiel mir nun rein gar nichts ein.
Sicher ist mein Fall wesentlich komplizierter, tröstete ich mich.
Natürlich! Bei anderen ist sofort alles sonnenklar und ganz einfach. Nur bei dir ist alles viel komplizierter. Halte dich bloß bei der Beurteilung von Krankheiten anderer zurück, riet mit Mr. Verstand eindringlich. Ich nahm mir vor, mich daran zu halten.
„Einige Fachleute gehen noch ein Stück weiter und behaupten, wir hätten uns sogar unsere Eltern selbst ausgesucht", hörte ich plötzlich Karin sagen. Hatte ich durch meine Träumerei mal wieder etwas verpasst? Oder hatte ich mich nur verhört?
„Wie bitte?" schrie ich fast in die Runde. Überrascht über meine Heftigkeit schauten mich alle an und Karin wiederholte in einer für mich aufreizend wirkenden Ruhe ihre Worte. Ich hatte mich nicht verhört. Sie hatte es tatsächlich so gesagt und es schien mir so, als wenn sie es auch glauben würde.
Das war wirklich zu viel für mich. Ich konnte mich nicht mehr bremsen. Hitzig schrie ich in Karins Richtung:
„Da bin ich wohl besonders dumm gewesen,

mir ausgerechnet diese Eltern ausgesucht zu haben."
Ich war innerlich so aufgewühlt und außer mir, wie ich es noch nie zuvor erlebt hatte. Meine Knie und Hände zitterten und ich musste mich sehr zusammennehmen, wollte ich nicht vollkommen hysterisch werden.
Betretenes Schweigen folgte auf meinen Ausbruch. Selbst Herta schaute mich konsterniert an.
„Deine Reaktion zeigt deutlich, dass in dir eine große Menge Sprengstoff liegt, der darauf wartet, entschärft zu werden. Gehe einmal davon aus, du hast dir tatsächlich diese Eltern ausgesucht. Alles hat aus ganzheitlicher Sicht einen guten Grund. Nichts passiert rein zufällig. Möglicherweise wolltest du diese Erfahrungen machen, um an dieser Aufgabe zu wachsen", versuchte Karin mir zu erklären.
Da müsstest du ja wirklich mit einem Klammerbeutel gepudert worden sein, höhnte Mr. Verstand.
Mir fiel keine Antwort ein. Ich bezweifelte, zu dem von ihr verlangten geistigen Höhenflug im Stande zu sein und schaute verlegen auf den Boden. Verlegen auch deshalb, weil ich meinen Vorsatz, meine Empfindungen nicht so offen darzulegen, schon wieder vergessen und spontan reagiert hatte.
Irgendwie empfand ich es als eine Art Vorwurf.

Ganz nach dem Motto: Du hast dir deine Familie selber ausgesucht, jetzt sieh auch zu, wie du mit ihr fertig wirst. Diesen Satz und die dazugehörigen Gefühle kannte ich nur zu gut. Mein Computer hatte zuverlässig und sehr genau auf diesen Knopfdruck reagiert. Gelernt ist eben gelernt.
Dass unsere Lehrerin mir damit einen gedanklichen Anstoß geben wollte, verstand ich zum damaligen Zeitpunkt noch nicht. Erst sehr viel später fand ich Zugang zu diesem Denken.

Das Stimmungsbarometer in unserem Seminarraum war durch meinen Koller deutlich gefallen. Unentschlossene Blicke trafen mich. Keine andere Schülerin stellte eine Frage. Mir schien es so, als wenn alle bange waren, noch einmal eine ähnliche Reaktion zu provozieren.
Auch Karin ging nicht darauf ein.
Vielleicht hätte ich doch besser ein Einzelseminar machen sollen. Das ist individueller und ich hätte mich bestimmt eher getraut, so persönliche Anliegen zu besprechen, überlegte ich. Inzwischen verteilte Karin einige Zettel.
Aha, jetzt kommt Werbung für das nächste Seminar, schätzte Mr. Verstand.
Es war jedoch keine Werbung.
„Ich gebe euch noch einige zusätzliche Übungen mit nach Hause. Unsere Seminarzeit hat lei-

der nicht gereicht, alles, was dort steht, auszuprobieren. Lasst euch bitte Zeit. Testet nicht alles auf einmal. Geht langsam vor, damit ihr euch nicht verzettelt und den Überblick nicht verliert. Zusätzlich habe ich dort auf dem Tisch einige Bücher hingelegt, die ich sehr empfehlen kann. Schaut sie euch an und schreibt euch den einen oder anderen Titel nebst ISBN auf.
Jetzt danke ich euch für dieses schöne Seminar und wünsche euch viel Freude und Erfolg mit Reiki. Vielleicht sehen wir uns ja bald bei eurem 2. Grad-Seminar wieder." Mit diesen Worten beendete Karin unser Seminar.
Sofort standen alle Neurekianerinnen auf und stürzten sich auf die ausgelegten Bücher. Nur ich saß wie festgeklebt auf meinen Stuhl, bemüht, endlich wieder zur Ruhe zu kommen.
Karin setzte sich neben mich, schaute mich lächelnd an, legte ihren Arm um meine Schultern und sagte leise zu mir:
„Ich ahne, was in dir vorgeht. Erinnere dich bitte an meine gestrigen Worte. Du wirst durch Reiki wunderbare Erfahrungen machen. Um neue Erfahrungen zuzulassen, muss man zunächst seine alten verarbeiten. Das heißt: sie zu verstehen, sich, aber auch anderen zu verzeihen und loszulassen. Dadurch befreit man sich von schwerem Ballast. Und macht auf diese Art und Weise wirklich Platz für neue Erfahrungen.

Richtig verstehen kann man das Leben nur rückwärts. Aus der Geschichte müssen wir lernen. Leben muss man es jedoch vorwärts, dabei aber die Erfahrungen aus der Vergangenheit berücksichtigen. Dazu gehört auch die Eigenliebe. 'Sich selbst zu lieben, ist der Beginn einer lebenslangen Romanze', hat Oscar Wilde einmal gesagt. 'Liebe deinen Nächsten wie dich selbst', formulierte es Dr. Usui in einer seiner Lebensregeln.

Dazu gehört natürlich auch Mut. Der Sprengstoff, der in dir liegt, wird auf jeden Fall irgendwann explodieren. Möglicherweise zeigt er sich durch Erkrankungen, denn jede Krankheit will uns auf ein seelisches Problem aufmerksam machen. Insofern hast du jetzt die Möglichkeit, eine Menge zusätzlicher Belastungen zu vermeiden. Ich weiß aus eigenen Erfahrungen, dass dieses zu Anfang sehr schmerzhaft sein kann.

Auch wenn du noch so deine Zweifel hast, denke ich, dass es der richtige Zeitpunkt für dich ist, jetzt damit zu beginnen. Glaube mir, es gibt keine Zufälle. Alles hat seinen guten Grund und alles kommt genau zum richtigen Zeitpunkt zu uns. Die Kunst liegt darin, dieses auch zu erkennen und entsprechend zu handeln.

Ich bin gerne bereit, dich dabei zu unterstützen. Abnehmen kann ich es dir allerdings nicht. Wenn du jedoch Fragen hast, kannst du mich

jederzeit anrufen", bot sie mir an. Dankbar schaute ich sie an.
„Ich danke dir für das Angebot. Zunächst möchte ich die neuen Erkenntnisse einfach nur einwirken lassen", antwortete ich ihr.
„Ja, ich glaube, das wird auch notwendig sein. Mache die nächsten drei Wochen täglich deine Reiki-Übungen. Versuche einfach keine Erwartungen daran zu knüpfen. Lege dir nur die Hände auf und genieße das gute Gefühl dabei", riet sie mir.
In der Zwischenzeit hatten die anderen Frauen ihre Bücherlisten zusammengestellt und unterhielten sich lautstark.
„Hallo, ihr zwei Hübschen", rief Elke uns zu.
„Wir haben gerade beschlossen, noch gemeinsam in der Gaststätte zu essen. Was haltet ihr davon?"
Hunger hatte ich zwar keinen, ausschließen wollte ich mich aber auch nicht. Außerdem konnte ein wenig Ablenkung nicht schaden.
Karin hatte leider nur noch eine halbe Stunde Zeit, wollte aus diesem Grunde nichts essen, aber einen Kaffee mit uns trinken.
Schnell wurde der Seminarraum aufgeräumt, die Decken und Bücher zusammengepackt und gemeinsam gingen wir in den Gastraum.

NACHLESE

Natürlich ließen wir das Seminar Revue passieren. Alle meinten, ein gutes und sehr interessantes Seminar erlebt zu haben. Die theoretischen Möglichkeiten des Reiki kannten wir jetzt.
Wie sah jedoch der praktische Nutzen aus? Hier und da klangen Zweifel an der Durchführbarkeit einiger Anwendungen an.
Besonders Simone äußerte ihre Sorge, durch Reiki wieder an ihre alten Probleme erinnert zu werden und damit einen Rückfall zu riskieren.
„Wisst ihr, ich habe große Angst davor, wieder zu alten Verhaltensmustern zurückzukehren. Als Jugendliche wurde ich vergewaltigt. Es hat lange Zeit gebraucht, dieses Erlebnis zu verarbeiten. Zwei Ehen sind deshalb gescheitert, weil ich meine Wut und meinen Hass immer irgendwie auf meinen Partner übertragen habe. Ich konnte mich einfach nicht dagegen wehren. Vor allem mit der Sexualität hatte ich große Probleme. Wenn jetzt wieder alles von vorn anfängt, habe ich eine Heidenangst, wieder meinen Partner zu verlieren", vertraute sie uns unter Tränen an.
Auf so ein Geständnis war keine von uns vorbereitet.
Mensch Karin, dachte ich. Du machst dir Gedanken wegen deiner Vergangenheit. Das sind

doch alles Peanuts im Vergleich zu Simones Leiden. Dass jemand so offen über derart gravierende Erlebnisse sprach, war mir fremd. Entsprechend sprachlos schaute ich sie an. Mitleid und Wut kamen in mir hoch. Und Erinnerungen.
Mit einem Mal sah ich mich, wie ich im Alter von 12 Jahren von einem Verwandten betatscht wurde und er mich zu Handlungen zwang, die in mir heute noch Ekel und Abscheu auslösen. Wieder spürte ich meine damalige Hilflosigkeit und hörte ganz deutlich seine Worte:
„Niemand wird dir glauben, dass ich dich gezwungen habe, lieb zu mir zu sein. Ich werde dafür sorgen, dass jeder in der Familie glaubt, dass du es so gewollt hast. Als verdorben und undankbar wird man dich beschimpfen und man wird dich in ein Heim stecken. Also, sei hübsch nett zu mir, damit dir das Schicksal eines Heimkindes erspart bleibt."
Dieses Schicksal ist mir erspart geblieben!
Auch eine Vergewaltigung ist mir im Gegensatz zu Simone erspart geblieben. Vielleicht nur deshalb, weil ich mit Vierzehn meine Familie verlassen habe, um eine Lehre in einem 50 Kilometer entfernten Ort zu beginnen. Somit kehrte ich nur noch selten in den „Schoß" der Familie zurück. Durch meine Berufsausbildung bekam ich langsam auch etwas mehr Selbstbe-

wusstsein, weshalb sich mein „Verehrer" wohl nicht mehr getraut hat, mir weiterhin zu nahe zu treten.
Gesprochen habe ich lange Jahre mit niemandem darüber, weil ich mich tatsächlich immer irgendwie mitschuldig fühlte.
„Was immer auch geschehen mag, du hast es dir selber ausgesucht, möglicherweise, um an diesen Aufgaben zu wachsen", dieser Ausspruch ging mir wieder durch den Kopf.
Ich spürte in diesem Moment, dass ich noch sehr viel Arbeit mit mir haben würde, wollte ich das Gesagte jemals aus dieser Sicht verstehen.
Durch Simones Offenheit erkannte ich, dass viele Menschen, wenn nicht sogar jeder Mensch, sein eigenes Bündel an Schwierigkeiten und Problemen zu tragen hat. Einer trägt sehr schwer daran und schafft es letztendlich nicht allein. Ein anderer trägt leichter seine Last und braucht keine Hilfe dabei.
Sicher gibt es auch die ewig fröhlichen und gut gelaunten Menschen. Hatten sie kein belastendes Gepäck? Oder hatten sie es irgendwie geschafft, sich davon zu befreien?
Möglicherweise konnten sie ihren unnötigen Ballast schon abwerfen. Wenn es so ist, dann doch nur deshalb, weil sie ihre „Aufgabe" schon gelöst haben. Sie haben gelernt zu verstehen, zu verzeihen und loszulassen. Sie leben nicht mehr in der

Vergangenheit, wie schrecklich diese auch gewesen sein mag. Sie leben in der Gegenwart, im Hier und Jetzt. Und glaube mir, sie genießen dieses Leben, antwortete mir meine Innere Stimme.
Kann ja sein. Es gibt aber auch Schauspieler, die nach außen hin den Sunnyboy spielen obwohl sie innerlich jämmerlich leiden. Diese Menschen lassen andere nie in ihr seelisches Gepäck schauen. Vielleicht auch, weil sie sich schuldig fühlen und glauben, für allen Mist dieser Welt irgendwie die Verantwortung tragen zu müssen.
Diese Erkenntnis kam mir blitzartig in den Sinn. Gehörte ich etwa auch zu diesen Schauspielern?
Ja, natürlich. Den Oskar wirst du für diese Leistung allerdings nicht bekommen. Es ist eine gute Sache, dass du dein Verhalten jetzt *verstanden* hast. Der nächste Schritt wäre: dir zu *verzeihen*. Wenn du dir selber aus ganzem Herzen verziehen hast, wirst du feststellen, dass du allen anderen beteiligten Personen sehr viel leichter verzeihen kannst, beantwortete meine Innere Stimme mir meine Frage.
Simone beruhigte sich nur sehr langsam. Elke sagte:
„Es tut mir Leid, was dir angetan wurde. Ich glaube, dass du dir mit Reiki sehr helfen kannst. Rückgängig machen kannst du das Erlebte da-

mit natürlich nicht. Ob du jemals verstehen kannst, warum es geschehen ist, kann ich dir auch nicht sagen. Allerdings kann ich mir sehr gut vorstellen, dass du deine Wut und deinen Hass mit Reiki bearbeiten kannst, damit diese starken zerstörerischen Gefühle allmählich nachlassen. Nur dadurch hast du meiner Meinung nach die Chance, in einer glücklichen Partnerschaft zu leben. Zu einer glücklichen Partnerschaft gehört nun einmal auch die Sexualität. Nicht etwa als notwendiges Übel, um den Partner bei Laune zu halten. Das würde jeder feinfühlige Mann bald merken und so sicher wie das Amen in der Kirche seine Schlüsse und Konsequenzen daraus ziehen. Wir sind erwachsene Frauen und haben alle schon Erfahrungen auf diesem Gebiet.

Wie wir gehört haben, ist Reiki Lebensenergie. Vielleicht ist für dich genau dieser Schub an Energie nötig, um aus deinen negativen Gedanken auszubrechen und neuen Schwung in deine Gedanken zu bringen. Sex befriedigt nicht nur den Mann. Möglicherweise hast du diesen Glauben auf Grund deiner schrecklichen Erfahrungen fest in dir verankert und du fühlst dich immer irgendwie benutzt.

'Alle Männer wollen doch nur das Eine', hat mir zum Beispiel meine Mutter so lange eingeredet, bis ich es geglaubt habe. Dadurch habe ich traurige Erfahrungen sammeln müssen, die sich erst durch einen zärtlichen und einfühlsamen Partner verändert haben. Und durch Gespräche mit ihm. Rede offen und ehrlich mit deinem Partner über deine Gefühle und die Ursachen dafür. Auch als Frau hast du das Recht, deine Wünsche zu äußern. Versuche dich von der Vorstellung zu befreien, alle Männer suchen nur ihre Befriedigung und du wärest die Unterlegene und Missbrauchte dabei. Ich kann mir gut vorstellen, wie deine Ängste dich daran hindern, dich zu öffnen. Hingabe hat auch immer etwas mit sich öffnen zu tun. Viele schöne Dinge können wir jedoch nur auf diese Weise erfahren. Die Sexualität gehört auch dazu. Du bist eine sensible und liebenswerte Frau. Du sehnst dich bestimmt nach Zärtlichkeit und liebevoller Zuwendung. Lasse diese Gefühle zu und pflege deine Angst nicht durch Abwehr und durch Selbstvorwürfe."

Noch lange war es nach dieser Ansprache still in unserer Frauenrunde. Erst das Klappern der Teller, die von der Kellnerin auf den Tisch gestellt wurden, brachte wieder Leben in uns.
„Mensch Elke, du hättest Psychologin werden sollen", bemerkte Herta mit ehrlichem Respekt.
Simone sah dankbar in die Runde.
„Ich danke euch für das Zuhören und Elke für

die deutlichen Worte. Es tut so unendlich gut, endlich einmal mit Frauen darüber reden zu können. Damals war ich in Behandlung eines Psychologen. Er hat mir sehr geholfen, den ersten Schock zu überstehen. Meine Gefühle konnte ich ihm aber nicht erklären.
Eigentlich habe ich mich ja auch genau aus diesen Gründen für die Teilnahme an einem Reiki-Seminar entschlossen. Als ich jedoch von möglichen Erstverschlimmerungen gehört habe, bekam ich es wieder mit der Angst zu tun", bekannte sie.
„Erstverschlimmerung ist ja auch ein komisches Wort. Ich finde, Heilreaktion hört sich viel besser an", tröstete Erika.
Trotz der Ernsthaftigkeit des Themas mussten wir lachen. Mit einem Mal entspannten sich alle und kümmerten sich um ihr Essen.

Dieses Gespräch empfand ich als ausgesprochen bemerkenswert. Ich konnte mich nicht daran erinnern, jemals in einer Gruppe von eigentlich fremden Frauen so offen über einen so intimen Konflikt geredet zu haben. Eines erkannte ich in diesem Moment deutlich: Nur sprechenden Menschen kann geholfen werden! Allein die Möglichkeit, einmal über seinen Kummer reden zu können, bringt schon Erleichterung, wie ich deutlich bei Simone feststellen konnte.

Die Erkenntnis, dass auch andere Menschen Probleme haben, mit denen sie auf unterschiedliche Art und Weise fertig werden, gab mir Mut und Hoffnung.
Hatte ich wirklich geglaubt, nur ich sei ein Sorgenkind?

Nach dem Essen genehmigten wir uns ungeachtet der beginnenden Entgiftungsphase unseres Körpers einen Kaffee. Monika lehnte sich schmunzelnd zurück. Sie schaute zur Zimmerdecke und sagte laut:
„Lieber Zwerg Laurin! Ich, Monika, fahre gleich nach Hause. Bitte sei so lieb und besorge mir, wenn es dir denn möglich ist, vor meinem Wohnhaus einen Parkplatz."
Verblüfft schauten wir sie an. Ausgerechnet Monika, die im Seminar deutlich ihre Zweifel an dieser Art der Parkplatzbeschaffung geäußert hatte, bemühte nun als Erste Zwerg Laurin. Oder wollte sie nur ihren Spaß damit treiben? Sie saß immer noch andächtig da, hatte den Blick gen Decke gerichtet und sogar ihre Hände gefaltet.
Ich konnte mich nicht beherrschen und musste laut lachen. Auch die anderen Frauen stimmten in mein Lachen ein.
„Das 'Wenn es dir denn möglich ist', kannst du dir sparen", korrigierte Elke ihre Schwieger-

tochter. Auch sie erntete dafür ein Lachsalve. So wurde es ein erheiternder Abschluss unseres Seminars. Zwerg Laurin möge uns unsere Albernheit verzeihen.

FRISCHER WIND

Ich fuhr in Gedanken versunken nach Hause. Heute wurde ich nicht von meinem fragenden Angetrauten begrüßt. Uli hatte Bereitschaftsdienst und ich fand wie so oft eine schnell hingekritzelte Nachricht vor. Der „Freund und Helfer" wurde mal wieder dringend gebraucht. Na gut, dachte ich, dann kann ich ja in aller Ruhe ein Bad nehmen, ließ mir Wasser in die Wanne und legte die mitgebrachten Unterlagen ungelesen in mein Arbeitszimmer. Für heute hatte ich genug geleistet.

Arbeitszimmer war eigentlich die falsche Bezeichnung für diesen Raum. Rumpelkammer wäre eher zutreffend gewesen. Hier standen zwei alte Schränke, in denen sich die Garderobe der letzten fünf bis zehn Jahre stapelte. Viel zu schade, um sie wegzuwerfen, schließlich hatten die Klamotten viel Geld gekostet. Und wer weiß, vielleicht kamen sie ja mal wieder in Mode.

Ein kleiner Jugendzimmer-Schreibtisch zierte die Kopfseite des Raumes. Aus unerfindlichen Gründen hing Ulis Herz an diesem Stück. Mit der Zeit hatte das gute Teil acht Umzüge erstaunlich gut überstanden. Auf ihm thronte der Fernseher, den ich mir von meinem ersten Gehalt nach Beendigung meiner Ausbildung voller Stolz gekauft hatte. Auch nicht mehr der Jüngs-

te und bestimmt seit fünf Jahren unbenutzt.
Zwei Wäschekörbe mit Bügelwäsche warteten darauf, dass sich jemand erbarmte und ihr das Bügeleisen anbot.
Die Nähmaschine mit einem Stapel reparaturbedürftiger Kleidung daneben rundete das Bild eines Zimmers ab, dass Frau möglichst schnell wieder verlassen sollte, wollte sie kein schlechtes Gewissen oder einen Arbeitsanfall bekommen. Ich hatte auf beides keine Lust.
Daraus könntest du dir ein kleines niedliches Wohlfühl-Zimmer machen, flüsterte mir meine Innere Stimme zu.
"Ja klar", sagte ich laut zu mir selbst. Unsere Katze, die es sich auf einem der Körbe mit Bügelwäsche gemütlich gemacht hatte, schaute mich erschreckt an. 'Was ist denn mit dir los?', schien sie mich zu fragen.
In mir reifte ein radikaler Änderungsplan heran. Vor meinem geistigen Auge entstand ein schnuckeliger, gemütlicher Raum, der mein persönlicher Rückzugsort werden sollte. Hier könnte ich mir ungestört Reiki geben.
'Die alten Klamotten und Möbel fliegen raus', überlegte ich. 'Die Wände werden in einem zarten Gelbton gestrichen, dazu passende Gardinen gekauft. Ein richtiger Schreibtisch, ein gemütlicher Stuhl dazu, zwei Regale für Bücher und Dekorationsgegenstände und ein kuscheli-

ges kleines Sofa dürften reichen. Neue Lampen könnten auch nicht schaden, einige hübsche Bilder dazu und fertig ist mein kleines Reich'.
Und wovon willst du das alles bezahlen?, fragte mich Mr. Verstand. Diese Frage versetzte meinen Planungen vorübergehend einen Dämpfer.
Wo ein Wille ist, ist auch ein Weg. Es muss ja auch nicht alles sofort sein, antwortete meine Innere Stimme.
'Gleich Montag fahre ich nach Schwerin zu dem Naturholz-Möbelladen. Dort schaue mir an, was es da so alles gibt und wie viel es kosten wird', überlegte ich. 'Notfalls werden die geplanten Anschaffungen der Stereoanlage sowie des Teppichs für das Wohnzimmer aufgeschoben', setzte ich in Gedanken hinzu.
Genüsslich in der Badewanne liegend, malte ich mir mein neues Reich weiter aus und freute mich riesig über meine Ideen, die mir nur so zuflogen.
Nach dem Bad machte ich mich gleich daran, wenigsten einen Teil meiner genialen Planungen in die Tat umzusetzen. Drei große Plastiksäcke der Altkeidersammlung einer gemeinnützigen Organisation lagen schon seit längerer Zeit im Abstellraum. Nun bekamen sie endlich ihre Daseinsberechtigung.
Großzügig sortierte ich einen guten Teil der Flickwäsche aus, die zu Putzlappen degradiert

wurde. Die Nähmaschine verbannte ich in den Schlafzimmerschrank.

Lady, unserer Katze, war es zu unruhig geworden. Mich mit Nichtachtung strafend, stolzierte sie hocherhobenen Schwanzes in unser Schlafzimmer.

Auch vor der Bügelwäsche machten meine kritischen Augen nicht Halt. Gut die Hälfte davon musste erneut gewaschen werden, wollten wir nicht im modischen Grau unserer Katze herumlaufen.

Na gut, ausbürsten und waschen. Das erledige ich gleich anschließend, gab ich meinem Hausfrauengewissen nach.

Für den übrig gebliebenen Korb brauchte ich einen neuen Standort. Ulis Arbeitszimmer schien mir der geeignete Platz dafür zu sein.

Der Anfang war gemacht. Schreibtisch samt Fernseher sowie die Schränke sollte Uli entsorgen. Eindeutig Männerarbeit, entschied ich.

Als die Waschmaschine lief, rief ich meine Freundin Gisi an.

Sie gratulierte mir zu meinem ersten Grad-Seminar.

„Da hast du einen wirklich guten Anfang gehabt. Ich freue mich für dich, dass du jetzt so offen und aufgeschlossen den alternativen

Möglichkeiten gegenüber bist. Du wirst sehen, es macht richtig Spaß, damit zu arbeiten. Übertreibe es aber nicht gleich wieder, sonst bekommst du noch einen energetischen Muskelkater", warnte sie mich.
Komisch, dachte ich. Alle Welt scheint mich für einen von Arbeitswut geplagten Menschen zu halten. Die Anspielung auf den energetischen Muskelkater hielt ich für einen Witz, deshalb ging ich gar nicht darauf ein.
Dafür erzählte ich ihr von meiner Idee der räumlichen Veränderung und berichtete ihr voller Stolz, was ich davon schon umgesetzt hatte.
„Was, das hast du alles heute nach deinem Seminar schon gemacht?", rief sie aus, „so kennt man dich. Den Kopf voller Ideen und mit Power zur Sache gehen. Was sagt denn Uli dazu?"
„Keine Ahnung. Er ist nicht zu Hause", antwortete ich ihr wahrheitsgemäß. Tatsächlich hatte ich mir überhaupt noch keine Gedanken dazu gemacht. Zu meiner Überraschung hörte ich Gisi sagen:
„Deinen Einfall finde ich prima. Wenn du mich fragst, wird es auch höchste Zeit, dieses, entschuldige bitte den Ausdruck, scheußliche Zimmer endlich einmal vernünftig herzurichten. Eurer Haus ist so gemütlich und hübsch eingerichtet. Alle Räume und sogar der Garten strah-

len Harmonie aus. Man fühlt sich gleich wohl bei euch. Nur dein Zimmer passte nie so recht dazu. Das hätte ich an deiner Stelle schon längst nach meinen persönlichen Vorstellungen hergerichtet. Uli hat sein Arbeitszimmer ja auch nach seinem männlichen Geschmack eingerichtet. Es sieht echt gut aus und passt zu ihm."
Wenn ich ein Lob für meine Inspiration erwartet hatte, war ich nun voll auf meine Kosten gekommen.
„Als gute Freundin hättest du mich doch schon längst einmal darauf aufmerksam machen können", konnte ich mir jedoch nicht verkneifen zu sagen.
„Bin ich etwa lebensmüde?" antwortete sie mir spontan lachend, „du hättest mir doch mindestens die Augen ausgekratzt oder mir unmißverständlich zu verstehen gegeben, dass ich mich um meine eigenen vier Wände kümmern soll. Außerdem hast du mich nie um meine Meinung gebeten."
Na, so eine Kratzbürste bist du ja auch wieder nicht, erhob Mr. Verstand Einspruch. Meinen Unmut über diese Bemerkung hielt ich zurück.
„Na, so schlimm wäre es sicher nicht geworden", antwortete ich statt dessen.
„Gut, ich habe vielleicht etwas dick aufgetragen", gab Gisi zu, „du nimmt das mit der Reinigung aber sehr wörtlich. Ich bin ehrlich über-

rascht."
Ich war mir nicht sicher, ob sie das wirklich ernst meinte und fragte vorsichtshalber nach.
„Wie meinst du das?"
„Aus meinen eigenen Erfahrungen mit Reiki weiß ich, dass es zu einem Reinigungsprozess kommt. Dieser findet innerlich statt, hat jedoch selbstverständlich auch Wirkungen nach außen. Ich glaube die Idee, dich nun endlich von deinen alten Sachen zu trennen, ist bereits eine Reaktion auf deine Einweihungen. Betrachte es als Zeichen."
„Das scheint mir doch arg banal zu sein."
„Das finde ich ganz und gar nicht banal. Denke doch mal nach. Es ist nicht alltäglich, sich von Dingen zu trennen. Ich kenne deinen Hang, alles möglichst lange behalten zu wollen, weil du es vielleicht noch einmal gebrauchen könntest. Danach sieht dein Zimmer auch aus. Wenn man ein äußeres Zeichen setzt, was du gerade getan hast, ist zuvor innerlich etwas geschehen.
Sieh es einmal so: Weil du dich von alten und überflüssigen Dingen befreist, machst du Platz für neue, schönere Sachen.
Meine Reiki-Lehrerin pflegte zu sagen: 'Wie im Äußeren – so im Inneren'."
„Wenn das so ist, werde ich mir ganz besonders viel Mühe geben, mein Zimmer nett herzurichten. Wenn du uns das nächste Mal besuchst, will

ich deine ehrliche Meinung dazu hören", bestimmte ich und beendete damit das Thema.
Es war mir einfach zu philosophisch geworden. Es konnte ja sein, dass mein Vorhaben de facto etwas mit den Einweihungen zu tun hatte. Andererseits hatte ich nicht vor, hinter jeder Kleinigkeit des täglichen Lebens gleich tiefenpsychologische Gründe zu suchen. Wo bliebe da meine Spontaneität, für die ich berühmt und zumindest in Ulis Augen berüchtigt war?
Meine feinfühlige Freundin muss wohl gespürt haben, dass ich keine Lust auf weitere Kostproben ihres fortgeschrittenen Reiki-Wissens hatte. Nach einigen weltbewegenden Sätzen wie: Wie ist das Wetter bei euch? oder: Was kochst du heute Abend? beendeten wir unser Gespräch.

Kurze Zeit später hörte ich ein Auto vorfahren. Die Reaktion unserer Katze zeigte deutlich, dass Herrchen im Anmarsch war.
Wie es sich für eine brave Ehefrau und für eine gut erzogene Katze (oder umgekehrt?) gehört, begrüßten wir den Hausherrn an der Tür. Lady laut schnurrend mit hochgestecktem Schwanz; ich freundlich lächelnd mit ausgebreiteten Armen.
„Das ist ja ein nettes Empfangskomitee", stellte Uli amüsiert lächelnd fest. Ich bekam einen Kuss auf die Wange und Lady ihre Streichelein-

heiten.
„Nur gut, dass du selbst nach Lübstorf gefahren bist. Kurz nach deiner Abfahrt kam ein Anruf aus dem Lagezentrum und ich.....“
Mitten im Satz hielt er inne und schaute verblüfft auf die drei Plastiksäcke mit Kleidung, die dekorativ im Hausflur standen. Mit großen und fragenden Augen schaute er mich an.
„Was ist denn hier los?“
Wieder wanderten seine Augen zu den Beuteln.
„Willst du etwa ausziehen?“
So kannte und so liebte ich ihn. Seine unerschütterliche Ruhe selbst in kritischen Situationen sowie seine lockeren Sprüche, auch wenn mir diese nicht immer passend erschienen, zwingen mir zugegebener Maßen auch heute noch ehrliche Bewunderung ab.
„Mache dir nur keine falschen Hoffnungen. Ich denke nicht im Traum daran auszuziehen. Ich habe nur auf- und ausgeräumt“, antwortete ich spitzbübisch grinsend.
„Ausgeräumt? Das sind doch alles Kleiderbeutel. Hast du denn jetzt noch etwas anzuziehen oder müssen wir mal wieder eine Einkaufstour machen?“
Die versteckte Anspielung auf meine gelegentlichen Streifzüge durch diverse Boutiquen in Schwerin, Hamburg oder Berlin überhörte ich gönnerhaft.

„Wieso räumst du heute eigentlich auf? Bist du etwa doch nicht zu dem Reiki-Seminar gefahren?“ Zweifelnd schaute er mich an.
Schnelldenker, schoss es mir durch den Kopf. Klugerweise hielt ich diese Bemerkung aber zurück.
„Selbstverständlich bin ich gefahren“, antwortete ich mit gespielter Entrüstung.
„Ich war um 15.00 Uhr wieder hier. Da du durch Abwesenheit geglänzt hast, konnte ich endlich einmal in aller Ruhe mein Zimmer aufräumen. Was da steht, war in den alten Schränken und kann in die Kleidersammlung.“
„Na schön, dann ist das Seminar ja heute nicht mehr so anstrengend für dich gewesen“, vermutete er.
„Im Grunde genommen war es das schon. Ich habe aber vorhin ein Bad genommen und mich dabei gut erholt“, wich ich ihm taktisch klug aus.
„Das werde ich jetzt auch tun. Ich bin ziemlich geschafft und habe starke Kopfschmerzen. Im Amt war mal wieder der Teufel los. Wahrscheinlich muss ich auch morgen Vormittag in die Dienststelle. Ich will nur hoffen, dass wir wenigstens den Sonntagnachmittag für uns haben“, offenbarte er mir.
Erst jetzt fiel mir auf, dass er wirklich müde und zerschlagen aussah. Mein Pflichtgefühl meldete

sich und ich wollte ihm irgendwie helfen.
„Ich könnte dir nach dem Bad etwas Reiki auf den Kopf geben", bot ich an. Zweifelnd schaute er mich an.
„Ich habe eher daran gedacht, eine Kopfschmerztablette zu nehmen. Glaubst du wirklich, dass Reiki gegen Kopfschmerzen hilft - und kannst du das denn schon so richtig?"
„Na klar. Das habe ich doch heute gelernt", antwortete ich im Brustton der Überzeugung.
„Das ist ja schön. Gut, ich gehe jetzt in die Wanne und rufe dich, wenn ich fertig bin", entschied er sich und trabte nach oben.
Oh, der Newcomer bietet schon seine Hilfe an, stellte Mr. Verstand spöttisch fest.
Postwendend kamen mir Zweifel, ob ich meinem Mann und mir mit diesem spontanen Angebot nicht zu viel zugemutet hatte.
Darf ich das wirklich schon machen? Hoffentlich mache ich dabei nichts falsch und der Schmerz verstärkt sich dadurch noch. Warum habe ich nur so unüberlegt dieses Angebot gemacht und dazu vollmundig behauptet, Reiki geben zu können, obwohl ich mir selbst noch nie eine Behandlung gegeben hatte?
Fragen über Fragen stürmten auf mich ein. Ich bekam mächtigen Bammel vor meiner eigenen Courage.

Du brauchst keine Angst zu haben. Es ist leichtsinnig, sagt die Vernunft. Es ist, was es ist, sagt die Liebe. Du hast dieses Angebot scheinbar unüberlegt und leichtfertig gemacht. Es zeigt deine große Portion Mitgefühl und den aufrichtigen Wunsch, deinem Mann zu helfen. Bitte einfach um Unterstützung für diese erste selbständige Reiki-Behandlung und verkrampfe nicht dabei. Lege einfach die Hände auf und lasse es geschehen, sprach mir meine Innere Stimme Mut zu.
Genau so werde ich es machen, entschied ich. Ich setzte mich in einen unserer Wohnzimmersessel und stimmte mich darauf ein, wie Karin es uns gezeigt hatte, gleich Reiki anzuwenden.

Augenblicklich breitete sich eine wohltuende Ruhe in mir aus. Völlig ruhig und entspannt saß ich so lange dort, bis ich Uli rufen hörte:
„Ich haben fertig, du können kommen", äffte er einen bekannten Fußballtrainer nach. In diesen Jargon verfiel er immer dann, wenn er sich nicht so recht wohl in seiner Haut fühlte und seine Verlegenheit überspielen wollte.
Ob ihm das auch bewusst ist? Das fragte ich mich, während ich die Treppe hinauf ging. Nein, wahrscheinlich fällt es nur mir auf, beantwortete ich mir meine Frage.
Uli legte sich auf sein Bett. Nachdem ich mir die

Hände gewaschen und meinen Schmuck abgelegt hatte, kniete ich mich so hinter sein Lager, dass ich meine Hände von oben auf seinen Oberkopf legen konnte.
Zunächst passierte nichts. Erst nachdem ich Dr. Usui lautlos um Hilfe gebeten hatte, wurden meine Hände langsam warm und kurze Zeit später regelrecht heiß. Automatisch vergrößerte ich den Abstand zwischen meinen Händen und Ulis Kopf. Nun ließ die Reiki-Energie kurzfristig nach, um dann wieder extrem warm zu werden. Mein lieber Mann reagierte analog zu dieser wellenartigen Wärme immer dann mit einem tiefen Seufzer, wenn meine Hände wieder sehr warm waren. Meine Neugier ließ mir keine Ruhe.
„Warum stöhnst du so? Sind die Schmerzen stärker geworden?“ fragte ich ihn leise.
„Nein, die Beschwerden lassen langsam nach. Es tut so gut, die Wärme in deinen Händen zu spüren. Manchmal wird es für kurze Zeit etwas kühler. Wenn es wieder wärmer wird, muss ich automatisch tiefer ein- und ausatmen. Ich habe das Gefühl, das dadurch mein Kopf freier wird und der Druck, den ich seit heute Mittag gespürt habe, nachlässt. Mache ruhig weiter“, setzte er gnädig hinzu.
Ich legte meine Hände auf seine Schläfen, seine Ohren und sein Gesicht. An seinen tiefen und

gleichmäßig gewordenen Atemzügen erkannte ich, dass er eingeschlafen war.
Durch die ungewohnte und unbequeme Körperhaltung taten mir mittlerweile mein Rücken und die Knie weh. Nach etwa fünfzehn Minuten beendete ich diese erste Reiki-Sitzung.

Ich bedankte mich bei Meister Usui für seine Unterstützung und versuchte aufzustehen. Jetzt musste ich stöhnen – leider vor Schmerzen. Mir wurde deutlich, dass ich etwas Wesentliches vergessen hatte: Mich selbst!
Nun hatte ich die erste Reiki-Behandlung gegeben. Genau wie bei den Übungen während des Seminars konnte ich auch dieses Mal die wunderbare Wärme in meinen Händen spüren.
Ich schaute auf meinen friedlich schlafenden Mann hinunter. Sollte ich ihn wecken, damit er mir berichten konnte, wie es ihm jetzt ging? Interessieren würde es mich ja sehr. Mit Mühe drängte ich meine Ungeduld zurück und ließ ihn schlafen.
Ich freute mich, dass gerade Uli der Erste war, der von mir Reiki bekommen hatte. Zeigte es mir doch, dass er der Sache tatsächlich aufgeschlossen gegenüber stand, auch wenn heute die Kopfschmerzen der Grund für seine Bereitschaft gewesen waren.
Es hat eben doch alles seinen tieferen Sinn,

dachte ich. Vielleicht brauchte er gerade heute diese Schmerzen, um bereit für eine Reiki-Sitzung zu sein.
Und was hast du für dich dabei gelernt?, fragte mich meine Innere Stimme.
'Dass ich so keine Reiki-Behandlung mehr durchführen kann', antwortete ich leise darauf.
Die Kommunikation mit meiner Inneren Stimme war mir schon zur Selbstverständlichkeit geworden.
Ich bekam prompt die Antwort.
Richtig! In Zukunft denke auch immer an dich. Sorge für eine bequeme Haltung bei der Fremdbehandlung. Das ist genau so wichtig, wie die entspannte Lagerung des Reiki-Empfängers. Nur so kannst du die Reiki-Energie frei und ungestört aufnehmen, um sie weiter zu leiten. Das ist doch das Schöne daran. Immer, wenn du einem Anderen Reiki gibst, bekommst du selber auch Energie. Also sorge in Zukunft dafür, dass du ein unbehinderter Reiki-Kanal sein kannst, forderte sie mich auf.
Wie ich es gelernt hatte, wusch ich mir wieder die Hände. Als ich in das Schlafzimmer zurück ging, räkelte Uli sich auf seinem Bett und öffnete mühsam die Augen.
„Oh, da bin ich wohl eingeschlafen", stellte er scharfsinnig fest, „ich kann mich noch daran erinnern, dir gesagt zu haben, dass der Druck

im Kopf weniger geworden ist. Mehr weiß ich nicht. Habe ich lange geschlafen?"
„Etwa zwanzig Minuten. Wie geht es dir denn jetzt?" fragte ich erwartungsvoll.
Wieder reckte und streckte er sich, bevor er erneut die Augen schloss. Es kam mir so vor, als müsse er erst in sich hinein horchen, um mir meine Frage zu beantworten. Schwungvoll sprang er plötzlich auf, riss mich in seine Arme und wirbelte mit mir durch das Schlafzimmer.
„Herrlich! Es kommt mir so vor, als wenn ich zwei Stunden geschlafen hätte. Meine Kopfschmerzen sind weg. Ich fühle mich wie neu geboren. Ich danke dir, das hast du wirklich großartig gemacht."
„Ehrlich?" fragte ich automatisch nach.
„Na, wenn ich es dir doch sage. Dieses Reiki scheint ja wirklich ein außergewöhnliches Mittel zu sein. Ehrlich, ich hätte nicht gedacht, dass du es so schnell erlernst", gab er feixend zu, stellte mich wieder auf meine Füße zurück und gab mir einen Kuss.
Freude, Stolz und Dankbarkeit fühlte ich gleichzeitig in mir aufsteigen.

Nun mal hübsch langsam. Für diese Sache gibt es ganz einfache Erklärungen, die nichts mit deinen 'heilenden Händen' zu tun haben. Erstens wirkt ein heißes Bad immer entspannend und Zweitens ist ein

kurzes Nickerchen eine gute Energiequelle. Das machen doch die Japaner sogar an ihren Arbeitsplätzen und fühlen sich danach erfrischt und leistungsfähig, wehrte sich Mr. Verstand gegen meinen Jubel.
Der „Bremser“ hatte es mal wieder geschafft. Kritisch schaute ich meinen Gemahl an. Er sah allerdings ganz anders aus als vor dieser kurzen Reiki-Behandlung. Seine vornehme Gesichtsblässe war verschwunden und eine gesund aussehende Röte war an ihre Stelle getreten. Die dunklen Augenränder fehlten und seine Augen strahlten wieder Unternehmungsgeist aus.
Na also, kommentierte meine Innere Stimme diese Beobachtungen.
„Nun mache doch nicht so ein zweifelndes Gesicht, kleine Reiki-Maus. Dein erfolgreiches Seminar muss gefeiert werden. Ich lade dich zum Essen ein. Lasse uns zu 'unserem' Chinesen an den Zippendorfer Strand fahren“, bot Uli mir an.
„Danke, das ist eine prima Idee“, freute ich mich.

„Unser“ Chinese war ein exzellentes Euro-Asiatisches Restaurant im Schweriner Stadtteil Zippendorf. In den vergangenen Jahren hatten wir es uns zur Gewohnheit gemacht, bei besonderen Anlässen dort einzukehren. In einem stilvollen Pavillon lag es direkt am Schweriner See und

strahlte ein besonderes Ambiente aus. Für den jungen Chef Stanley und seine bezaubernde Frau Jil waren wir im Laufe der Zeit Stammgäste geworden. Entsprechend wurden wir begrüßt.
Von Stanley bekam ich einen perfekt zelebrierten Handkuss. Bei jedem anderen Mann hätte ich das als albernes Gehabe angesehen. Bei ihm spürte ich jedoch die ehrlich gemeinte Liebenswürdigkeit und genoss den Augenblick. Jil legte die Hände vor ihrem Oberkörper zusammen und verneigte sich leicht vor uns, während wir sie nach deutscher Sitte per Händedruck begrüßten. Wir bekamen unseren Stammplatz. Stanley setzte sich zu uns an den Tisch.
„Was gibt es bei Ihnen zu feiern?" fragte er uns.
„Meine Frau hat heute ihre Reiki-Einweihung erhalten", antwortete Uli, bevor ich auch nur Luft holen konnte. Ärgerlich trat ich ihm auf den Fuß. Es war ja nun wirklich nicht nötig, alles gleich auszuposaunen.
Beide Männer schauten mich an. Uli fragend, weil er den Tritt offensichtlich nicht einschätzen konnte. Stanley sichtlich überrascht. Dann lächelte er, erhob sich und deutete eine Verbeugung in meine Richtung an:
„Meinen herzlichen Glückwunsch."
Mir war das regelrecht peinlich, diesen Glückwunsch entgegenzunehmen. Sicherlich wurde

in seiner Heimat traditionell ein anderer Umgang hinsichtlich dieser Heilmethode gepflegt. Tapfer lächelte ich zurück und bedankte mich artig. Uli fehlte jedes Gespür für meine Verlegenheit. Völlig unbefangen fragte er Stanley:
„Sie beide wenden doch sicher auch Reiki an?"
„Nein, da malen Sie sich ein falsches Bild von uns. Jil und ich sind schon in der zweiten Generation in Europa. Wir sind westlich geprägt aufgewachsen. Meine Großmutter, sie lebt in unserer Heimat in einem kleinen Dorf, legt sich und anderen die Hände auf. Das hat sie bei früheren Besuchen auch bei mir gemacht und es hat mir immer sehr viel gegeben. Jetzt ist sie leider sehr alt und schafft die weite Reise nicht mehr.
Ich freue mich, dass Sie, liebe Karin, diese Kunst erlernen. Ich wäre Ihnen sehr dankbar, wenn Sie mir und Jil demnächst einmal die Ehre erweisen würden, uns mit Reiki zu behandeln."
Ich hätte mich am liebsten in Luft aufgelöst und stammelte etwas, das sich wie: ja, selbstverständlich anhörte.
Zur Krönung des Ganzen berichtete mein Herr Gemahl auch noch von seiner Reiki-Sitzung. Stolz wie ein Pfau drückte er mich an sich und verkündete:
„Das hat sie wirklich gut gemacht."
Den zweiten Fußtritt verstand er nun endlich und schwieg.

„Stanley, würden Sie uns bitte eine Flasche unseres Lieblingsweines bringen?“ fragte ich zuckersüß.
„Entschuldigung, ich bin heute ein schlechter Gastgeber. Natürlich bekommen Sie sofort etwas zu trinken“, antwortete er und entschwand in Richtung Büfett.
„Mann, du bist unmöglich“, schnauzte ich Uli an, „wie kannst du nur auf die Idee kommen, das hier zu erzählen?“
„Wieso, was ist denn daran so schlimm, dass ich mir Tritte von dir einfange?“ fragte er brummig.
„Mensch, Ulrich Hermann“, seine beiden Vornamen benutzte ich nur, wenn ich so richtig wütend auf ihn war, „ich weiß mal gerade, wie Reiki gesprochen und geschrieben wird und du tust hier in aller Öffentlichkeit so, als wäre ich die große Reiki-Meisterin“, las ich ihm die Leviten.
„Was nicht ist, kann ja noch werden“, entgegnete er in aller Ruhe.
„Höre mit dem Blödsinn auf. Ich möchte einfach nicht, dass du überall herum plauderst, dass ich Reiki erlerne. Wenn ich möchte, dass es jemand erfährt, kann ich das durchaus schon selber erzählen“, gab ich die Marschrichtung vor.
Jil kam an unseren Tisch und stellte zwei gefüllte Sekttulpen mit wunderschön verzierten Goldrändern vor uns ab.

„Ich habe gehört, dass Sie etwas Außergewöhnliches zu feiern haben. Auch ich gratuliere herzlich. Lassen Sie es sich schmecken. Stanley bringt gleich die Speisekarten und den Wein."
Schon war sie an den Nachbartisch geeilt, um dort eine Bestellung aufzunehmen.
„Das ist aber lieb", rief Uli aus. Er ergriff ein Glas, drückte es mir in die Hand und nahm sich selbst das andere. Mit einem Blick, der stark an einen Dackel erinnerte, sah er mich an.
„Entschuldige, wenn ich dich verletzt habe. Ich habe nicht daran gedacht, dich vorher zu fragen, ob es dir auch Recht ist, wenn ich darüber rede. Glaube mir, ich habe es aus Freude erzählt und nicht etwa, um dich zu kränken."
Mein Ärger zerplatzte wie eine Seifenblase. So einfach wollte ich es ihm aber doch nicht machen.
„Na gut", sagte ich zögernd, „tue mir in Zukunft den Gefallen und tratsche es nicht überall herum. Die meisten Leute wissen doch gar nicht, was Reiki ist. Sie glauben womöglich noch, eine verwöhnte Wessi wolle nur ihre reichlich vorhandene Zeit totschlagen. Denke an die Worte meiner Kollegin. Außerdem habe ich nicht vor, andere Leute mit Reiki zu behandeln. Ich möchte es für mich oder für uns anwenden, quasi für den Hausgebrauch. Nicht mehr und nicht weniger. So, nun lasse diesen Dackelblick.

Du weißt ganz genau, dass ich nicht lange ernst bleiben kann, wenn du mich so ansiehst", setzte ich versöhnlich hinzu.
„Jawohl, Guanga. Wir sollten den Sekt nicht warm werden lassen und jetzt endlich auf dein gelungenes Seminar anstoßen", bemerkte er schmunzelnd.

Das Essen war wie immer vorzüglich. Uli hatte freiwillig angeboten, uns zurück zu fahren, weshalb er sich beim Wein zurück hielt. Mir schmeckte er besonders gut und ich langte reichlich zu. In weinseliger Stimmung berichtete ich von meinen Renovierungsabsichten. Mit viel Phantasie schilderte ich euphorisch mein Vorhaben und schmückte es bis ins kleinste Detail aus. Ein außenstehender Zuhörer hätte meinen können, diese Räumlichkeit existiere bereits und hätte ganz sicher den dringenden Wunsch gehabt, diesen wunderbaren Ort sofort aufzusuchen.
Ausdauernd hörte sich Uli meine Träumereien an. Als ich schließlich doch einmal eine Pause einlegte, fragte er:
„Wenn man dich so reden hört, könnte man meinen, du hättest einen Kursus für Raumausstatter belegt. Dabei hast du mir noch gar nichts von dem Reiki-Seminar erzählt. Gestern warst du ja ziemlich niedergeschlagen. Wie hat es dir

denn heute gefallen?"
Das musste ja so kommen! Grüblerisch schaute ich ihn an.
„Wir haben heute die Dritte und Vierte Einweihung erhalten und uns gegenseitig mit Reiki behandelt", erklärte ich.
„Hast du denn über deine gestrigen Zweifel und Probleme mit deiner Reiki-Lehrerin gesprochen?" hakte er nach und beobachtete mich aufmerksam.
„Ja, das habe ich. Sie hat mir geraten, zu üben und mich drei Wochen lang täglich eine Stunde mit Reiki zu behandeln", informierte ich ihn.
„Das sind ja 21 Stunden", rechnete er mir vor, „was musst du denn so lange üben? Du kannst es doch schon. Es hat doch sogar bei meinen Kopfschmerzen wunderbar gewirkt."
Auf diese Erklärung bin ich jetzt aber gespannt, bellte Mr. Verstand mich an.
Im Zeitlupentempo nahm ich ein Schlückchen Wein in den Mund und kaute fachmännisch darauf herum. Ich suchte fieberhaft die richtigen Worte, während ich meine Innere Stimme um Hilfe bat.
Das machst du schon, bekam ich zu hören.
Vielen Dank für das Vertrauen, dachte ich und schluckte den Wein hinunter.
Umständlich und weit ausholend berichtete ich davon, die Sensibilität meiner Hände und mei-

nes Körpers schulen zu müssen. Ich sprach von der jetzt beginnenden Reinigungsphase und der wahrscheinlichen Erhöhung der Schwingungsfrequenzen meiner Chakren.
Das reicht, hörte ich meine Innere Stimme sagen. Inzwischen war ich jedoch so gut in Fahrt, dass ich sie nicht beachten wollte. Der Wein tat sein Übriges, und so legte ich richtig los:
„Außerdem ist Reiki weit mehr als das bloße Auflegen der Hände. Damit fördere ich meinen Bewusstwerdungsprozess und es macht mich auf falsche Verhaltensmuster aufmerksam. Dadurch kann ich mein Verhalten anderen Menschen gegenüber verändern. Es hebt das Selbstbewusstsein und setzt neue Wertigkeiten“, schilderte ich, als wenn ich der „Billige Jakob“ auf einem Jahrmarkt wäre.
Uli hatte schweigend zugehört. Sein Blick wurde immer kritischer, und wie zu einem Kind sprechend sagte er:
„Falsches oder nicht immer angepasstes Verhalten zu erkennen und zu verändern finde ich ja in Ordnung. Allerdings ist mir bei dir noch nie fehlendes Selbstbewusstsein aufgefallen. Darunter leidest du bei Gott nicht, wie du mir erst heute Abend bewiesen hast. Ich habe jetzt noch heiße Ohren von deiner Standpauke. Was du allerdings unter neuen Wertigkeiten verstehst, solltest du mir schon genauer erklären“, fügte er

hinzu.
„Volltreffer", freute sich Mr. Verstand und lachte laut.
Das hatte ich nun davon. Was musste ich auch das gerade Gehörte und noch lange nicht Verstandene gebetsmühlenartig herunterschwafeln? Warum hatte ich nicht auf meine Innere Stimme gehört und bei Zeiten geschwiegen? Jetzt schwieg sie und ließ mich diese selbst gekochte Suppe allein auslöffeln.
O.K., das hatte ich jetzt begriffen. In Zukunft werde ich nur über die Dinge reden, die ich auch wirklich verstanden habe, versprach ich ihr und mir.

„Mit neuen Wertigkeiten meine ich die wirklich wichtigen Dinge im Leben", entgegnete ich und hoffte, dass es überzeugend klang.
Tat es nicht. Wie und wovon sollte es ihn auch überzeugen? Er war ja nicht auf dem Seminar gewesen und hatte von den dort geführten Gesprächen keine Ahnung.
„Und was sind deiner Meinung nach die wirklich wichtigen Dinge im Leben?"
Wie in einem Verhör kam ich mir vor. Genau so mussten sich früher seine „Kunden" gefühlt haben, wenn er sie bei Vernehmungen in die Mangel genommen hatte. Ich wand mich wie ein Aal, bevor ich schließlich antwortete:

„Na, du weißt schon: Mehr Zeit für sich zu haben, in Ruhe und Harmonie zu leben, nur Dinge zu tun, an denen man wirklich Spaß und Freude hat. Nicht mehr den lieben langen Tag herum zu hetzen und immer nur an später zu denken. Sich mit der Vergangenheit auszusöhnen und sich um die Zukunft keine Sorgen zu machen. Einfach jeden Tag und jede Stunde genießen. Gerade heute freue dich, ist eine Lebensregel von Dr. Usui, dem Wiederentdecker des Reiki. Das möchte ich gerne erreichen. Das nenne ich zum Beispiel eine neue Wertigkeit."
Ich war mächtig stolz auf meine Worte und lehnte mich aufatmend zurück.
Das hast du prima gesagt, lobte mich meine Innere Stimme.
Uli musterte mich. Plötzlich lächelte er mich, wie ich fand, erleichtert an.
„Deine Worte erinnern mich sehr stark an die Hippies in den 60 er Jahren. Mit meinen jugendlichen zwanzig Lenzen fand ich das damals beeindruckend. Mir fehlte jedoch der Mut, mich ihnen anzuschließen. Meine Berufsausbildung war mir letztlich doch wichtiger.
Grundsätzlich bedauere ich diese Entscheidung nicht. Aber du hast Recht, wenn du sagst, etwas mehr Ruhe und Harmonie wären schön. Diese Lebensregel gefällt mir auch sehr gut", sagte er und schaute geistesabwesend in die Flamme der

Kerze, die mitten auf den Tisch stand.
Verdutzt schaute ich ihn an. Mein um seine Karriere besorgter Mann und solche Worte? Wo blieb sein beliebtes .... ja, aber?
Lange musste ich nicht darauf warten.

„Aber es gibt im Leben auch Pflichten und Verantwortungen, die wir zu tragen haben. Das sorgenfreie Leben fällt einem nicht in den Schoß. Die Zukunft sollte sorgfältig geplant und es muss ganz einfach Vorsorge für später getroffen werden. In Ruhe und Harmonie leben. Ja, das wünsche ich mir auch. Aber du weißt auch ganz genau, wir sind nicht allein auf dieser Welt. Ich will ja nie Ärger und Stress machen, aber andere Leute sorgen schon dafür, dass es davon genug gibt. Du kennst doch die Situation in meiner Dienststelle. Wenn ich da nicht immer wieder gegensteuern würde, sähe es aber ganz bescheiden aus.
Sich mit der Vergangenheit auszusöhnen, ist auch so ein schöner Satz. Aber sie betrifft doch nicht nur mich allein! Wie sieht es mit den anderen beteiligten Personen aus? Wollen die sich mit mir aussöhnen?
Ich jedenfalls kann mir nicht vorstellen, dass jemand, der mit beiden Beinen im täglichen Berufsstress steht, so leben kann. Das schaffen höchstens die verhuschten Existenzen. Die Träu-

mer oder die Aussteiger. Die haben dafür aber keinen Pensionsanspruch. Nein, ich glaube, für uns ist das unmöglich!"

Mit einem riesigen Fragezeichen im Gesicht schaute er mich an.

Durch seine Worte wurde mir deutlich, warum ich so zurückhaltend und zögerlich über das Reiki-Seminar mit ihm reden konnte oder wollte. Instinktiv hatte ich seinen Unglauben gespürt und erkannte, diesen Pfad wohl allein erkunden zu müssen.

Ich nahm seine Hand und streichelte sie. Dabei versuchte ich ihn aufmunternd anzulächeln.

„Irgendwo habe ich letztens einen sehr interessanten Spruch gelesen:

Wer das Unmögliche nie versucht,
wird das Mögliche nie erreichen.

Ich finde, er passt sehr gut zu deinen Ausführungen. Ich stelle es mir sehr schön vor, die Ruhe zu bewahren und im inneren Gleichgewicht zu bleiben, ganz gleich, was um uns herum geschieht. Ich glaube, man wird dadurch ganz automatisch weniger Probleme und Schwierigkeiten mit sich und seiner Umgebung haben. Natürlich gibt es im Leben Pflichten und Verantwortungen. Davor will ich mich keineswegs drücken. Im Gegenteil. Ich möchte alles, was ich mache, nicht nur tun, sondern ich möchte es auch gerne tun. Nicht nur aus einem Pflichtge-

fühl heraus. Stelle dir vor, wie schön es wäre, dein Leben mit allem, was dazugehört, nicht nur zu leben, sondern es auch zu lieben.
Wie ich dahin kommen kann, habe ich auf dem Seminar gehört. Wie lange es dauern wird, bis ich diesen Zustand erreicht habe oder ob ich ihn jemals erreichen kann, weiß ich heute nicht. Ich will es zumindest versuchen", teilte ich ihm meine Entscheidung mit.
Wieder sah er mich fragend und ein wenig überrascht an. Skeptisch legte er seine Stirn in Falten.
„Nicht, dass es dir so ergeht wie einigen von Giselas neuen Freundinnen aus der esoterischen Ecke. Wenn du mich fragst, haben diese Weibsen doch alle einen kleinen Hau. Karsten findet das übrigens auch nicht so erquickend. Er hat mir letztens noch erzählt, es habe zwischen ihm und Gisi heftigen Ärger gegeben, weil sie seiner Meinung nach mit den auf einem Selbstfindungstrip befindlichen Tanten herumzieht."
„Davon weiß ich nichts. Was ist denn passiert?"
„Ach, die Beiden waren bei einem Kumpel von Karsten eingeladen. Genau an dem schon lange feststehenden Termin hatte Gisela nachmittags wohl irgendein Meeting mit ihrer Frauengruppe und abends plötzlich keine Lust mehr mitzugehen. Sie hätte wichtigere Dinge zu tun, als bei seinem Kumpel herumzusitzen um zuzusehen, wie die Männer sich langsam aber sicher mit

Bier vollsaugen.
Stell dir vor, sie ist tatsächlich nicht mitgegangen. Karsten war natürlich stinksauer. Wäre ich bestimmt auch, wenn du das mit mir machen würdest."
Mein lieber Mann zerfloss regelrecht vor Mitgefühl für unseren Freund Karsten. Ich hingegen musste grinsen. Was da zwischen den Beiden abgelaufen war, konnte ich mir sehr gut vorstellen. Auf irgendeine Weise bewunderte ich Gisi, auch wenn eine so kurzfristige Absage nicht gerade guten Stil vermuten ließ. Sie hatte doch nur das getan, woran sie Spaß und Freude hatte. Oder war das egoistisch?
Puh, gar nicht so einfach, dazu etwas zu sagen, grübelte ich.
Das erwartete Uli auch nicht. Er war gedanklich vorausgeeilt und beschrieb mir folgende Szene: „Stelle dir einmal vor, wir zwei hätten verabredet, uns nach Feierabend in Schwerin zu treffen. Dir fällt aber im Laufe des Tages ein, wichtigere Dinge mit für dich einer höheren Wertigkeit zu haben und lässt deshalb die Verabredung mit mir platzen. Ich stehe dann da wie ein Depp, warte auf dich und mache mir zudem Sorgen."
Ungewöhnlich aufgebracht für meinen sonst so ruhigen und oft über jedes Problem erhaben wirkenden Mann hatte er mir dieses Szenario beschrieben. Fast hätte ich glauben können, es

wäre bereits genau so geschehen. Herausfordernd schaute er mich an.
„Na, wie würdest du das finden? Was sagst du dazu?"
Mit einem halben Liter Wein im Bauch fand ich dieses Vorstellung einfach köstlich.
„Ich würde doch sehr hoffen, dass der Herrn Kriminaldirektor pfiffig genug wäre, ein Telefon zu finden um mich anzurufen, falls ich das aus kaum vorstellbaren Gründen nicht schon selbst getan hätte", flachste ich und unterdrückte mühsam einen Lachanfall.
„Danach habe ich nicht gefragt. Es geht hier nicht um die Lösung des Dilemmas, sondern um die Ursache dafür", belehrte er mich.
Vorsicht, das ist kein Spaß mehr! Dahinter steckt etwas anderes, hörte ich meine Innere Stimme ungewöhnlich laut.
Ja klar steckt etwas anderes dahinter: Angst. Die pure Angst davor, du könntest deine Wertigkeiten so verändern, dass er nicht mehr die Hauptrolle in deinem Leben spielt!
Wenn du solche Sprüche loslässt, ist eine derartige Reaktion zu erwarten, teilte Mr. Verstand mir in Windeseile mit.
Wie gut, dass es die Beiden damals schon gab. Ich dankte für diese Hinweise.
„Wovor hast du Angst?" fragte ich gerade heraus.

„Angst? Nö, Angst habe ich keine. Aber ich möchte einfach nicht, dass du eine Traumtänzerin wirst, die alle Realität aus den Augen verliert."
'Oder zu einem unkalkulierbaren Risiko?' setzte ich in Gedanken hinzu, atmete tief durch und schaute ihn offen an.
„Mein Schatz, ich habe dir ja schon gesagt, nicht zu wissen, ob ich meinen Wunsch verwirklichen kann. Keinesfalls möchte ich, dass unsere Beziehung darunter leidet.
Natürlich kann es sein, dass ich mich verändere. Jedoch hoffe ich auf eine positive Erneuerung. Mein Bedürfnis ist es, jeder Zeit offen und ehrlich mit dir über meine Gedanken und Absichten reden zu können, wobei du mir auch zuhörst und nicht von vorne herein jede Idee als Traumtänzerei abtust. Das heißt noch lange nicht, dass ich von dir ein grundsätzliches Ja für alles erwarte. Was hältst du davon, wenn wir zusammen auf diese, so will ich es jetzt einmal nennen, Entdeckungsreise gehen?"
Ohne ein Wort zu sagen schüttelte er nur stirnrunzelnd den Kopf. Daher fuhr ich fort:
„Einverstanden. Es ist und bleibt deine Entscheidung. Ebenso wie ich für mich entschieden habe, diese Möglichkeit auszuprobieren.
Ich bin zwar auf der Suche, jedoch bin ich deswegen nicht verreist, sondern immer ansprech-

bar. Falls dir negative Auswirkungen auffallen sollten, würde ich mich freuen, wenn du mich darauf aufmerksam machst und wir es ausdiskutieren könnten."
„Worauf du deinen Kopf verwetten kannst", brummt er erleichtert, nahm mich in seine Arme und gab mir einen Kuss.
Damit war eines klar: Die Reißleine war ausgelegt, mein „Beschützer" achtsam und bedingungslos bereit, daran zu ziehen, falls er es für erforderlich halten sollte.
Selbstverwirklichung mit Netz und doppeltem Boden; man kann ja nie wissen, griente Mr. Verstand.
Mich hat das nie gestört.
Wenn es auch heute allgemein nicht mehr „in" ist, weil es dem Emanzipationsgedanken widerspricht, war und ist mir die Meinung und die Zustimmung meines Mannes wichtig.
Auch wenn sie manchmal nur durch mühsame und lange Diskussionen erreicht werden kann. Einmal ganz davon abgesehen, kann ich die Energie, die ich brauchen würde, um den schief hängenden Haussegen wieder gerade zu rücken, sinnvoller einsetzten. Zudem finde ich es ganz einfach nur fair, wenn mein Partner über meine Gedanken, Gefühle und Lernprozesse unterrichtet ist. Dadurch bekommt er die Chance, zwangsläufig ergeben-

den Veränderungen richtig einzuordnen. Außerdem, das jetzt als Tipp für diejenigen, die einen Partner haben, der diesen neuen Erfahrungen sehr verschlossen gegenüber steht, kann die eigene Offenheit und der natürliche Umgang mit diesen Möglichkeiten so manche harte Schale knacken. Und wer weiß schon, ob das dabei gesäte Samenkorn nicht doch einmal ein kräftiges Pflänzchen wird?

Übrigens ist in all den vergangenen Jahren unsere Reißleine zwei Mal zum Einsatz gekommen. Darüber werde ich jedoch später berichten.

Es war spät geworden. Uli bat um die Rechnung. Während die Männer das Geschäftliche erledigten, kam Jil auf mich zu. Mit einer kleinen Verbeugung überreichte sie mir ein kleines Päckchen.
„Ich habe hier eine kleine Aufmerksamkeit für Sie. In meiner Heimat ist das, was sich in dieser Schachtel befindet, seit Jahrhunderten ein Symbol für Gesundheit, Glück und Reichtum. Ich wünsche Ihnen alles Gute bei Ihrer künftigen Tätigkeit."
Mit diesen Worten umarmte sie mich, drehte sich um und verschwand in Richtung Küche. Völlig verblüfft schaute ich ihr hinterher. Ich

hatte nicht einmal mehr die Gelegenheit, mich bei ihr zu bedanken. Stanley und Uli hatten nichts davon mitbekommen. Wir verabschiedeten uns und gingen zum Auto.
Auf dem Parkplatz bemerkte Uli die Schachtel in meiner Hand.
Ich schilderte, wie ich sie bekommen hatte.
„Wieso wünscht sie mir alles Gute bei meiner künftigen Tätigkeit? Was meint sie damit nur?“ fragte ich.
„Keine Ahnung. Vielleicht hat Stanley etwas falsch verstanden“, mutmaßte er.
„Bist du nicht neugierig? Schaue doch einmal nach, was in dem Päckchen ist.“
Noch auf dem Parkplatz knibbelte ich das Geschenkpapier auf und öffnete vorsichtig die Schachtel. Auf gekräuseltem Seidenpapier lag eine kleine Buddha-Figur aus rotem Stein. Ich war gerührt und freute mich sehr.
Seitdem hat dieser Glücksbringer seinen Ehrenplatz in unserem Haus.

Zu Hause stolperten wir über die Kleidersäcke, die noch immer im Hausflur standen.
„Ich verstaue die Dinger gleich in mein Auto und werfe sie morgen in den Container. Sonst überlegst du dir das womöglich noch und kannst plötzlich das eine oder andere Stück doch wieder gebrauchen“, bemerkte Uli augenzwin-

kernd. Das erinnerte mich an mein Vorhaben. Auch mein Mann hatte sich seine Gedanken dazu gemacht. Als wir nach oben gingen, erwähnte er so ganz nebenbei zu meiner großen Überraschung, meine Idee echt gut zu finden. Er habe sich schon oft gefragt, warum ich mir mein Zimmer nicht gemütlicher hergerichtet hätte. Da ich aber scheinbar sehr zufrieden gewesen sei, habe er das Thema nie angesprochen. Allerdings wäre der Schreibtisch doch noch tadellos und für den Müll nun wirklich zu schade.
„Prima, dass ich dich nicht erst in mühevoller Kleinarbeit davon überzeugen muss. Wenn du das alte Schätzchen noch gut findest, können wir ja tauschen“, schlug ich kompromissbereit und großzügig vor.
„Nein, in mein Zimmer kommt er auf keinen Fall. Schau dir mal die Schubladen an. Die sind doch viel zu klein, da bekomme ich meine Sachen nie und nimmer untergebracht“, wehrte er empört ab.
„Ah ja, für meine wenigen Dinge wird es aber wohl reichen?“ provozierte ich ihn. Er stutzte und schaute mich irritiert an. Man konnte regelrecht hören, wie die Mark in Pfennigstücken bei ihm fiel.
„Du kleine Hexe, da hast du mich ja schön reingelegt!“
Ich fasste das als Kompliment auf und strahlte

ihn schweigend an.
Damit war das Thema endgültig erledigt.
Ich bekam problemlos meine neuen Möbel zugestanden. Auch zu dem finanziellen Teil hatte er die Lösung schon gefunden. Von Vater Staat erwartete er eine nicht unerhebliche Summe aus unserer Einkommensteuererklärung des letzten Jahres zurück. Das Finanzamt hatte die Grunderwerbssteuer für unser Haus falsch berechnet. Mein kämpferischer Mann hatte dagegen geklagt und gestern war das Urteil für die Rückzahlung rechtskräftig geworden.
Wie war das doch noch?
Es kommt alles, wirklich alles zur rechten Zeit zu uns!

ÜBEN, ÜBEN, ÜBEN

Nachdem Uli am nächsten Morgen in sein Büro gefahren war, legte ich mich auf mein Bett und versuchte, mich mit Reiki zu behandeln.
Es blieb zunächst bei dem Versuch. Kaum hatte ich mich hingelegt, klingelte das Telefon. Meine Schwiegermutter brauchte eine halbe Stunde, um uns einen schönen Sonntag zu wünschen.
Meinen zweiten Anlauf interpretierte unsere ansonsten sehr vornehm distanzierte adelige Karthäuserkatze Lady als Einladung zur Kuschelstunde mit Frauchen. Laut schnurrend legte sie sich auf meinen Bauch und forderte mich mit sanften Pfötchen tretelnd auf, sie zu streicheln. Als sie nach längerer Zeit genug davon hatte und sich an meinen Füßen eingerollt hatte, klingelte es an der Haustür. Unsere Nachbarin brachte ein ausgeliehenes Buch zurück und verspürte das dringende Bedürfnis, mir den neuesten Dorfklatsch mitzuteilen. Ihr Redefluss wurde durch den Anruf von Ulis Tochter gestoppt. Andrea erzählte von den unglaublich wichtigen Erlebnissen auf ihrer ersten Studentenfete. Sie war zum Wintersemester in ihr Studium eingestiegen und musste natürlich ihre enormen Erfahrungen schildern.
Wie schön für mich. Jetzt war ich auf dem Laufenden in Sachen Jurastudium 1. Semester, 2. Woche.

Der Nachbarin hatte das Telefonat wohl zu lange gedauert. Gestenreich verabschiedete sie sich mit der Androhung, später noch einmal hereinzuschauen.
So geht das nicht. Sorge dafür, dass du nicht andauernd gestört wirst, riet mir meine Innere Stimme, als ich erneut auf dem Weg in das Schlafzimmer war.
Ja, richtig. So klappt das nie. Wie kann ich das ändern, fragte ich mich.
Katze an die frische Luft setzen! Telefonkabel aus der Anschlussdose ziehen! Haustürklingel abstellen! gab mir Mr. Verstand die Antwort.
Trotz meiner Bedenken, Uli könnte ja anrufen um mir mitzuteilen, wann er nach Hause kommt oder was die Nachbarin wohl von mir denken wird, wenn ich sie vor der Tür stehen lasse, befolgte ich den Rat.

So, nun war endliche Ruhe. Jetzt konnte es losgehen. Ich nahm die erste Reiki-Position ein, legte meine Hände über mein Gesicht, und was geschah? Nichts, rein gar nichts!
Ich wurde unruhig. Schnell stand ich auf und holte eines meiner Reiki-Bücher und die von Karin erhaltenen Unterlagen. Jede Position drei bis fünf Minuten halten, las ich nach. Das wird es sein. Bestimmt war die Zeit zu kurz gewesen, überlegte ich logisch. Also noch einmal von

vorn. Jetzt aber nicht, ohne zunächst einen Blick auf den Wecker zu werfen.
Unglaublich, wie lang fünf Minuten sein können. Wenigstens drei mal vergewisserte ich mich, ob die Zeit noch nicht um war. Gespürt hatte ich in der Zeit jedoch nur, dass meine Oberarme schwer wie Blei wurden. Nicht etwa, weil sie so gut entspannt waren. Im Gegenteil. Es kam mir so vor, als wenn sie Schwerstarbeit leisten müssten, nur um diese Position zu halten.
So langsam wurde ich nicht nur ungeduldig, sondern auch ungnädig.
Warum klappt das bei mir denn nicht? Das muss doch warm werden, schimpfte ich leise vor mich hin. Nacheinander probierte ich es an den Ohren, am Hinterkopf und am Hals. Immer mit dem gleichen Ergebnis. Weder in den Händen noch am Kopf spürte ich diese so dringend erhoffte Wärme. Hinzu kam das Geplapper von Mr. Verstand:
Habe ich doch gleich gesagt. Das kann ja gar nicht funktionieren. Was du in der Zeit schon alles Sinnvolles hättest machen können! Was gibt es heute eigentlich zu essen? und so weiter und so fort.
Es hatte keinen Sinn. Frustriert stand ich auf, ließ meine Unterlagen jedoch auf dem Bett liegen. Vielleicht versuche ich es später noch einmal, überlegte ich mir.

Wer überlegt, sucht Beweggründe, es nicht zu tun. Ein wenig Disziplin gehört schon dazu. Also, nicht aufgeben und nicht traurig sein. Es ist noch kein Meister vom Himmel gefallen, beschwichtigte mich meine Innere Stimme.
Wer spricht denn davon, Meister zu sein oder zu werden? Es würde mir ja schon reichen, wenigstens ein kleines bisschen zu spüren, meckerte ich meine Innere Stimme an.

GEDULD!, bekam ich darauf nur zu hören. Na prima. Schon wieder das bei mir inzwischen zum Unwort des Jahres gewordene Wörtchen Geduld. Ich bin doch so geduldig wie eine Spinne in ihrem Netz, wenn sie auf Beute wartet. Zur Bestätigung stampfte ich mit einem Fuß auf den Boden auf.
Ja, dieses trotzige und typisch kindliche Verhalten überkam mich ab und zu. Allerdings nur dann, wenn ich allein war und mich mal wieder darüber ärgerte, die von mir selber sehr hoch gesteckten Ziele nicht erreicht zu haben. Ich bildete mir ein, damit meine Wut und meine Enttäuschung loszuwerden.
Meine Innere Stimme meldete sich wieder:
Eine Spinne in ihrem Netz ist immer sehr angespannt und hoch konzentriert. Es stimmt, so bist du gerade auch gewesen. Wie soll dabei Entspan-

nung eintreten können? Das ist ein Widerspruch in sich.

Reiki ist einfach nur geschehen lassen und beobachten. Keine gespannte Erwartung wie: es muss doch dort warm werden, wo meine Hände liegen. Damit gibst du nicht nur das Ergebnis vor, sondern grenzt dein Gutes auch noch ein. Vielleicht ist dir ja an einer anderen Körperstelle warm geworden? Weil du dich aber nur auf deine Hände und die entsprechenden Körperstellen konzentriert hast, konntest du das möglicherweise nicht bemerken. Du entscheidest vorab, was geschehen soll und erwartest wie selbstverständlich, dass es auch bitteschön sofort und auf der Stelle genau so eintritt. Wenn es dann nicht haargenau so geschieht, bist du traurig und frustriert. Es wird nicht lange dauern und du stellst alles wieder in Frage.

Lasse dir deshalb sagen: Und es funktioniert doch! Auch wenn es etwas länger als fünf Minuten dauert und vielleicht ein anderes Ergebnis bringt, als von dir vorgegeben. Es ist aus höherer Sicht nur zu deinem Besten und manchmal viel, viel besser, als du es dir vorstellen kannst. Aber das zu verstehen ist eine Lernaufgabe, die GEDULD erfordert und VERTRAUEN.

Das hört sich zwar alles gut an und mag ja auch

stimmen. Ob ich das jedoch jemals lernen werde? seufzte ich tief in mich hinein.
Natürlich wirst du es lernen. Stelle es dir so vor, als wenn du eine Bestellung in einem Restaurant aufgibst. In einer guten Gaststätte braucht es seine Zeit, bis das Essen serviert wird. Während du wartest, sitzt du ganz ruhig und gelassen am Tisch und vertraust darauf, dass der Kellner dir das Gewünschte schon bringen wird. Wenn es ein sehr gutes Lokal ist, bist du immer wieder überrascht, wie phantastisch des Essen schmeckt und wie gut es dir bekommt.
Analog zum Kochen kulinarischer Genüsse, die immer liebevoll und mit Achtung vor den Lebensmitteln zubereitet werden sollten, geht es hier um die Kosmische Küche.

Diese Hinweise musste ich erst einmal verdauen. Dazu ließ mir Mr. Verstand allerdings keine Zeit.
Papperlapap. Zielstrebigkeit ist schließlich kein Verbrechen. Das Fußstampfen hat dir doch bestimmt sehr gut getan? fragte er mich, Beifall erhaschend.
Nein, hatte es nicht.
Ich erkannte, dass es lediglich ein kläglicher Versuch war, meinen Ärger in Aktion umzuset-

zen, wie es Uli vor einiger Zeit formuliert hatte. Damals hatte ich es für einen seiner lockeren Sprüche gehalten. Hier und jetzt verstand ich, dass er durchaus eine Wahrheit in sich barg. Warum schaffte ich es einfach nicht, meine Wut in kreative Bahnen zu leiten?

Immer wieder erging es mir so, dass ich mich stundenlang - wenn es ganz Dicke kam tagelang - ärgerte, alles genauestens analysierte und mir Gedanken machte, was jetzt wohl die anderen Leute von mir denken würden. Natürlich musste ich mich über das vermutliche Ergebnis dann wieder aufregen!

Außerdem ist das Fußstampfen ja auch eine blöde Angewohnheit, grübelte ich weiter. Hat es mir doch als Kind schon so manchen Klaps auf den Allerwertesten eingebracht. Und dennoch.... wenig dazugelernt. Ich machte mich richtig schön nieder. Der Zug der Selbstkritik setzte sich schnell in Bewegung.

Nicht analysieren, nicht bewerten - nur beobachten, hörte ich meine Innere Stimme.

Der Zug kam augenblicklich zum Stehen. Die Notbremse hatte erstmalig funktioniert. Ich musste schmunzeln. Ach ja, richtig. Danke für das kluge Eingreifen in mein gedankliches Chaos, erwiderte ich.

Das hast du sehr gut beobachtet, wurde ich gelobt.

„Wie bitte?“ entfuhr es mir laut. Wie gut, dass ich allein zu Hause war. Uli hätte mir bestimmt den berühmten Vogel gezeigt, dachte ich nach oft erprobtem Muster.

Du hast dein „gedankliches Chaos“ für einen winzigen Moment sehr gut erkannt. Gleich darauf hast du eine Situation beurteilt, die es zudem gar nicht gibt. Das ist Verschwendung, pure Zeit- und Energieverschwendung.

Du bist der Chef über dein „gedankliches Chaos“. Es denkt dich nicht!

Gedanken sind keine Naturkatastrophen, die tatenlos hingenommen werden müssen. Du hast jederzeit die Möglichkeit einzugreifen und zu lenken. Auch das erfordert ein wenig Disziplin. Jedoch wird sie belohnt. Jede Erfindung der Menschheit war zunächst einmal nur ein Gedanke. Aus dem Gedanken wurde eine Tat.

Das erfordert eine sorgfältige Gedankenpflege. Hätschele und tätschele deshalb diesen ersten Gedanken wie ein Baby. Spüre in ihn hinein. Nimm deine wunderbare Vorstellungskraft zur Hilfe. Stelle dir das Gewünschte so vor, als wenn es tatsächlich schon geschehen wäre. Male es dir in den schönsten Farben bunt und fröhlich aus. Nur das Beste ist gut genug für dich. Spüre die Freude, die

Liebe und die Dankbarkeit in dir.
Durch deine Konzentration gibst du diesem Gedanken Energie. So wird er immer größer und mächtiger und drängt schließlich danach, verwirklicht zu werden.
Der wesentliche und entscheidende Unterschied zu deinem Verhalten ist, dass dein Wunsch auf diese Art mit Liebe, Freude und Dankbarkeit regelrecht aufgeladen wird. Das ist die Kraft, die ihm Flügel verleiht. Keinesfalls Wut, Frust, Ärger oder Ungeduld. Damit kannst du niemals positive Ergebnisse erreichen. Aus vielen positiven Gedanken werden viele positive Taten.
Ebenso geht es auch mit negativen Gedanken. Du siehst, nur du allein hast die Möglichkeit, mit deinen Gedanken deine Zukunft zu schaffen. Denke daran: Wie du denkst - so dir geschieht!
Das, meine liebe kleine Powerfrau, heißt allerdings nicht, dass du dich jetzt so lange in Klausur begibst und nur noch „aufladst", bis dein Wunsch abgearbeitet ist. Heitere Gelassenheit, ähnlich wie bei dem Restaurantbesuch, ist angesagt. Und Achtsamkeit für das Ergebnis. Schließlich unterbrichst du ja auch dein Gespräch, wenn der Ober dir das Essen bringt und lässt es nicht etwa unbeachtet stehen.

Du wirst es erlernen. Ich werde dich dabei unterstützen.

Inzwischen hatte ich mich an den Küchentisch gesetzt und mir einen Tee eingeschenkt. Versonnen rührte ich in der Tasse, ohne zu merken, dass gar kein Zucker darin war.

Wie du denkst – so dir geschieht. Genau so war es doch Herta mit ihrer Lungenentzündung ergangen.

Mir fiel ein Ereignis ein, das schon zwei Jahre zurück lag.

Bei uns stand die Urlaubsplanung an. Uli schleppte Berge von Katalogen heran. Unser Wohnzimmer sah wochenlang wie eine Zweigstelle des Reisebüros aus. Ständig verglich er die Angebote, und jeden Abend hatte er ein neues „Schnäppchen" gefunden, was er mir selbstverständlich bis in die kleinste Einzelheit laut vorlesen musste.

Ich fahre zwar gerne in Urlaub, allerdings nervt mich das Aussuchen per Katalog, zumal die Erfahrung gezeigt hatte, dass die angeblichen Schnäppchen aus nicht nachvollziehbaren Gründen immer schon ausverkauft waren. Ich empfand es angenehmer und zeitsparender, alles gleich im Reisebüro zu erledigen.

In Sachen Urlaubsplanung ließ sich mein lieber Uli aber auf keinen Kompromiß ein. Wat mutt

dat mutt, sagen die Westfalen und die Mecklenburger auch.
Auch in diesem Jahr hatten wir zwar gemeinsam das Urlaubsziel ausgesucht, die Unterbringung und alle damit zu regelnden Angelegenheiten lagen jedoch in seinen bewährten Händen.
Als triviale Entschuldigung für mein Nichthandeln diente mir ein beruflicher Lehrgang. Gerade in der Zeit der Urlaubsvorbereitungen durfte ich für zwei Wochen auf Kosten den Landes Mecklenburg-Vorpommern in das Rheinland fahren.

Uli hatte eine Roulette-Reise gebucht. Dabei bestimmt man zwar das Urlaubsgebiet und die Kategorie des Hotels, nicht jedoch den genauen Urlaubsort oder ein bestimmtes Hotel. Auf diese Art und Weise waren wir schon häufiger verreist und hatten bisher gute Erfahrungen damit gemacht.
Wir flogen in die Türkei. Während des ganzen Fluges freute sich Uli auf ein Vier-Sterne-Hotel direkt am Strand. Die Vorstellung, abends im gemütlichen Ambiente das Büfett aus der Gourmet-Küche zu genießen, ließ ihm das Wasser im Munde zusammenlaufen. Ich freute mich darauf, endlich meine Ruhe zu haben, Sonne pur zu tanken, lange Strandspaziergänge zu

machen um die Seele so richtig baumeln zu lassen.

Nach Ankunft am Flughafen, schleppender Abfertigung und anschließender 3-stündiger Busfahrt, erreichten wir unser Vier-Sterne-Hotel. Es lag direkt am Strand. Die klitzekleine Strasse zwischen Hotel und Küste beachteten wir so lange nicht, bis wir im Bett lagen. Da bemerkten wir, dass es sich um die einzige und viel befahrene Küstenstrasse zwischen Alanya und Adana handelte.

Ich meinte bald, dass es für alle Busse, Lkws und sämtliche Autos der Türkei zur Pflicht gehörte, diese Strasse zu benutzen. Selbstverständlich hauptsächlich nachts. An Schlaf war nur zu denken, wenn das Fenster geschlossen war. Es war jedoch dringend angeraten, sofort einzuschlafen, weil sich nach spätestens zehn Minuten die Klimaanlage in ein ratterndes Ungeheuer verwandelte. Der lange Sandstrand entpuppte sich als steiniger Kiesstrand, der selbst mit Turnschuhen nur schwer begehbar war.

Das abendliche Büfett war wirklich ein Traum. Allerdings nur für die ersten zweieinhalb Minuten. Diese kurze Zeitspanne benötigte eine etwa 50 Personen zählende Reisegruppe aus einem unserer östlichen Nachbarländer, um allen

anderen Gästen den Spaß an der Freude zu verderben. Die Hotelkette hatte dort gerade eine sehr erfolgreiche Werbekampagne abgehalten. Zum halben des sonst üblichen Reisepreises hatte das Hotelmanagement geplant, auf dem bisher von ihnen noch nicht eroberten Markt Fuß zu fassen. Als besonderes „Schmankerl" bekam diese Truppe das All-Inklusive-Paket noch dazu. Das führte dazu, dieses Nobelhotel sehr schnell auf das Niveau einer Jugendherberge zu degradieren.
Die vorwiegend sehr jungen und von allgemeinen Benimmregeln weitestgehend unbeeindruckten Leute hatten einen Heidenspaß daran, den ganzen Tag am Pool oder am hoteleigenen Strand die alkoholischen Getränke des All-Inklusive-Angebots bis an die Grenze des Machbaren auszunutzen. In entsprechender Bier- oder Rakilaune fielen sie abends in den Speiseraum ein, den sie kurzerhand in ein Schlachtfeld verwandelten. Dabei verging selbst meinem gerne und normalerweise reichlich essenden Mann der Appetit.
Urlaub unter Freunden, ganz wie es die Werbung versprach. Noch nie ist mir ein Werbespot in so unangenehmer Erinnerung geblieben.
Bewundern musste ich das „lustige Völkchen" dennoch. Diesen ultimativen Kick, den Ausspruch habe ich von der Fun-Generation aufge-

schnappt, über 14 Tage ohne den kleinsten Schwächeanfall auszuhalten, erforderte schon eine gute Kondition.
Unsere Urlaubsstimmung hingegen näherte sich gefährlich dem Nullpunkt. Unsere Bemühungen, ein anderes Hotel zu bekommen, hatten den gleichen Erfolg, wie unsere Beanstandungen bei der Holtelleitung. Mit einem Wort: keinen. Uli beschimpfte sich selber als Dummbeutel, auf dieses eigentlich illusorische Angebot hereingefallen zu sein. Ich widersprach ihm auf das Heftigste. Großes Ehrenwort.
Wir versuchten, das Beste aus den Gegebenheiten zu machen und verbrachten die meiste Zeit auf einer dem Festland vorgelagerten Insel oder in den wesentlich angenehmeren Badeorten der Umgebung.
Trotzdem ärgerte ich mich gewaltig. Es hätte doch so schön sein können! Statt dessen kam ich mir vor wie auf der Flucht. Das lustige Jungvolk hatte das Hotel inzwischen völlig okkupiert und veranstaltete jede Nacht lautstarken Budenzauber.

Nach fünf Tagen, in denen wir großzügig gerechnet auf insgesamt vielleicht 20 Stunden Schlaf kamen, fand ich alles nur noch entsetzlich. Die Nerven lagen blank. Ständig schimpfte ich laut oder leise wenig damenhaft und be-

nutzte dabei oft das umgangssprachliche Wort für Stuhlgang. Das Hotel, der Strand, das Essen, der Urlaub und überhaupt, alles war nur noch Sch......
Zwei Tage dauerte es, da hatte ich die Bescherung. In Mexiko wäre es Montezumas Rache gewesen, hier hatte Sultans Rache gnadenlos zugeschlagen. Übelkeit, Erbrechen, Magenkrämpfe und Durchfall quälten mich so, dass ich nicht nur unsere „heiß geliebte“ Bleibe nicht mehr verlassen konnte, sondern zwei Urlaubstage zwischen Bad und Bett hin- und her pendelnd verbringen musste. Und das mir, die ich noch nie unter derartigen Beschwerden zu leiden gehabt hatte.
Uli blieb dieses „Vergnügen“ Gott sei Dank erspart.

Am Küchentisch sitzend, musste ich über mein damaliges Verhalten schmunzeln. Wie Schuppen fiel es mir jetzt, mit dem eben Gehörten und anhand des Beispiels „Kosmische Küche“ (ein wunderbarer Ausdruck!) Verstandenem, von den Augen.
Durch mein ärgerliches, dummes und mantraartiges Gerede hatte ich mir genau dieses Ergebnis herangezogen. So funktioniert das also.
Zufall, das war ein ganz blöder Zufall, versuchte mich Mr. Verstand wieder auf Kurs zu bringen.

Ich dachte weiter über so einige andere Geschichten aus der Vergangenheit nach. Wie ein roter Faden zog sich diese für mich neue Erkenntnis durch viele Episoden meines Lebens. Es war ausgesprochen spannend. Und jetzt, mit Abstand betrachtet, teilweise sogar belustigend zu erkennen, wie oft ich mir meine eigene Grube gegraben hatte.

Während Uli sich abends im Fernsehen irgendeine politische Sendung antat, versuchte ich mich noch einmal mit Reiki zu behandeln. Auch dieses Mal blieb der gewünschte Erfolg aus. Und wieder erwischte ich mich dabei, wie ich durch mein trotziges: es muss doch.... ein Ergebnis erzwingen wollte. Der kleine aber feine Unterschied bestand darin, dass ich es jetzt zumindest erkannte und meine „Gedankenpflege" üben konnte.

Während der Mittagspause des nächsten Tages traf ich Herta. Natürlich sprachen wir nur über das Seminar. Wir kamen überein, unser gemeinsames Unternehmen „Wunschbox" erst nach der 3-wöchigen Übungszeit in Angriff zu nehmen. Sie schilderte mir ihre erste Eigenbehandlung:
„Du Karin, das funktioniert wirklich. Mir ist es besonders an den Ohren und im Oberkörper

sehr warm geworden. Auch meine Hände wurden sehr heiß. Es war einfach nur schön. Die Zeit ist unglaublich schnell vergangen. Anschließend fühlte ich mich richtig fit. Ich hätte Bäume im Garten ausreißen können. Da wir sie aber kürzlich erst gepflanzt hatten, habe ich mich ersatzweise mit einem Korb Bügelwäsche begnügt."
Spitzbübisch lächelnd schaute sie mich an. Na prima, dachte ich. Ein ganz klein wenig Neid kroch in mir hoch. Wieso funktioniert das bei ihr und nicht bei mir? Mache ich vielleicht doch etwas falsch?
Nicht vergleichen - nicht bewerten, hörte ich meine Innere Stimme.
„Du sagst ja gar nichts. Wie war es denn bei dir?" fragte Herta.
Ich schilderte ihr meine Erfahrungen, die ich bei der Behandlung von Uli gemacht hatte und von meinen Schwierigkeiten bei der Eigenbehandlung. Überrascht schaute sie mich an. Deutlich konnte ich ihr ansehen, wie sie dafür eine Erklärung suchte.
„Du bist doch im Seminar diejenige gewesen, bei der es bei der Fremdbehandlung allen am Wärmsten geworden ist. Auch bei deinem Mann hat es doch wunderbar funktioniert", wiederholte sie das Geschehene und legte ihre Stirn dabei in Denkerfalten, "vielleicht liegt es

daran, dass du es bei dir selber nicht so richtig zulassen kannst."
Schmollend schaute ich sie an.
„Wie kommst du denn darauf?" wollte ich wissen.
„Verstehe mich jetzt bitte nicht falsch und glaube nicht, dass ich dich angreifen will", begann sie zaghaft.
„Weißt du, auf mich hast du zu Beginn unserer Bekanntschaft immer irgendwie den Eindruck der Unnahbarkeit gemacht. Das soll nicht heißen, dass ich dich für hochnäsig oder eingebildet gehalten habe. Eher für kühl und sehr distanziert. Ich kenne dich ja inzwischen besser und glaube, dieses von dir womöglich unbewusste Verhalten ist eine Schutzmaßnahme. Ich habe mir schon häufiger meine Gedanken dazu gemacht. Mir scheint es manchmal so, als wenn du eine gefühlsmäßige Festung um dich herum aufgebaut hast. Vielleicht weil du früher sehr oft verletzt oder ausgenutzt worden bist, lässt du jetzt, quasi nur nach gewissenhafter Prüfung, nur einige Wenige näher an dich heran."
Die traut sich aber was, stellte Mr. Verstand anerkennend fest.
Zunächst schaute ich sie betroffen an. Dann gewann mein Widerspruchsgeist die Oberhand. Ich holte tief Luft, um diese Mutmaßungen in derselben zu zerreißen. Jedoch war Herta heute

besonders gut drauf und beschnitt mir vorerst jedes Einspruchsrecht.
„Halt! Ich bin noch nicht fertig. Ich möchte dir nur ein kleines Beispiel dafür benennen. Danach höre ich mir gerne deinen Protest an.
Erinnere dich bitte an unsere erste gemeinsame Zeit hier in Schwerin. Du warst ja schon einige Monate länger hier. Ich war und bin dir sehr dankbar, dass du mich so korrekt und gründlich in das für mich neue Fachgebiet eingearbeitet hast. Auch danke ich dir für so manchen wertvollen Rat, sowie für die mehr oder weniger versteckten Warnungen vor diesem oder jenem. Ich bin emotional anders als du und hätte dich oft am liebsten für diese Hilfestellungen umarmt. Als ich es einmal gemacht habe, ich glaube, es war sogar an deinem Geburtstag, hatte ich den Eindruck, dass du in meiner Umarmung steif wie ein Brett wurdest und automatisch einen Schritt zurück gegangen bist." Hier schwieg sie und schaute mich in Erwartung eines mächtigen Donnerwetters an.
Auch ich saß schweigend da und versuchte mich zu erinnern. Das von Herta geschilderte Verhalten war mir in der Tat noch nie aufgefallen. Es stimmte, dass ich mich anderen gegenüber abwartend verhielt und nicht jedem Kollegen gleich um den Hals fiel. Dass dieses Verhalten als unterkühlt oder vielleicht sogar als hoch-

näsig ausgelegt werden könnte, hatte ich bisher nicht für möglich gehalten. Zumindest hatte mich noch nie jemand darauf aufmerksam gemacht.

Herta dauerten meine Überlegungen wohl zu lange

„Bist du jetzt sauer?“ fragte sie zaghaft.

„Nein, bin ich nicht“, antwortete ich ein wenig gereizt und schwieg wieder.

Sei dankbar für diesen Hinweis, riet meine Innere Stimme.

„Vielleicht hast du ja Recht mit deiner Vermutung. Ich habe in der Tat schon so manche böse Erfahrungen machen müssen. Wenn ich jetzt über deine Worte nachdenke, komme ich zu dem Ergebnis, es könnte tatsächlich einen Zusammenhang mit meinem Verhalten anderen gegenüber geben. Danke, dass du mich darauf aufmerksam gemacht hast.

Meinst du wirklich, dass diese Schwierigkeiten bei der Eigenbehandlung auch damit zusammenhängen könnten?“ fragte ich. Aber nur, weil ich es noch einmal bestätigt haben wollte.

Ich hatte jäh den Zusammenhang erkannt.

„Ich halte es zumindest nicht für ausgeschlossen,“ sagte sie und setzte lachend hinzu: „Vielleicht muss Reiki erst deinen Schutzwall durchdringen.

Dabei fällt mir noch ein, dass ich dir schon sehr

viel über mein Leben erzählt habe. Immer hast du mir aufmerksam zugehört, mich bedauert oder mir Mut gemacht, je nach dem, was gerade wichtig war. Über dein Leben weiß ich allerdings nur sehr wenig. Ich kenne nur deinen Namen, dein Geburtsdatum und dass du von Bonn nach Schwerin gekommen bist. Auch da hat deine Mauer besonders gut gehalten. Es ist nicht ein Wort herausgedrungen."

Entgeistert schaute ich sie an.

„Würde dich das denn wirklich interessieren?" entfuhr es mir.

„Wie kannst du so einfältig fragen? Deine unberechenbare Reaktion während des Seminars auf Karins These, wir hätten uns unsere Eltern selber ausgesucht, hat mich nicht nur verblüfft, sondern auch nachdenklich gemacht. Zum ersten Mal habe ich gesehen, wie du die Beherrschung verloren hast und gar nicht so kühl und distanziert bist, wie du andere glauben lassen möchtest."

„Das ist doch auch wirklich schwer zu verstehen, findest du nicht?" fuhr ich ihr dazwischen. „Glaube ja nicht, dass ich verstehe, warum ich mir meine Eltern ausgesucht haben soll. Oder warum sollte ich mich dazu entschlossen haben, ausgerechnet während des Krieges das Licht dieser zerstörten Welt erblicken zu wollen." Sie machte eine Pause und sah gedankenverloren aus dem Fenster.

"Vielleicht bin ich ja eine Masochistin", witzelte sie nach einer kurzen Unterbrechung.
Darüber musste ich lachen. Herta ganz in Leder, mit Peitsche sich selbst geißelnd und lustvolle Blicke um sich werdend, war nun wirklich eine herrliche Karikatur.

Da selbst die großzügigst ausgelegte Mittagspause einmal vorbei ist, mussten wir wieder an unsere Arbeitsplätze.
Herta schlug vor:
„Mein Mann ist die ganze nächste Woche auf Dienstreise. Vielleicht hast du Zeit und Lust, nach Feierabend einmal mit mir nach Hause zu fahren? Dann können wir es uns gemütlich machen und richtig ausgiebig klönen. Bestimmt tut es dir gut, einmal aus dem Nähkästchen zu plaudern."
Ich nahm die Einlandung dankbar an.
„Mache dich aber auf was gefasst. Ein Trauerspiel ist eine Komödie dagegen", sagte ich scheinbar mit gespielter Ernsthaftigkeit.

Dieser „Klönabend" wurde der Anfang einer wunderbaren Partnerschaft. Ohne Tabus haben wir über alle Sorgen und Probleme der Vergangenheit gesprochen.
Wir waren und sind uns gegenseitig Stütze auf unserem Reiki-Weg, auch wenn sich ab und zu

die Wege für eine gewisse Zeit trennen, weil eine von uns eine Pause einlegen oder einen Umweg machen möchte.
Auch das ist ganz wichtig und richtig. Trotz aller Übereinstimmung muss jede von uns ihren eigenen Rhythmus finden. Schließlich hatte und hat jede ihre ureigenen Beweggründe und unterschiedliche Prioritäten.

Herta, ich sagte es ja schon einmal, ist ein ausgesprochener Familienmensch. Sie fühlt sich nur wohl, wenn es ihrer „Sippe" gut geht und sie als Patronin das auch in regelmäßigen Abständen kontrollieren kann.
Eines der schönsten Komplimente, das ich je von ihr erhielt, machte sie mir vor ungefähr zwei Jahren.
Sie hatte seinerzeit gesundheitliche Probleme mit ihren Ohren und ich versuchte, den meiner Meinung nach wahrscheinlichen Hintergrund dafür aufzuzeigen. Nicht etwa weil ich mir einbilde, mehr als Herta zu wissen, sondern weil einem Betroffenen oft die Sicht im Nebel der Gefühle genommen ist.
Auch das gehörte von Anfang an wechselseitig zu unserer Freundschaft und hat schon oft zu langen Diskussionen geführt. Nach der überstandenen „Einnordnung", wie wir es nannten, sagte sie zu mir:

„Wie du weißt, habe ich zwei Schwestern, mit denen ich mich gut verstehe. Du jedoch bist mir seelenverwandter als beide Geschwister zusammen. Bestimmt haben wir in einem früheren Leben zusammen Pferde gestohlen."
„Oder wir sind zusammen auf einem Scheiterhaufen verbrannt worden", fügte ich lachend hinzu.

Nach Feierabend fuhr ich, dieses Mal mit dem Auto und nicht mit dem Bus, in Richtung Innenstadt. Ich wollte mir Möbel für mein Zimmer ansehen. Unterwegs bat ich Zwerg Laurin, mir möglichst in der Nähe des Geschäfts einen Parkplatz zu besorgen.
Irgendwie war es schon komisch oder besser gesagt ungewohnt, im Auto zu sitzen und zu einem imaginären Ansprechpartner zu reden.
Außerdem quasselte Mr. Verstand mir ständig dazwischen:
„So ein Blödsinn. Ich wette 1:100, dass du in der ganzen Strasse keinen Parkplatz finden wirst. Ich hoffe, du hast wenigstens bequeme Schuhe an. Bestimmt wird das ein irre langer Marsch über das holperige Kopfsteinpflaster."
Ich hatte bequeme Schuhe an und es wurde tatsächlich ein langer Weg. Nicht etwa, weil Zwerg Laurin mich nicht erhört hätte. Nein, Mr. Verstand hatte es geschafft und mich so richtig

schön wuschig gemacht. Ich handelte verstandesbezogen und parkte auf dem Großparkplatz am Rande der Innenstadt. Nach einem etwa zehnminütigen Fußweg, der wegen beschädigter oder fehlender Betonplatten auf den Bürgersteigen und des holperig verlegten Kopfsteinpflasters in der Fußgängerzone an einen Slalomlauf erinnerte, bog ich in die Strasse ein, wo sich der Möbelladen befand. Inzwischen hatte es begonnen, leicht zu regnen.
„Typisch norddeutsches Schmuddelwetter", schimpfte ich leise vor mich hin. Schon von weitem sah ich die riesige Parklücke direkt gegenüber der Eingangstür. Selbst ein LKW hätte reichlich Platz gehabt. Wie bestellt, aber nicht abgeholt, dachte ich ärgerlich.
Habe Vertrauen zu den Möglichkeiten. Sei achtsam für das Ergebnis und nimm dankbar an. Das hast du jetzt bestimmt verstanden, hörte ich meine Innere Stimme.
Na wunderbar. Jetzt habe ich gleich ein überaus praktisches Beispiel aufgezeigt bekommen. War das nicht wieder genau nach meiner Holzhammermethode gegangen, die ich doch so liebte? Ja, ich bin bereit, aus meinen Fehlern zu lernen, dachte ich zerknirscht.

In dem Einrichtungshaus arbeitete eine Bekannte aus Pinnow. Sie begleitete mich in die ent-

sprechende Abteilung und beriet mich sehr gut. So fand ich schnell die gewünschten Möbel aus Kiefernholz und bestellte sie. In zirka sechs Wochen sollten sie geliefert und aufgestellt werden.
Froh, so schnell zu einem Ergebnis gekommen zu sein, machte ich mich auf den Rückweg.
Bewegung tut gut. Und frische, wenn auch feuchte Luft hat noch niemandem geschadet, dachte ich ironisch, während ich mich auf den Weg zum Auto machte.

Zu Hause angekommen, zog ich bequeme Kleidung an, legte mich im Wohnzimmer auf das Sofa und begann mit meinen Reiki-Übungen.
Es war zum Heulen. Kaum hatte ich die erste Position eingenommen, spulten sich in meinem Kopf in munterer Reihenfolge der Kleinkram des Arbeitsalltages, das Gespräch mit Herta, mein kläglich gescheiterter Versuch der Parkplatzbeschaffung sowie der Möbelkauf ab. Besonders auf das Gespräch mit Herta kam ich immer wieder zurück ...... und das und das hätte ich doch noch sagen können, und wieso habe ich sie nicht dieses oder jenes gefragt .... und so weiter und so fort.
Von Wärme in den Händen oder gar im Kopfbereich merkte ich nichts. Zu allem Überfluss kam mein Mann heute für seine Verhältnisse

sehr früh nach Hause. In der ihm eigenen „dezenten“ Art und Weise betrat er das Haus und knallte die Haustür hinter sich zu. Sein Schlüsselbund fiel laut scheppernd auf die Steinfliesen. Der für die schönen Stunden daheim mitgebrachte Aktenberg polterte gleich hinterher. Laut schimpfend sammelte er umständlich alles wieder ein.
„Hallo mein Schatz! Schau mal, was ich alles eingekauft habe“, dröhnte es durch das Haus.
Adieu, du ruhige Zeit, dass war es dann wohl gewesen, dachte ich und erhob mich ärgerlich.
Kaum, dass ich ihn begrüßen konnte, hielt er mir einen großen Karton mit Lebensmitteln entgegen. Auf den ersten Blick hätte eine halbe Fußballmannschaft davon ernährt werden können. Meinen fragenden Blick erklärte er damit, heute und für die nächsten drei Wochen für das Abendessen sorgen zu wollen. In dieser Zeit könne ich in aller Ruhe meine Reiki-Übungen machen. Stolz wie Oskar strahlte er mich dabei an.
Das war nun wirklich eine freudige Überraschung für mich. Dankbar gab ich ihm einen Kuss. Neugierig geworden schielte ich in den Karton.
„Was gibt es denn heute Leckeres?“ wollte ich wissen.
„Sei nicht so neugierig. Lasse dich einfach mal

überraschen. Am Besten gehst du jetzt gleich nach oben und machst dein Reiki. Ich werde hier schon allein fertig werden", gab er mir deutlich und bestimmend zu verstehen.
Wie danach wohl die Küche aussieht? fragte Mr. Verstand Unheil ahnend.
Mein ausgeprägtes „Leithammelsyndrom" wollte sich gerade melden, als ich meine Innere Stimme hörte:
Nimm diese Hilfe dankbar an. Du musst ihm nicht helfen, nicht beaufsichtigen oder hinterher räumen. Das kann er alles selber. Bestimmt genau so gut wie du.
Natürlich konnte er das. Schließlich hatte er sich während seiner Junggesellenzeit ja auch bestens allein versorgt, was ihm durchaus an der Konfektionsgröße anzusehen war.
Bis ich zu ihm zog. Von da an hatte ich wie selbstverständlich die Herrschaft über Küche und Haushalt übernommen. Trotz meines Full-Time-Jobs hatte ich nach erprobtem Muster und mir selber auferlegtem Ehrgeiz gemeint, für mich sei das alles kein Problem. In Bonn war es das ja auch nie gewesen. Dort galten für mich die normalen Arbeitszeiten. Um 15.30 Uhr war Feierabend gewesen.
Der „Aufbau Ost" verlangte jedoch wesentlich mehr Einsatz. Der Weg zur Arbeit war länger und zudem seit Kurzem nicht eine Zwei-

zimmerwohnung, sondern ein ganzes Haus mit Garten zu bewirtschaften. Trotzdem hatte ich meine selbst aufgelegte Messlatte nicht um einen Millimeter nach unten korrigiert. Mein Hang zur Perfektionistin hatte das verhindert. Hatte Herta es nicht so ähnlich ausgedrückt?
Ulis Arbeit verlangte noch mehr Einsatz als meine Verwaltungstätigkeit. Zudem hatte er unkalkulierbare Dienstzeiten, denn auch an den Wochenenden erwartet jeder Mitbürger zu Recht, im Falle eines Falles von der Polizei schnelle und professionelle Hilfe zu bekommen.
Gleichwohl genoss er es aus vollen Zügen, nach Dienstschluss wirklich Feierabend zu haben und sich nicht um so „profane" Dinge wie zum Beispiel den Haushalt kümmern zu müssen.
Auf dem Weg ins Schlafzimmer wurde mir bewusst, ihm in meiner maßlosen Selbstüberschätzung auch nie Gelegenheit dazu gegeben zu haben. Nonverbal hatte ich ihm immer zu verstehen gegeben, diese Dinge könne kein Anderer so gut erledigen wie ich.
Spieglein, Spieglein an der Wand, wer ist die Fleißigste im ganzen Land?, veralberte mich Mr. Verstand.
Oh Schreck, Selbsterkenntnis kann ganz schön an die Nieren gehen, dachte ich und legte mich auf mein Bett.
Zwangsläufig grübelte ich an der Stelle weiter,

wo ich vor Ulis Eintreffen aufgehört hatte. Mehrfach ermahnte ich mich selbst und wollte mich zwingen, an NICHTS zu denken.
Wer das schon einmal versucht hat weiß, wie sich das zumindest Anfangs als schier unlösbare Herausforderung darstellt. Je häufiger man sich ermahnt, desto mehr Gedanken kommen einem hinterher gelaufen, wie die Ratten dem berühmten Rattenfänger. Nach mehreren fruchtlosen Anläufen hatte meine Innere Stimme Erbarmen und meldete sich:
Je mehr du dich gegen deine Gedanken wehrst, desto stärker werden sie. Du bist so veranlagt und das ist auch völlig in Ordnung. Erkenne es einfach an und benutze diese Fähigkeit intelligent. Jeder Mensch ist anders. Jeder hat seine eigenen und wunderbaren Besonderheiten. Wenn du dich hinlegst, um Reiki zu machen, lasse ruhig den Tag in Gedanken vorbeiziehen, so als wenn du einen Film ansiehst. Versuche jedoch nicht an einer Szene festzuhalten; bewerte und verurteile nicht. Nur dann ziehen sie wie Wolken im Wind vorbei. Und ähnlich wie du danach den blauen Himmel sehen kannst, wirst du Klarheit in deine Gedanken bekommen.
Wenn es sich auch widersprüchlich anhört: es denkt dich nicht. Deshalb nutze deine wunderbare

Begabung und stelle dir jeden Abend folgende drei Fragen:

- Worüber hast du dich heute gefreut?
- Was hast du heute gelernt?
- Für was bist du heute dankbar?

Du wirst sehen, die Beantwortung dieser drei Fragen ist ein schöner Abschluss des Tages und bereitet dich wunderbar auf deine Reiki-Behandlung vor.

Es war in der Tat so.
Nachdem ich ohne eigene Vorgaben und ohne Zwang an meine Reiki-Behandlungen gehen konnte, wurde es von Tag zu Tag leichter, mich fallen zu lassen, anzunehmen und dieses wunderbare Gefühl von Wärme und Ruhe zu genießen.
Nach vier Tagen spürte ich schon bei meiner Einstimmung, wie meine Hände wunderbar warm wurden und diese Wärme an meinen Körper abgaben.
Ich lernte Schrittchen für Schrittchen zu genießen. Die Zeit spielte plötzlich keine Rolle mehr. Dank der Unterstützung meines Mannes, dem es immer mehr Spaß bereitete, für uns zu kochen, klappte alles andere wie von selbst. Und sieh einer an. In der Übungszeit sind wir

nicht im eigenen Schmutz erstickt. Niemand hat uns gefragt, ob unsere Waschmaschine defekt sei, weil wir schmutzige Wäsche hatten. Und verhungert sind wir auch nicht.

Schon nach einer Woche fühlte ich mich nach der Eigenbehandlung kraftvoll und energiegeladen. Der tägliche Kleinkram ging mir leichter von der Hand. Ich konnte gut schlafen und fühlte mich morgens frisch und ausgeruht. Von der befürchteten Erstverschlimmerung oder Heilreaktion spürte ich nichts. Mit Hilfe der drei Fragen, die ich mir automatisch vor jeder Eigenbehandlung stellte, schaffte ich es langsam, das Puzzle der „Ersten Lernschritte" zusammen zu fügen. Ich lernte immer mehr, meine Gedanken zu pflegen und in andere Bahnen zu lenken, auch wenn sie immer mal wieder in die alten Gewohnheiten zurück fielen.
Durch die „Klönabende" mit Herta lernte ich, über meine Vergangenheit und die dazugehörenden Gefühle zu reden. Ich spürte immer mehr, was Simone damit gemeint hatte, als sie davon sprach, wie unendlich gut es ihr tat, mit uns zu reden. Ich bekam von Herta das Geschenk des Zuhörens, ohne dass auch nur das geringste Zeichen einer Verurteilung zu erkennen gewesen wäre.
Herta erging es ähnlich. Nicht dass wir mit un-

seren Männern die Probleme nicht besprochen hätten, aber von Frau zu Frau ist das doch etwas anderes. Wir genossen unsere Gespräche, und manchmal kam es uns vor, als wenn wir Wolke Sieben bald erreicht hätten. Es war eine herrlich erlösende Zeit, in der ich deutlich spürte, wie sich bei mir der Vorhang langsam öffnete und die ersten Sonnenstrahlen das Packeis zum Schmelzen brachte.

So ging das, bis ich im November, genau drei Wochen nach meiner Reiki-Einweihung, die Nachricht vom Tode meines ersten Mannes erhielt. Mein Ex-Schwager teilte es mir telefonisch mit.

Diese Nachricht kam völlig überraschend und traf mich trotz allem, was sich zwischen uns an Unerfreulichem abgespielt hatte, tief.

Mein Exmann war kurz nach unserer Trennung zunächst an einer Lungenentzündung erkrankt. Nach mehreren Wochen lautete die Diagnose: Krebs. Ein Gewächs war zwischen Lunge und Herz entstanden und wurde in einer Spezialklinik entfernt. Die Ärzte machten ihm Hoffnung, mit der OP die Geschwulst vollständig entfernt und dadurch auch geheilt zu haben. Nur vorsichtshalber wurde er in ein Reha-Zentrum verlegt, wo er sich einer Chemotherapie unterziehen musste.

Während unserer Trennungszeit hatte ich ihn zusammen mit unserer gemeinsamen Tochter Wencke einige Male in der Klinik und später im Reha-Zentrum besucht. Immer war es für mich ausgesprochen bitter gewesen. Jedes Mal hatte er mich als egoistisch und hartherzig beschimpft und versucht, mich moralisch unter Druck zu setzen. Er meinte, die durch die Tren-

nung verursachte emotionale Stresssituation habe seine Krankheit ausgelöst. Eine Heilung sei nur möglich, wenn ich zu ihm zurückkehren würde.
Diesen Standpunkt behielt er auch nach längeren Gesprächen bei und vermittelte ihn dadurch auch Wencke.
Selbst die Tatsache, dass seine langjährige Geliebte, von der lange Zeit jeder im Dorf außer mir gewusst hatte, bei ihm eingezogen war, konnte seine Meinung nicht ändern. Die Dreiecksbeziehung würde sich schon irgendwie regeln lassen, verkündete er.

In der Tat habe ich mir die Entscheidung, nicht zu ihm zurück zu gehen, nicht leicht gemacht.
Im streng katholischen Münsterland aufgewachsen waren mir die Verpflichtungen, die ich mit einer kirchlichen Trauung übernommen hatte, durchaus bewusst. Eben diese auferlegte Verantwortlichkeit hatte gereicht, jahrelang seinen Alkoholismus zu ertragen und ihm zu helfen, diese Sucht zu bekämpfen und erfolgreich eine Entziehungskur durchzustehen.
Es war auch für mich eine harte und nicht immer unbedingt schöne Arbeit gewesen. Fast sechs Jahre haben wir zusammen zunächst eine Selbsthilfegruppe für Alkoholkranke und deren Angehörige mit gegründet und dann zwei Mal

wöchentlich sehr aktiv darin gearbeitet.
Als später ausgerechnet eine Betroffene aus dieser Gruppe seine Geliebte wurde, wertete ich diese Ironie des Schicksals und als Strafe für einen eigenen „Fehltritt".
Jedoch quälten mich besonders die Verpflichtungen gegenüber unserer Tochter. Nach wie vor strafte sie mich mit Nichtachtung. Sie war nur schwer zu überreden gewesen, zusammen mit mir ihren Vater zu besuchen. Heute weiß ich, dass sie unter diesen Umständen sicherlich wesentlich mehr als wir Erwachsenen gelitten haben dürfte.
Meine Bitte, wenigstens während der stationären Behandlung zu mir zu ziehen, lehnte sie ab. Sie wollte lieber bei ihrer Oma bleiben.
Durch seine hartnäckigen und dogmatischen Behauptungen, nur bei meiner Rückkehr würde er gesund, sowie meiner Ablehnung, musste ihr kindliches Weltbild einen neuen, tiefen Riss bekommen haben.
Noch heute würde ich sehr viel dafür geben, wenn ich ihr das hätte ersparen können. Wenn ich es geschafft hätte, Zugang zu ihrer leidenden Seele zu finden. Auch um ihr zu erklären, mich erst nach gründlicher Gewissenserforschung dazu entschieden zu haben, nicht zu ihrem Vater zurückzukehren. Die Rückkehr wäre unehrlich und grausam gewesen. Unehrlich

ihm gegenüber, denn mein Herz gehörte ihm schon lange nicht mehr. Grausam wäre es Uli und mir gegenüber gewesen.

So sehr mich der Tod meines Ex-Mannes auch bestürzte, meine Sorge galt in erster Linie Wencke.
Wie ging es ihr? Wie würde sie es mit ihren 17 Jahren verkraften, den Vater verloren zu haben? Alles in mir drängte danach, sie in meine Arme zu schließen, sie zu trösten um ihr deutlich zu zeigen, dass ich immer für sie da sein wollte.
Sie war während des Telefonats bei meinem Ex-Schwager, weigerte sich jedoch, an das Telefon zu kommen, um mit mir zu reden.
Zu meinem Ex-Schwager Rudi hatte ich früher eine recht gute Verbindung gehabt. Er war der ältere Bruder meines ersten Mannes, und nach dem frühen Tod des Vaters hatte er die Rolle des männlichen Familienoberhauptes übernommen. Auch jetzt wollte er sich um die notwendige zu erledigenden Angelegenheiten kümmern. Mein Hilfsangebot lehnte er ab.
Meine Frage, ob ich Wencke durch mein Kommen helfen könne, verneinte er. Er hielt es für sinnvoller, wenn ich mich nicht „einmischen" würde. Alle in der Familie seien sehr um Wencke bemüht. Außerdem habe sie ihm deutlich gesagt, zur Zeit nicht mit mir reden zu wollen.

Er hoffe jedoch, dass sie ihre Meinung nach dem ersten Schock ändern würde. Jedenfalls wolle er alles versuchen, um ihr zuzureden. Auf meine Frage, ob es der Familie Recht sei, wenn ich wenigstens zur Beerdigung kommen würde, sagte er mir:
„Wir können niemandem verbieten daran teilzunehmen. Wenn du kommen solltest, erwarte aber bitte nicht, dass dich irgend jemand aus der Familie freudig begrüßt. Ich wollte dich nur informieren, weil ich es für meine Pflicht halte."
Damit beendete er das Gespräch.
Noch lange saß ich neben dem Telefon, nicht fähig, irgend etwas zu tun. Das Gehörte ging mir gewaltig unter die Haut.
Ich schrak regelrecht zusammen, als das Telefon erneut klingelte. Eine ehemalige Nachbarin rief an, um mich über die traurigen Ereignisse zu informieren. Alle Nachbarn seien erschüttert, keiner habe gewusst, wie ernst es um Reinhards Gesundheit gestanden hatte. Wencke habe sie noch nicht gesehen. Sie erzählte weiter, Reinhards Mutter sei vor einiger Zeit zusammen mit ihren zweiten Mann in das Haus gezogen. Die Einliegerwohnung sei weiterhin vermietet. Für sie und alle anderen Nachbarn habe es so ausgesehen, als ob sich alles normalisiert habe. Auch Wencke habe auf alle einen ruhigen und gelassenen Eindruck gemacht. Sie sei für ihr

Alter zwar sehr still und ernst, was aber in Anbetracht der zurückliegenden Ereignisse niemanden überrascht habe. Sie bot mir an, bei ihr zu übernachten, sollte ich zur Beerdigung, die für den kommenden Donnerstag festgelegt sei, kommen. Ich bedankte mich für das Angebot, bat jedoch um Verständnis, wenn ich lieber bei meiner Freundin Gisela übernachten würde.

Anschließend rief Gisi an. Sie habe schon mehrfach versucht, mich zu erreichen. Leider sei immer besetzt gewesen. Sie wusste durch ihre Tätigkeit in der Klinik bereits Bescheid und erzählte mir, noch vor einer Woche Reinhard besucht zu haben. Dabei sei ihr aufgefallen, dass es ihm gesundheitlich immer schlechter ging und mit dem Schlimmsten zu rechnen gewesen sei. Sie habe ihm aber versprechen müssen, mir das nicht mitzuteilen.
Selbstverständlich bot Gisi an, mit mir zusammen zur Beerdigung zu gehen und auch bei ihr zu übernachten. Ich könne natürlich das ganze Wochenende bei ihr und Karsten bleiben. So hätten wir die Möglichkeit, in Ruhe über alles zu reden.
Ich beendete das Gespräch. Einerseits dankbar für das Angebot, andererseits ein wenig irritiert darüber, dass meine Freunde mit gegenüber nie ein Wort über ihre anhaltenden Vertraulichkei-

ten mit meinem Ex-Mann verloren hatten. Jedoch hatte ich kein Interesse darüber nachzudenken, wieso sie mir nicht den kleinsten Hinweis auf das drohende Unheil gegeben hatten. Für gekränkte Gefühle schien mir nicht der richtige Zeitpunkt zu sein.
Inzwischen war Uli nach Hause gekommen. Nach meinem Bericht nahm er mich in seine Arme. Schweigend standen wir mehrere Minuten lang mitten in der Küche. Diese einfühlsame Geste tat mir unendlich gut. Bedächtig streichelte er meine Haare und sagte langsam:
„Es tut mir sehr leid. Auch wenn du viele Schwierigkeiten vor, während und nach deiner Scheidung gehabt hast, so ist dieser Schicksalsschlag schwer zu verkraften. Schließlich wart ihr fast 15 Jahre verheiratet. Besonders für Wencke wird es sehr schwer sein. Wir sollten alles tun, um ihr zu helfen. Natürlich können wir sofort in Richtung Münster fahren, damit du bei ihr sein kannst. Wenn sie es allerdings ablehnt, dich sehen zu wollen, wird es für dich sehr schwer.
Vielleicht ist es richtiger, wenn du ihr zunächst einen Brief schreibst. Den hat sie spätestens am Dienstag. Sie kann sich dann mit dir in Verbindung setzen, wenn sie es möchte. Auch in dieser Situation kannst du sie zu nichts zwingen, so schwer es dir als Mutter auch vorkommen mag."

Lange grübelte ich über diesen Vorschlag nach. Was sollte ich nur tun? Meinen ersten Impuls, sofort loszufahren, hatte ich nach Beendigung des Gesprächs mit Rudi schon zurückgehalten. Die Ablehnung meines Hilfsangebotes hatte mir deutlich die Grenzen aufgezeigt. Konnten sie durch dieses Geschehen auch nicht verändert werden?

Mir wurde bewusst, dass ich selbst in dieser Situation ausgegrenzt und zur Hilflosigkeit verdammt worden war. Du gehörst nicht mehr zu uns, schienen mir sowohl Ex-Schwager als auch mein eigenes Kind damit sagen zu wollen. Das zu verstehen überstieg in diesem Moment jedoch meinen gefühlsmäßigen Horizont.

Aufrichtiges Mitgefühl mit meiner früheren Familie, brennende Sehnsucht nach meiner Tochter, meine augenblickliche Hilf – und Ratlosigkeit sowie eine gute Portion Selbstmitleid ließen mir die Tränen kommen. Und noch etwas kam: Die bange Frage, ob ich wirklich Schuld an Reinhards frühem Tod war.

Meine Innere Stimme meldete sich:

Jetzt kannst du lernen, hinzunehmen, was nicht zu ändern ist und die Kraft finden, um zu ändern, was zu verändern ist. Reinhards Tod und die familiären Umstände kannst du nicht ändern. Deshalb brauchst du kein schlechtes Gewissen zu haben.

Du hast dich seinerzeit mit deinem damaligen Wissen entschieden, eine Situation, die für dich nicht länger hinzunehmen war, zu verändern und hast damit Kraft und auch Ehrlichkeit bewiesen. Jetzt wirst du die Kraft haben, dich von diesen negativen Gedanken über Mitschuld und Mitverantwortung für seinen Tod zu befreien.
Es stimmt, starke Gefühle können durchaus Krankheiten auslösen. Es war jedoch seine Lernaufgabe, sich mit seiner Krankheit auseinander zu setzen um daraus zu lernen. Es war seine Entscheidung, Groll, Trauer, Hass oder Sinnlosigkeit in seinem Leben zuzulassen oder abzulehnen. Ganz gleich, wie die Umstände auch gewesen sind. Wie alle anderen hatte auch er die Alternative, sich vom Vergangenen zu lösen, seine Welt mit Freude zu füllen, sich zu lieben und zu akzeptieren.
Was Wencke betrifft, kannst du jetzt einmal mehr lernen, dass auch das eigene Kind eine eigene, selbst denkende und fühlende Persönlichkeit ist. Und wenn es dir noch so schwer fällt, akzeptiere ihre derzeitige Entscheidung!
Natürlich hast du Mitgefühl und Sehnsucht, deiner Tochter in dieser schwierigen Lage beizustehen und ihr zu helfen. Spielt jedoch nicht dein EGO auch eine sehr große Rolle dabei?

Wenn du jetzt gegen den ausdrücklichen Willen deiner Tochter zu ihr fährst, setzt du deinen Willen durch. Gleichzeitig setzt du sie damit moralisch unter Druck um etwas zu erzwingen, wozu sie nicht oder noch nicht bereit ist. Damit schlägst du nicht nur eine Tür zu, sondern hängst auch noch ein dickes Vorhängeschloss davor und drehst den Schlüssel gleich doppelt um. Schreibe ihr lieber einen liebevollen und offenen Brief. Darin kannst du deine bisherigen Angebote wiederholen und öffnest damit die Tür weit. Verzichte auf Vorwürfe jeglicher Art. Stelle keine Bedingungen. Das nennt man bedingungslose Liebe. Nur dadurch bleibt die Tür geöffnet. Lasse dabei wirklich alle Erwartungen los. Gib dir selbst kein Ergebnis vor, auch nicht in der hintersten Ecke deines Herzens.

Das ist wirklich eine große Herausforderung. Du lernst jedoch sehr schnell und hast zusätzlich die Möglichkeit, dir mit Reiki die nötige Ruhe und Kraft dafür zu geben.

Die Kraft, meiner Tochter zu schreiben, hatte ich. Der erste Brief wanderte gleich in den Papierkorb. Der zweite wurde mehrfach umformuliert. Erst mit dem dritten Versuch war ich zufrieden, steckte ihn in den Umschlag und brachte ihn noch spät abends zur Schweriner Hauptpost.

An Ruhe war jedoch weder in der Nacht, noch an den folgenden Tagen zu denken. Immer wieder wanderten meine Gedanken in Richtung Münster, und je näher der Donnerstag kam, desto elender fühlte ich mich.

Akribisch bestellte ich in der „Kosmischen Küche“ meine Wünsche. Vor meinem geistigen Auge sah ich, wie Wencke meinen Brief öffnete, ihn las und sofort zum Telefonhörer griff, um mich anzurufen. Die Freude, die ich dabei in mir spürte, ließ mir eine Gänsehaut nach der anderen über den Rücken laufen. Bis in das kleinste Detail legte ich mir zurecht, was ich ihr sagen wollte. Weder im Büro noch zu Hause bewegte ich mich außer Hörweite des Telefons. Meinen Kollegen schärfte ich ein, für die wenigen Minuten, die ich brauchte, um die Toilette aufzusuchen, mein Telefon zu bewachen, beim ersten Klingelzeichen abzunehmen und mich im Falle eines Falles selbst vom stillen Örtchen zu holen. Um es vorweg zu nehmen: Eine Antwort auf meinen Brief bekam ich nicht.
Neben wachsender Ungeduld machte sich eine gewaltige Enttäuschung in mir breit. Immer mehr Zweifel an der Anwendbarkeit und der Nützlichkeit des positiven Denkens sowie der Gedankenpflege kamen in mir hoch. Am Mittwoch stellte ich selbst Reiki in Frage und arg-

wöhnte, wohl doch nicht geeignet zu sein, diese Methode erfolgreich anzuwenden. Mr. Verstand tat alles, diese Zweifel zu nähren:
Du hast doch wohl nicht wirklich geglaubt, dieses Brimborium könne dir helfen? Besser wäre es gewesen, du hättest ihr gesagt, wo es ab jetzt lang zu gehen hat. Bedingungslose Liebe. Wenn ich so etwas schon höre. Gerade Jugendliche brauchen feste Grenzen und Vorschriften. Sie müssen lernen, dass auch für sie das Gesetz des Geben und Nehmen gilt. Wo kämen wir denn sonst hin? Außerdem ist sie noch minderjährig und hat gefälligst zu tun, was die Mutter ihr sagt. Übrigens, wer hat denn jetzt das Sorgerecht?

Ach ja, das Jugendamt muss noch informiert werden. Sicherlich wird es nur eine Formsache sein, mir als leibliche Mutter das Sorgerecht wieder zu übertragen, dachte ich. Ich schickte dem zuständigen Sachbearbeiter ein Fax, in dem ich um möglichst schnelle Bearbeitung bat.

Am Tag der Beerdigung fuhren Uli und ich mit dem Auto um 5.00 Uhr von Schwerin in Richtung Münster. Selbstverständlich wollte er mich auf diesem schweren Weg begleiten, wofür ich ihm dankbar war. Während der Fahrt war es ungewohnt ruhig. Wir verspürten beide keine Lust, uns zu unterhalten. Jeder hing seinen eige-

nen Gedanken nach. Ich saß auf dem Beifahrersitz, gab mir Reiki auf meinen Magen und mein Herz. Seit zwei Tagen hatte ich nach langer Zeit wieder Magenschmerzen. Auch mein Herzklopfen wurde immer beängstigender. Nach etwa zwei Stunden, wir waren in der Nähe von Bremen, spürte ich eine Veränderung. Im gesamten Bauchbereich breitete sich eine angenehme Wärme aus. Mein Herzschlag beruhigte sich und ich schlief sogar ein, was sonst nie der Fall war. Nach vier Stunden erreichten wir die Wohnung von Gisela und Karsten. Uli hatte Mühe, mich wach zu bekommen. Mit dem Aufwachen spürte ich deutlich ein Gefühl von unglaublichem Vertrauen, das Richtige getan zu haben, sowie den festen Glauben, alles in Ruhe überstehen zu können.
Unsere Freunde waren ungeachtet des traurigen Anlasses erfreut, uns begrüßen zu können. Nach einer kurzen Kaffeepause wurde es Zeit, zum Friedhof zu fahren. Gisela und Karsten begleiteten uns.
Die Trauerfeier lief an mir vorbei, als wenn ich einen Film betrachten würde, so ruhig konnte ich ihr beiwohnen, obwohl sehr viele Leute anwesend waren. Die teilweise neugierigen, teilweise abweisenden Blicke alter Bekannter, einstiger Nachbarn sowie falsch eingeschätzter Freunde machten mir nichts aus.

Meine ehemalige Familie konnte ich ebenso wie meine Tochter nur von Weitem sehen. Sofort nachdem der Pastor die Segnung vorgenommen hatte, verließen sie gemeinschaftlich den Friedhof. Ich hatte keine Chance mich ihnen zu nähern oder gar mit ihnen zu reden. Ohne angesprochen worden zu sein verließen wir den Friedhof und fuhren zurück in die Wohnung unserer Freunde.
Karsten war geradezu aufgebracht. Er war der Meinung, die Familie hätte mich zumindest zum üblichen, sich an die Beerdigung anschließenden Kaffeetrinken einladen müssen. Auch nach allem, was geschehen war, hätte allein die Höflichkeit geboten, so zu handeln. Ich hatte keine Lust, über Höflichkeit oder Benimmregeln nachzudenken oder zu diskutieren.
„Karsten, lasse es gut sein. So wie es ist, ist es in Ordnung. Ich bin gekommen, weil ich schließlich fast 15 Jahre mit Reinhard verheiratet war. Sicherlich hat es in dieser Zeit viel Ärger und Streit zwischen uns gegeben. Aber es waren auch schöne Zeiten dabei. Sein Tod hat mich wirklich getroffen. Ich wusste ja nicht, wie schlecht es um seine Gesundheit stand. Natürlich hatte ich gehofft, wenigstens mit Wencke reden zu können. Leider hat es sich nicht ergeben. Darüber bin ich zwar sehr traurig, kann es

aber auch nicht ändern", antwortete ich ihm. Entgeistert schaute er mich an.
„Sag mal, hast du vielleicht ein Beruhigungsmittel eingenommen? Anders kann ich mir deine Ruhe nicht erklären. Du bist doch sonst so leicht aufzuregen und fährst wegen jeder Kleinigkeit aus der Haut. Dieses ist doch wohl wirklich ein Grund, sich zu ärgern."
Ich ging nicht weiter darauf ein, zuckte lediglich die Schultern und bat Gisi, mit mir einen Spaziergang zu machen. Meinen extremen Drang nach frischer Luft in kritischen Situation kannten alle Drei nur zu gut. Früher hatten Gisi und ich selbst bei Sturm und Regen stundenlange Wanderungen unternommen, um uns dadurch so manches Mal das eine oder andere Problem aus den Köpfen blasen zu lassen.
Also zogen wir uns warme Sachen an und marschierten los. Ich erzählte ihr, wie es mir in den letzten Tagen ergangen war. Was ich Wencke geschrieben hatte und berichtete von meiner Skepsis gegenüber Reiki, sowie der damit verbundenen Weltanschauung.
„Vielleicht erwartest du einfach zuviel. Reiki kann dir bei allen Schwierigkeiten und Problemen Hilfe und Unterstützung sein. Dass sie dir abgenommen oder gar vermieden werden, kannst du nicht verlangen. Wenn dem so wäre, dürfte ja kein Mensch, der Reiki anwendet, mit

irgendwelchen Problemen, oder besser gesagt Herausforderungen des Lebens belastet sein. Entscheidend ist doch einzig und allein, wie wir mit diesen Sorgen umgehen. Du wendest jetzt noch nicht einmal vier Wochen Reiki an. Trotzdem wundere ich mich, wie ruhig und besonnen du mit dieser Situation umgehst. Ich habe von dir kein böses Wort zu Reinhard oder seiner Familie gehört. Ich kenne dich gut und kann den Unterschied zu deinen früheren Reaktionen deutlich erkennen. Da hättest du so manche Schimpftirade ausgegossen. Selbst Karsten ist das aufgefallen.
Als Betroffener merkt man diese kleinen Veränderungen nicht sofort. Erst rückblickend stellt man fest, dass man ein kleines Stückchen weiter auf dem Weg voran gekommen ist. Du hast meiner Meinung nach schon eine gewaltige Etappe geschafft. Gib jetzt nicht auf."
Schweigend gingen wir eine zeitlang nebeneinander her. Ohne Einleitung erzählte sie mir von ihrem letzten Krankenbesuch bei meinem Ex-Mann:
„Ich habe Reinhard als alte Freundin besucht. Er hat mir unendlich leid getan. Seine böse Krankheit war die eine Sache. Erschrocken habe ich mich aber über seinen unerbittlichen Zorn und Groll sich selbst, sowie anderen gegenüber. Ich habe sehr lange versucht ihm klarzumachen,

dass es ihm helfen könne, wenn er damit aufhören würde, sich und die Welt zu beschimpfen. Ich will dir die Einzelheiten ersparen, zumal ich ihm versprechen musste, dich nicht darüber zu informieren und dieses Versprechen werde ich auch halten. Ich habe übrigens auch nicht mit ihm über dich und dein neues Leben in Schwerin gesprochen."

Dankbar für ihre Offenheit schaute ich sie an.

„Ich danke dir für alles, was du für ihn getan hast. Ich hoffe, er hat jetzt seinen Frieden", antwortete ich ihr.

Inzwischen regnete es sehr stark und wir beschlossen, zurück zu gehen. Das restliche Wochenende verbrachten wir mit unseren Freunden in Münster. Insgeheim hatte ich immer noch die Hoffnung, Wencke würde sich bei ihnen melden, um mit mir zu reden. In dem Brief hatte ich ihr mitgeteilt, bis Sonntag in Münster bei Gisi und Karsten zu bleiben. Das Telefon blieb jedoch stumm.

Am späten Sonntagvormittag fuhren wir zurück in unsere neue Heimat. Unterwegs überlegte ich mir, die Wunschbox-Methode auszuprobieren und formulierte in Gedanken meine Bitte. Zu Hause schrieb ich sie gleich auf mein besonders hübsches Briefpapier, das in einem zarten Gelbton gehalten war und diagonal von

einem Regenbogen durchzogen wurde. Den Brief legte ich in ein entsprechendes Kästchen, was ich schnell gefunden hatte. Hier zahlte sich meine Sammelleidenschaft endlich einmal aus. Ich „bestrahlte" meine Wunsch-Box-Schachtel täglich ungefähr 30 Minuten lang mit Reiki. Mr. Verstand der das ausgesprochen einfältig fand, beschimpfte mich als töricht.
Nach einer Woche rief Ex-Schwager Rudi an. Er berichtete, ein Sachbearbeiter des Jugendamtes habe sich bei Wencke gemeldet und mitgeteilt, dass ich bis zum Erreichen ihrer Volljährigkeit wieder das uneingeschränkte Sorgerecht für sie erhalten habe. Er schlug vor, sich mit mir und Wencke zu treffen, um das weitere Vorgehen zu besprechen. Erfreut bot ich an, am kommenden Wochenende zu ihnen nach Hause zu fahren. Er hielt es jedoch für besser, sich auf „neutralem" Boden zu treffen, wobei er als Treffort eine Gaststätte auf halber Strecke zwischen Münster und Schwerin vorschlug.
Die Vorstellung, meine Tochter nach so langer Zeit in einem Lokal, noch dazu umgeben von fremden Menschen wieder zu sehen, empfand ich als Zumutung. Unsicher versuchte ich ihn umzustimmen. Leider gelang es mir nicht. Entweder so oder es müsse schriftlich eine Lösung gefunden werden, setzte er mich unter Druck. In meinen Augen zynisch fügte er hinzu, ich

könne selbstverständlich meinen „neuen Mann" zu diesem Treffen mitbringen. Mit schwerem Herzen stimmte ich seinem Vorschlag zu.

So kam es wenige Tage später zu dem von mir ersehnten Wiedersehen mit meiner Tochter. Wenn ich diese Kontaktaufnahme auch lieber an einen anderen Ort gehabt hätte, so war mein Wunsch, den ich regelmäßig mit Reiki bestrahlt hatte, doch sehr schnell in Erfüllung gegangen. Zufall?
„Zum Wohle aller Beteiligten", hatte ich unter meinen Wunsch geschrieben und fand in den Tagen bis zum Trefftermin die innere Gewissheit, bei diesem Wiedersehen die dicke Mauer, die zwischen Wencke und mir bestand, zumindest ein Stückchen abtragen zu können.

Mein „neuer Mann" fuhr selbstverständlich mit in Richtung Bremen. Auch er freute sich, Wencke zu sehen. Immer wieder hatte er in der zurückliegenden Zeit versichert, meine Tochter könne jeder Zeit bei uns einziehen. Auch bei der Planung unseres Hauses hatte er darauf geachtete, die dafür notwendigen Räumlichkeiten zu schaffen. Nur deshalb lebten wir mit dem Luxus, dass jeder ein eigenes Arbeitszimmer besaß.

Eine Stunde vor dem vereinbarten Zeitpunkt waren wir in der Gaststätte. Obwohl ich mir während der Fahrt immer wieder Reiki gegeben hatte, war ich mächtig nervös. Als Wencke und Rudi endlich an unseren Tisch traten, musste ich mich sehr zusammen nehmen, um nicht aufzuspringen und mein Kind in die Arme zu reißen. Ihre deutliche Zurückhaltung hielt mich davon ab. Diese unterstrich sie dadurch, dass sie uns aus einem Meter Entfernung ihre Hand zum Gruß reichte, sich setzte und uns schweigend musterte. Auch die beiden Männer taxierten sich gegenseitig. Ein Gespräch kam nur schleppend zustande. Als ich zum eigentlichen Kern unseres Treffens kam und Wencke offerierte, sie könne sofort zu uns ziehen, war es mit ihrer Zurückhaltung vorbei. Sie reagierte mit einem Aufschrei:
„Nein!" Sie lehnte sich zurück, verschränkte die Arme vor der Brust und sah mich trotzig an. Fragend schaute ich ihren Onkel an.
Es kam, was ich aufgrund meiner früheren Erfahrungen eigentlich hätte wissen müssen. Innerhalb der Sippschaft war längst eine Entscheidung getroffen worden. Mir wurde schlagartig klar, dieses Treffen war nur „Schaulaufen". Es diente lediglich meiner Unterrichtung. Deshalb war es nur Folgerichtig, dass Rudi mir die innerhalb der Familie genauestens ausgetüftelte

Zukunftsplanung meiner Tochter vorlegte. Er beabsichtige, beim Jugendamt die Vormundschaft für Wencke zu beantragen. Mit dem zuständigen Sachbearbeiter habe er bereits persönlich Kontakt aufgenommen. Da Wencke in knapp einem Jahr volljährig werde und sie mit der Vormundschaft ihres Onkels einverstanden sei, fehle nur noch meine schriftliche Einwilligung, dann sei der „Fall" aus seiner Sicht erledigt. Im Weigerungsfall entscheide das Vormundschaftsgericht, wobei das Jugendamt ein Gutachten vorlegen werde. Wie das ausfalle, könne ich mir selbst ausmalen.
Bei seinen Worten war mir abwechselnd heiß und kalt geworden. Halt suchend ergriff ich Ulis Hand und schaute ihn stumm um Hilfe bettelnd an. Auch er musste diesen VorSCHLAG erst einmal verdauen. Durch seinen festen Händedruck gab er mir zu verstehen, Ruhe zu bewahren.
Lange sah ich meine Tochter an. Sie schien sich in ihrer Haut nicht wohl zu fühlen. Unter meinem Blick verwandelte sich der zur Schau getragene trotzige Gesichtsausdruck. Ihre Augen wanderten von mir zu Uli, dann kurz zu Rudi und wieder zurück zu mir. Verlegen, und wie es zumindest mir erschien, unglücklich, senkte sie den Blick, angelte sich umständlich eine Zigarette aus einer der Schachteln, die auf dem Tisch lagen, und zündete sie sich mit leicht zittrigen

Fingern an.
„Du rauchst?" entfuhr es mir. Eine noch einfältigere Frage hätte mir wirklich nicht einfallen können. Bin ich doch prompt auf diese Provokation hereingefallen.
„Wie du siehst", bekam ich postwendend schnippisch zur Antwort. Dann blies sie den Rauch demonstrativ in meine Richtung. Dieses Intermezzo hatte mich wieder wach gerüttelt. Der erste Schock war vorbei. Dieses Mal wollte ich um mein Kind kämpfen und mich nicht wieder verletzt und unglücklich zurückziehen.
Als ich ihr meinen Standpunkt, der selbstverständlich ihren Umzug nach Pinnow bedeutete, klarmachen wollte, meldete sich meine Innere Stimme:
Bedingungslose Liebe!
Ich schluckte meine Forderung hinunter. Statt dessen fragte ich sie erstaunlich ruhig, was sie denn selber für ihre Zukunft geplant habe. Allerdings konnte ich mir die Frage, warum sie sich auf meinen Brief nicht gemeldet habe, nicht verkneifen.
Auf gar keinen Fall würde sie zu uns in den Osten kommen. Ihr sei zwar durchaus bewusst, dass ich sie bis zur Volljährigkeit dazu zwingen könne. Sie würde aber alles daran setzen, dieses zu verhindern. Nötigenfalls würde sie abhauen. Sie wolle bei ihrer Oma bleiben, die jetzt mit in

ihrem Haus lebte. Zudem bereite sie sich gerade auf ihr Fachabitur vor. Danach habe sie vor, eine kaufmännische Ausbildung in einer Computerfirma zu machen. Onkel Rudi habe aufgrund seiner beruflichen Kontakte zu dieser Firma schon ein Vorstellungsgespräch in der kommenden Woche vermittelt.
Kein Wort verlor sie über meinen Brief. Sie tat so, als habe sie ihn nicht erhalten. Alles, was sie sagte, klang wie auswendig gelernt. Als Wencke geendet hatte, breitete sich Schweigen aus.
Bedingungslose Liebe, bedingungslose Liebe, hörte ich ständig wiederholend meine Innere Stimme.
Tiefe Traurigkeit machte sich in mir breit, und wieder fühlte ich mich als Verlierer. Unfähig, meinem eigenen Kind Vertrauen und Mutterliebe geben zu können.
Halt, rief meine Innere Stimme, hier wird nicht gepokert. Es ist kein Spiel in dem es Verlierer oder Gewinner gibt. Betrachte es als Neuanfang, bei dem ihr Beide nur gewinnen könnt. Wer sagt denn, dass Mutterliebe sich allein daran messen lässt, wie oft und wie lange deine Tochter bei dir ist? Ist das nicht ein großes Maß an Egoismus? Deine Tochter ist fast erwachsen. Deiner Liebe wird sie jedoch nie entwachsen. Nur Liebe, die nicht bewertet, verlangt oder fordert, ist reine Liebe. Be-

dingungslose Liebe. Das wirst du sehr bald verstehen und Wencke wird es durch dich verstehen lernen. Lasse sie los und sei einverstanden. Nur dadurch wird sie irgendwann erkennen, wie groß deine Liebe zu ihr ist.

Loslassen und einverstanden sein. Das ist allerdings viel leichter gesagt als getan, grübelte ich über die Worte meiner Inneren Stimme nach.
Lasse es gut sein. Warum willst du dich mit diesem Muffelkoten herum ärgern? Wenn sie nicht will, dann soll sie es eben lassen. Du hast nun wirklich andere Dinge zu tun, als hier auf den Knien zu liegen und sie anzubetteln, zu euch zu ziehen. Stelle dir nur den Stress vor, wenn du sie ständig suchen musst, weil sie mal wieder abgehauen ist. Oder ihre ständige Nörgelei, weil ihr dieses oder jenes nicht Recht ist, mischte Mr. Verstand sich ein.
Das schien mir allerdings wirklich egoistisch zu sein und ich fegte diesen Einwand empört beiseite. Letztlich blieb mir jedoch nichts anderes übrig, als die mir vorgelegte Einverständniserklärung für das Jugendamt zu unterschreiben. Meinem Kind nicht genug Liebe geben zu können und Vertrauen aufzubauen, sowie die Gedanken, wieder einmal nicht gut genug gewesen zu sein und mich nicht durchgesetzt zu haben, konnte ich nicht verdrängen, als ich das Papier unterschrieb.

Nachdem ich meinem Ex-Schwager die Erklärung zurückgereicht hatte, drängte er zum Aufbruch. Auftrag erledigt, nichts wie weg, schoss es mir durch den Kopf. Zum Trotz bat ich ihn, mir wenigstens noch 15 Minuten allein mit Wencke zu gönnen.
Uli reagierte sofort, stand auf und bat Rudi, mit ihm zusammen einen kurzen Spaziergang zu machen. Wenigstens diese kleine Überraschung war mir geglückt. Mit zögernden Blicken auf Wencke und mich stand Rudi langsam auf.
„Keine Angst, ich werde ihr nicht den Kopf abreißen. Ich bin schließlich kein Kannibale, sondern nur ihre Mutter", konnte ich mir meine sarkastische Bemerkung nicht verkneifen.
Woher ich die Ruhe und vor allen Dingen die Worte genommen habe, Wencke in dieser kurzen Zeit zu sagen, dass sie die wichtigste Person in meinem Leben war, ist und bleiben wird, wusste ich zum damaligen Zeitpunkt nicht.
Aus einer Eingebung heraus bot ich ihr an, wenn sie in einigen Wochen ihr Abitur bestanden habe, zusammen mit mir eine Urlaubsreise auf eine der Kanarischen Inseln zu machen. Ich sagte ihr sehr deutlich, darauf zu hoffen, in dieser Zeit wieder zueinander finden zu können. Eindringlich legte ich ihr ans Herz, dieses Angebot nur dann anzunehmen, wenn auch sie

den ehrlichen Wunsch habe, sich mit mir auszusöhnen und es nicht nur als Vergnügungsreise anzusehen.
Zum ersten Mal an diesem Tag leuchteten ihre Augen und sie lachte mich an.
„Oh ja, das würde ich gerne machen. Papa hatte mir eine solche Reise versprochen. Leider konnte er sein Versprechen nicht mehr einlösen. Ich würde gerne mit dir, aber wirklich nur mit dir, fahren. Ich will schon lange über einige Dinge mit dir reden. Nur wusste ich bis jetzt nie, wie ich das anfangen sollte. Darum habe ich es dann auch gelassen. Im Urlaub haben wir ja viel Zeit dafür." Unsicher zog sie immer wieder ihren Fingerring auf und ab.
„Vielleicht fällt es mir auch leichter, wenn du mich nicht so sehr als deine Tochter, sondern eher als deine jüngere Freundin betrachten könntest", setzte sie zögernd hinzu.
Dieser kurze Moment entschädigte mich für vieles und ich spürte, wie Tränen langsam in mir aufstiegen.
„Okay, ich werde es versuchen", sagte ich mit erzwungener Selbstsicherheit und breitete meine Arme aus. Und tatsächlich kam sie auf mich zu. Sie ließ sich nicht nur umarmen, sondern legte ihren Kopf an meine Schulter und ich spürte ihre Hände auf meinen Rücken.
Es klingt pathetisch, jedoch kam es mir vor, als

hätte ich mein Kind zum zweiten Mal bekommen. Langsam lösten wir uns aus der Umarmung. Nun hatten wir beide Tränen in den Augen. Ohne darum gebeten worden zu sein versprach sie, sich regelmäßig zu melden und mich nach ihren Prüfungen besuchen zu wollen. Sie stellte viele Fragen nach meinem jetzigen Leben. Vor allem, wie es mir im Osten gefallen würde.

Als die beiden Männer zurück kamen, fanden sie uns im Gespräch vertieft nebeneinander sitzend vor. Rudi drängte zum Aufbruch. Zum Abschied bekam ich von Wencke sogar einen flüchtigen Kuss auf die Wange gedrückt. Bevor sie sich auf den Beifahrersitz in Rudis Auto setzte, wurde selbst Uli mit einem freundlichen „Tschüs, bis bald", bedacht.
Clanhäuptling Rudi, der immer pedantisch auf die Einhaltung sämtlicher Höflichkeitsgebote achtete, vergaß vor Überraschung, uns zum Abschied die Hand zu reichen. Er winkte nur kurz, setzte sich in sein Auto und fuhr sofort los. Wencke winkte so lange, bis das Auto nicht mehr zu sehen war.

Gedankenverloren schaute Uli dem Wagen nach.
„Was hast du in den paar Minuten bloß mit dem Mädchen gemacht?" fragte er. Ich schilderte ihm

unsere Unterhaltung.
„Die Idee mit dem Urlaub ist einfach Spitze", lobte er mich, „da habt ihr Zeit und Gelegenheit, euch auszusprechen und ein wenig verwöhnen zu lassen. Wir werden einen schönen Urlaubsort für euch Zwei finden. Gleich nächste Woche hole ich Reisekataloge. Dann suchen wir was Schönes aus", setzte er grinsend hinzu. Noch auf dem Parkplatz umarmte ich ihn und bedankte mich für sein Verständnis. Burschikos wehrte er ab. Auch ihm sei ein offenes und ungetrübtes Verhältnis zu Wencke sehr wichtig. In der Vergangenheit habe er häufig mit mir gelitten. Oft habe er sich über das freundschaftliche Verhältnis seiner Tochter Andrea zu mir gefreut und sich dieses auch mit Wencke gewünscht. Diese Urlaubsreise könne der Anfang dazu sein. Ja, das hoffte ich auch und war in diesem Moment ganz sicher, die dicke Mauer schon ein gutes Stück abgetragen zu haben.

Auf der Heimfahrt meldete sich Mr. Verstand:
Toll wie du die großzügige Dame spielst. Wie willst du das eigentlich bezahlen?
Oh Schreck! Daran hatte ich in meiner Spontanität gar nicht gedacht. Schnell überschlug ich meinen Kontostand, rechnete die laufenden Verpflichtungen ab und ahnte, dass es bestenfalls für einen Campingurlaub, keinesfalls jedoch für

einen Hotelaufenthalt mit Verwöhncharakter reichen würde. Als ob Uli Gedanken lesen könnte, begann er zu singen:
„Schön ist die Welt, schön ist die Welt, bald gibt es wieder Weihnachtsgeld." Dabei blickte er kurz zu mir herüber und lachte mich an.
Genau das war die Lösung! Damit war die Finanzierung des Urlaubs gesichert.
„Gerade heute ist für dich gesorgt", diese Reiki-Lebensregel trifft wieder einmal zu, dachte ich dankbar.

Das Wort „Zufall" kam bei mir immer mehr zu Fall. Dafür gewann „Achtsamkeit für das Ergebnis" zunehmend an Beachtung, auch wenn es dieses Mal nicht haargenau so eingetreten war, wie ich es für meine Wunschbox formuliert hatte. Für diese Fälle gewöhnte ich mich langsam daran, an eine höhere Bestimmung zu glauben und fragte mich: „Wer weiß, wofür es gut ist?" Oft bekam ich die Antwort schon wenige Tage später.

Diese Achtsamkeit, dieses Beobachten, machte mir immer mehr Spaß. Schrittchen für Schrittchen gewann ich Sicherheit und Vertrauen im Umgang mit Reiki und all den schönen Möglichkeiten, die damit zusammenhängen.

So widersinnig es auch scheinen mag, Mr. Verstand unterstützte mich dabei wesentlich. So gut wie nichts, was ich diesbezüglich in meinen Reiki-Büchern las, akzeptierte er, ohne sein Veto einzulegen. Um ihn zu überzeugen probierte ich, soweit es mir möglich war, alles aus. Hinzu kamen meine eigenen Ideen, wobei es sich hauptsächlich um praktische Dinge handelte.

So kaufte ich mir in der Woche nach dem Gespräch mit Wencke zwei völlig identische Alpenveilchen. Beide bekamen ihren Platz am Blumenfenster im Wohnzimmer. Beide wurden gleichmässig mit Wasser und Dünger versorgt. Eine Pflanze behandelte ich abends für circa zehn Minuten mit Reiki. Ich legte einfach meine Hände um den Übertopf, bat Meister Usui um Unterstützung und ließ Reiki fließen. Schon nach zehn Tagen war ein Unterschied zwischen beiden Pflanzen zu erkennen. Die Reiki-Pflanze war kräftiger und blühte üppiger.

Jetzt begann für mich eine Phase, wo fast alles, was mir in die Hände kam, mit Reiki behandelt wurde.

Sämtliche Zimmerpflanzen bekamen wenigstens einmal in der Woche Reiki-Energie. Unser Kaffeepulver wurde vor dem Umfüllen in die Kaffeedose mit Reiki behandelt. Der Plätzchenteig für die ersten Adventsleckereien ebenso, wie die Flasche Wein zum Abendessen. Nichts war vor mir und damit vor Reiki sicher.

Als ich erstmals einen Sonntagsbraten mit Reiki behandelte, traute ich meinen Empfindungen zunächst nicht. Ich stand am Küchentisch und hatte einen Rollbraten gewürzt. Das Fett zum Anbraten brutzelte bereits im Schmortopf, als mir der Gedanke kam, das Fleisch kurz mit Reiki zu behandeln. Kaum hatte ich mich eingestimmt und meine Hände über das Stück Fleisch gehalten, wurden beide Hände so heiß, wie ich es zuvor noch nie erlebt hatte.

Zunächst zweifelte ich, wie konnte es anders

sein, meine Empfindungen an. Ich wusch die Hände unter fließend kaltem Wasser und nahm vorsichtshalber den Topf mit dem Fett von der Herdplatte. Dann versuchte ich es noch einmal. Auch diesen Versuch brach ich mit dem gleichen Ergebnis ab. Daraufhin legte ich mich eine viertel Stunde auf unser Sofa und behandelte mich selbst. Dabei wurden meine Hände nur so warm wie bei den Eigenbehandlungen der letzten Tage. Es war nicht der geringste Unterschied festzustellen. Also musste es am Fleisch liegen! Ich behandelte den Rollbraten etwa eine halbe Stunde. So lange dauerte es, bis ich in meinen Händen das Gefühl hatte, dass das kräftige und fordernde Fließen der Energie nachließ. Erst danach habe ich das Fleisch wie gewohnt angebraten und gegart. Beim Probieren verzog ich das Gesicht. Der Braten schmeckte nicht besonders.
Diese Erfahrung hat mich doch sehr, sehr nachdenklich gemacht. Seitdem gibt es bei uns nur noch selten ein Fleischgericht.

Als ich Uli von dieser Erfahrung berichtete, erntete ich nicht nur einen besorgten, sondern auch einen kritischen Blick. Die Reißleine zog er allerdings nicht. Auf die Veränderungen unseres Speiseplans reagierte er gelassen. Vielleicht deswegen, weil die Ergebnisse seiner kürzlich durchgeführten jährlichen Blutuntersuchungen

einen deutlich erhöhten Cholesterinwert ergeben hatten.
Bestimmt aber, weil er in den vergangenen Wochen regelmäßig Reiki von mir erhalten und es immer sehr genossen hatte. Meine anfänglichen Schwierigkeiten, selbst Reiki anzunehmen, kannte er nicht.
Langsam entwickelte er sich zu einem Reiki-Fan. Wenn es darum ging, sich hinzulegen, zu entspannen und dankbar anzunehmen, war er sofort zur Stelle. Meine Anregung, selber ein Seminar zu besuchen und Reiki zu erlernen, wies er zurück.
„Nein, das kann ich nicht. Dafür muss man ein besonderes Händchen oder eine besondere Begabung haben. Du hast das. Ich kann das bestimmt nicht", war seine grundlegende Meinung dazu. Auf meine wiederholten Erklärungsversuche, jeder Mensch könne Reiki erlernen, ging er nicht ein und wechselte prinzipiell das Gesprächsthema. Ich ärgerte mich über seine, wie ich fand, dumme Reaktion so lange, bis mir meine Innere Stimme zurief:
Gerade heute ärgere dich nicht! Wer weiß, wofür es gut ist. Du solltest nicht nur daran denken, sondern auch danach leben!
Na schön, ich werde es versuchen, dachte ich die Antwort.
Ich muss zugeben, es war viel leichter gedacht,

als es gelebt werden konnte. Sehr oft erwischte ich mich dabei, zu den alten vertrauten Verhaltensweisen zurück zu kehren. Anstatt nur zu beobachten und nicht zu bewerten, spürte ich immer wieder den Drang, die Handlungsweisen anderer Menschen zu beurteilen, mich dann darüber aufzuregen und zu ärgern.
Herta erging es ähnlich. Bei einem unserer Klönabende schimpfte sie aufgebracht über das pubertäre Verhalten eines unserer Kollegen.
„Diesem Knaben, der so alt wie mein ältester Sohn ist, fehlt jede Erziehung, und Höflichkeit ist für ihn ein absolutes Fremdwort. Stelle dir vor, heute ist der doch glatt ohne anzuklopfen in mein Büro gestürmt, hat ohne zu fragen meinen Schrank geöffnet, sich eine Tasse genommen und mich unverschämt grinsend gefragt, wo ich denn den Zucker versteckt habe. Mir ist vor lauter Verblüffung die Kinnlade herunter gefallen."
Herta hatte sich so richtig in Rage geredet. Ihr Gesicht und ihr Hals waren bei der Schilderung verdächtig rot geworden.
Ich schätzte ihren Blutdruck auf wenigstens 180 und versuchte sie zu beruhigen.
„Rege dich bloß nicht so auf. Das macht der doch mit allen Kollegen so. Ich habe gehört, die Leute aus der Registratur haben ihm letztens ernsthaft Schläge angedroht, falls er sich dort noch einmal blicken lässt."

In Hertas Augen blitzte der Schalk.
„Und, hat er sich noch getraut?"
Lachend schüttelte ich den Kopf.
„Schade. Der könnte eine Abreibung gut gebrauchen. Da würde ich sogar noch Schmiere stehen und im Falle einer Anzeige Stein und Bein schwören, nichts gesehen und gehört zu haben."
„Herta, du bist unmöglich", rief ich entsetzt.
„Du hast wohl noch nicht alle Reiki-Lebensregeln gelesen. Liebe deinen Nächsten wie dich selbst", zitierte ich lehrerhaft.
„Bei dem wären selbst Liebe und Reiki vergebliche Mühen", kommentierte Herta lakonisch.
„Hast du es schon versucht?" fragte ich schlitzohrig.
„Ach was. Da könnte ich ebenso versuchen, aus Wasser Wein zu machen", wehrte Herta ab.
Ich konnte sie sehr gut verstehen. Besagter Kollege gehörte zu den Personen, über die auch ich mich immer wieder aufregte, sie verurteilte, obwohl ich mir vornahm, sie bei der nächsten Begegnung einfach nur anzulächeln, wie ich es auf dem Seminar gehört hatte. Inzwischen sorgte allein sein Erscheinen in meinem Büro dafür, dass bei mir innerlich alles auf Abwehr schaltete und dadurch selbst das kleinste Lächeln nicht gelingen wollte.
Hinzu kam, dass zur damaligen Zeit im gesam-

ten Ministerium umgebaut und renoviert wurde. Nahezu wöchentlich mussten die Büros ausgeräumt oder umgeräumt werden. Deshalb saßen wir teilweise mit vier Personen in einem kleinen Büro und versuchten, aller Widrigkeiten zum Trotz, unsere Aufgaben zu erledigen. Dass dadurch das Betriebsklima sehr litt, die Kollegen nervös und gereizt waren, verwunderte nicht.

Bezeichneter Kollege gehörte eindeutig zu den Gewinnern der Deutschen Einheit. Er hatte gerade im Westen unserer schönen Republik die Ausbildung für die mittlere Beamtenlaufbahn absolviert, als es zur Wiedervereinigung kam. Er nutzte die Gunst der Stunde und ließ sich als einer der Ersten in das Land Mecklenburg-Vorpommern versetzen. Um Aufbauhelfer zu gewinnen, hatte die damalige Bundesregierung die Möglichkeit des prüfungsfreien Aufstiegs in den gehobenen Dienst geschaffen. Der Kollege „Glückspilz“ war zur rechten Zeit am richtigen Ort und mit seinem Wechsel nach MV sofort in den gehobenen Dienst übernommen worden. Das kam einem Quantensprung gleich, steigerte enorm das Selbstbewusstsein. Eine Wenige verwechselten das allerdings und glaubten, durch diese Beförderungen gleichzeitig einen Freifahrtschein für unangemessenes Verhalten, natürlich nur dienstgradmäßig niedriger stehenden Mitstreitern gegenüber, zu haben. Kollege „Glückspilz“ hatte eine fast satanische Freude daran, den Mitarbeitern Ost das Arbeitsleben schwer zu machen. So ließ er keine Gelegenheit aus, darauf hinzuweisen, die Gehaltszahlungen von damals ca. 70 % des Westniveaus für „Ossis“ seien eigentlich noch viel zu hoch, da sie ja erst einmal das Arbeiten erlernen müssten. Mit derartigen Sprüchen machte er sich nicht nur bei den Arbeitskollegen Ost unbeliebt. Ein geflügelter Satz war Flur auf und Flur ab zu hören: Willst du dich mal schön aufregen, musst du nur mit „Glückpilz“ reden.

Sowohl in Hertas als auch in meinem Büro kreuzte er regelmäßig auf, wobei er es in wenigen Minuten schaffte, jedem die gute Laune zu verderben.

„Wir sollten uns überlegen, ob wir mit Hilfe von Reiki nicht das Betriebsklima verbessern können“, sagte Herta und schaute mich kämpferisch an.

Ich war ganz und gar ihrer Meinung. So überlegten wir gemeinsam, ob das ein Fall für unsere Wunschbox sein konnte.

So richtig anfreunden wollte ich mich mit dieser Idee allerdings nicht. Was genau sollten wir und in diesem Fall auch wünschen? Wie sollten wir es formulieren, ohne in Gefahr zu geraten, eine Manipulation zumindest zu versuchen? Zudem erschien es mir anmaßend, um etwas zu bitten, wovon so viele Leute betroffen sein würden. Wir konnten und mochten die anderen Kollegen ja nicht in unser Vorhaben einweihen. Plötzlich hörte ich meine Innere Stimme:

Türrahmen imprägnieren!

Genau das konnte die Lösung für uns sein. Schnell holte Herta die von Karin erhaltenen Unterlagen. Dort wurde diese Anwendung genau beschrieben: Stelle dich in den Türrahmen, stimme dich auf Reiki ein, lasse Reiki in den gesamten Türrahmen fließen und bitte darum, dass jeder, der durch diese Tür geht, nur in guter und harmonischer Absicht diesen Raum betritt. Fragend schaute Herta mich an.

„Kannst du dir vorstellen, dass so etwas funktioniert?"

„Keine Ahnung. Ich habe es auch noch nicht probiert. Aber du hast selbst einmal gesagt, probieren geht über studieren. Also werden wir morgen früh im Büro unsere Türrahmen behandeln und beobachten, was geschieht", bestimmte ich.

„Da müssen wir aber sehr früh aufstehen, damit wir auch bestimmt die Ersten sind. Stelle dir vor, uns sieht einer, wenn wir mit ausgebreiteten Armen und geschlossenen Augen einige Zeit in der geöffneten Bürotür stehen", witzelte Herta. Darüber mussten wir herzhaft lachen.

Wir alberten noch eine Weile herum, bevor wir uns mit Verschwörermiene voneinander verabschiedeten.
Während der Fahrt nach Pinnow meldete sich Mr. Verstand:
Türrahmen mit Reiki imprägnieren. Jetzt wird es gefährlich. Erzähle das bloß nicht irgendwo. Sonst kommen die Männer mit den ärmellosen Jacken und fangen dich ein.
Heute schaffte er es jedoch nicht, mir meine gute Laune und die Vorfreude zu verderben. Dennoch erzählte ich zu Hause vorerst nichts von unserer Absicht. Sicher war sicher.

Für meine Verhältnisse ungewöhnlich stand ich am nächsten Morgen bereits beim ersten Klingeln des Weckers auf. Das gemeinsame Frühstück gehört bei meinem Mann und mir zum Ritual. Es fällt wirklich nur in ganz seltenen Fällen einmal aus. Heute trieb ich meinen verdutzten Mann zur Eile an. Meinen außergewöhnlich frühen Tatendrang erklärte ich mit enorm wichtigen Arbeiten, die im Büro warteten. Zum Glück hinterfragte er das nicht. So blieb mir eine weitere Schwindelei erspart.
Im Büro vergewisserte ich mich, ob auch wirklich noch kein Kollege zu so früher Stunde einen Arbeitsanfall bekommen hatte. Dann machte mich an mein Vorhaben. Nachdem ich etwa

zehn Minuten den Türrahmen „bestrahlt“ hatte, spürte ich, wie das Fliessen der Energie in meinen Händen deutlich nachließ. Ich beendete daher die Anwendung, bedankte mich für die Unterstützung und ging an meine eigentliche Arbeit. Nach und nach trudelten die Kollegen ein. Nur Kollege "Glückspilz" ließ sich nicht blicken. Neugierig rief ich bei Herta an. Auch bei ihr war er noch nicht gewesen. Auf Nachfrage bei anderen Kollegen erfuhr ich, dass besagter Arbeitskollege dienstfrei habe und erst morgen wieder im Hause sei.
„So ein Pech“, entfuhr es mir, was verwunderte Blicke der anderen Mitstreiter zur Folge hatte. Nun ja, aufgeschoben ist ja nicht aufgehoben, dachte ich. Wieder eine Gelegenheit mehr, Geduld zu üben. Und wie sie belohnt wurde!

Schon am nächsten Tag war es soweit. „Glückspilz“ riss wie gewohnt die Bürotür auf, stürmte aber nicht hinein, sondern blieb wie vom Donner gerührt in der geöffneten Tür stehen. Irritiert schaute er in den Raum. Meine Zimmergenossen sahen ihn fragend an. Auch ich war über seine Reaktion so verblüfft, dass ich ihn nur mit offenem Mund anstarren konnte. Er rührte sich nicht vom Fleck, sondern wedelte lediglich mit einer Umlaufmappe herum.
„Hallo, Karin. Ich habe hier einen Vorgang, der

von euch bearbeitet werden müsste. Es wäre sehr nett, wenn du dafür sorgen würdest, dass er heute noch erledigt wird."
Noch immer stand er in der geöffneten Tür und schaute wie suchend in das Zimmer. Ich hatte Erbarmen und nahm ihm die Mappe ab. Sofort verabschiedete er sich und stammelte etwas, das sich wie: ... ich habe überhaupt keine Zeit, anhörte.
„Ist ihm die Munition ausgegangen?" fragten mich die anderen Kollegen verblüfft. Ich zuckte nur die Schultern. Das musste ich selbst erst einmal verarbeiten. Mit so einer Reaktion hatte ich nun wirklich nicht gerechnet.
Die erste sich bietende Gelegenheit nutzte ich und huschte schnell hinunter in Hertas Büro. Völlig verwirrt fand ich sie vor. Auch bei ihr hatte sich gerade eine ähnliche Szene abgespielt. Allerdings war es ein anderer Kollege gewesen, der wie erstarrt im Türrahmen gestanden und keinen Fuß in ihr Büro gesetzt hatte.
Ich erzählte ihr, was sich gerade in meinem Büro abgespielt hatte. Kleinlaut fragte sie mich:
„Oh je, was haben wir da nur gemacht? Dieser Kollege gehört zwar auch nicht unbedingt zu meinen Lieblingen, aber die Reiki-Anwendung war eigentlich nur für unseren 'Glückspilz' gedacht. Hoffentlich traut sich jetzt überhaupt noch jemand in mein Büro."

„Wie du siehst, bin ich schon drin. Ich vermute einmal, das intelligente Prinzip des Reiki hat hier gewirkt. Wir sollten Vertrauen haben, dass das Richtige für uns und alle Beteiligten geschieht", antwortete ich, mit Mühe die Fröhliche mimend.
„Ja, sicher hast du Recht", antwortete sie mutig, obwohl ihr Gesichtsausdruck einen Zweifel nicht verbergen konnte. Wir kamen überein, das weitere Geschehen zu beobachten.

Während des Tages stellte ich nichts Ungewöhnliches mehr fest und machte frühzeitig Feierabend.
Zu Hause meldete sich Mr. Verstand:
Für das Verhalten deines Kollegen gibt es eine Reihe anderer Erklärungen, die ganz sicher nichts mit deinem Mumpitz zu tun haben. Vielleicht hat er ja sein unkollegiales Verhalten selbst erkannt und will sich nun ändern? Jedenfalls kannst du doch nicht ernsthaft glauben, dass sich das Verhalten anderer Menschen auf diese Weise steuern läßt.
Ich war hin und her gerissen und las nochmals in meinen Unterlagen nach. Genau so wie es dort stand, hatten wir es gemacht. Dass der Kollege „Glückspilz" sich besonnen haben sollte, konnte ich mir wahrhaftig nicht vorstellen. Außerdem hatten wir darum gebeten, dass jeder, der durch unsere Türen kommt, in guter

und harmonischer Absicht den Raum betreten sollte. Warum sollte es also nicht gelungen sein? Nein, ich war mir mit einem Mal ganz sicher, genau das Richtig getan zu haben. Mit dieser Überzeugung stellte sich auch Freude und Dankbarkeit bei mir ein.
Kollege „Glückspilz“ beschränkte fortan seine Besuche in unseren Büros auf das dienstlich notwendige Maß. Dabei verzichtete er auf seine geliebten Grundsatzdiskussionen West gegen Ost und war stets nach wenigen Minuten wieder entschwunden. Dafür tauchte er häufiger in den Büros anderer Kollegen auf, wobei er riskierte, ständig hinauskomplimentiert zu werden. Herta und ich beobachteten das teilweise mit gemischten Gefühlen. Einerseits freuten wir uns über unsere „glückspilzfreie“ Zeit, anderseits fragten wir uns, ob wir diese zusätzliche Störung den anderen Kollegen so ohne weiteres aufbürden durften. Während wir dieses Thema diskutierten, wurde unser Kollege „Glückspilz“ völlig überraschend in ein anderes Ministerium versetzt. Wie wir später erfahren haben, fühlt er sich dort sehr wohl und hat seine besonderen Eigenheiten abgelegt. Reiki sei Dank und einmal mehr Zufall ade´.

Hertas Befürchtungen, niemand würde sich mehr in ihr Büro trauen, traten nicht ein. Dafür

stellten wir nach und nach unabhängig voneinander fest, dass die Arbeit immer mehr Spaß machte. Immer seltener waren wir gestresst und das Miteinander der im gleichen Zimmer arbeitenden Kollegen verlief harmonischer.
Seit einem erneuten Umzug unserer Abteilung in ein wunderschön renoviertes Gebäude teilten Herta und ich uns ein Büro und arbeiteten zusammen in einem Sachgebiet. Es hat sich alles zu unserer und auch zur vollsten Zufriedenheit unserer Vorgesetzten geregelt. Dadurch, dass wir uns blind verstanden, uns gegenseitig unterstützten und vertraten, hatten auch sie ganz automatisch weniger Probleme und mussten sich um dieses Sachgebiet keine Gedanken machen. Und welcher Chef liebt es nicht, wenn er Mitarbeiter hat, die ihre Aufgaben eigenverantwortlich erledigen...

Ich „behandelte" weiterhin alles mit Reiki, was mir unter die Hände kam. Unsere Katzendame „Lady" war damit überhaupt nicht einverstanden. Sie wollte kein Reiki und entzog sich jedes Mal meinen Händen, wenn ich es nur versuchte. Es war ausgesprochen spannend, ihre Reaktionen zu beobachten. So konnte ich sie stundenlang streicheln, was sie aus vollen Zügen genoss. Sobald ich jedoch Reiki aktivierte, hob sie zunächst ihren Kopf, blickte wie suchend um

sich, schüttelte sich, dann sprang sie von meinen Schoß. Manchmal verließ sie sogar das Zimmer und ich mußte sie anschließend selbst zur gewohnten Fütterungszeit noch suchen. Es dauerte schon seine Zeit, bis auch ich endlich begriffen hatte, dass der wichtige Grundsatz im Reiki, eben nur mit der Einwilligung des Empfängers zu arbeiten, auch für Tiere gilt. In meiner hoffnungslosen Selbstüberschätzung hatte ich geglaubt, für unsere „Lady" entscheiden zu dürfen, dass sie Reiki braucht. Dabei übersah ich großzügig ihren eigenen Willen und hatte immer eine passende oder besser gesagt, eine unpassende Erklärung für ihr Verhalten parat.
'Sei liebevoll zu allen Lebewesen' bedeutet auch, ihren eigenen Willen nicht nur zu akzeptieren, sondern auch entsprechend zu handeln, belehrte mich meine Innere Stimme. Danke für diesen Hinweis.
Völlig anders verhielt sich Kater „Clemens". So hatten wir einen stattlichen Kater getauft, der ohne Halsband und scheinbar ohne ein Zuhause zu haben durch unsere Siedlung streifte, den Katzendamen den Kopf verdrehte und sich regelmäßig mit den zahlreich vorhandenen Rivalen herumschlug. Eigenartigerweise hatte er sich uns als seine Familie ausgesucht. Er schloß zu unserem noch größeren Erstaunen mit unse-

rer verwöhnten und hochadeligen Katze, die zudem durch den Eingriff des Tierarztes keine Katzenbabys mehr bekommen konnte, innigste Freundschaft. Bei uns genoss er einfach alles, was wir ihm anboten oder was sich ihm bot. Essensreste, „Ladys“ vornehm zurückgelassene Anstandshäppchen, den zum Abkühlen hinausgestellten Pudding, und ganz besonders .... Reiki. Er war einmal hinzugekommen, als ich versuchte, „Lady“ zu behandeln. Sie lief natürlich wieder weg. „Clemens“ nahm wie selbstverständlich ihren Platz ein. Ich ließ Reiki weiter fließen und er schnurrte und brummte in vollster Zufriedenheit unter meinen Händen. Seit diesem Tag bekam er abends von mir regelmäßig sein Reiki. Ja, er forderte es sogar durch lautes Mauzen täglich ein. Für fünf bis zehn Minuten war er der glücklichste Kater dieser Welt. Wenn es ihm reichte, sprang er einfach auf, leckte zum Dank meine Hände, miaute und verschwand in der Dunkelheit zu seinen nächtlichen Abenteuern. Morgens lag er meistens glücklich erschöpft auf der Fußmatte und wartete auf sein Frühstück.
So wunderbar einmalig sind Tiere.

Inzwischen rückte Weihnachten immer näher. Doch dieses Jahr genoss ich die Adventszeit und verfiel nicht wie in all den Jahren zuvor in hektische Aktivitäten. In aller Ruhe erledigte ich meine Besorgungen, hatte meinen Spaß dabei und bummelte zufrieden über den Weihnachtsmarkt.

Advent, Advent, die Hausfrau rennt, gehörte der Vergangenheit an. In diesem Jahr hatten wir geplant, Weihnachten bei meiner Schwiegermutter in Münster zu feiern. Somit hatten sowohl unsere Tochter Andrea aus Bonn als auch wir eine zumutbare Anreise, die für den 24. Dezember vorgesehen war. Ulis Mutter freute sich darauf, ihre Lieben um sich zu scharen. Um sie zu entlasten, hatte ich versprochen, das Essen sowohl für den Heiligabend als auch für den 1. Feiertag mitzubringen. Für das Festessen hatten wir einen geräucherten Aal besorgt, der mangels Kellerraum für zwei Tage gut verpackt in unserem Carport-Geräteraum aufbewahrt wurde.

Am Vorabend unserer Reise machten mein Mann und ich es uns so richtig schön gemütlich. Die Koffer und Geschenke waren bereits ge- und verpackt, die Nachbarn, welche die Katzenpflege übernommen hatten, instruiert. Im Kamin flackerte das Holz. Leise Weihnachtsmusik erklang aus dem CD-Player und der Duft von Bratäpfeln durchzog das ganze Haus. Diese stimmungsvolle Atmosphäre änderte sich schlagartig, als ich die Terrassentür öffnete. Kater „Clemens“ lag wie ein Häufchen Elend auf der Fußmatte und rührte sich nicht. Seine Nase und ein Ohr waren blutverschmiert. Als ich ihn aufheben wollte, jaulte er vor Schmerzen auf. Vorsichtig setzte ich ihn wieder auf den Boden und sofort knickte er mit den Hinterläufen ein. Dazu schaute er mich mit so einem leidenden Blick an, dass es mir nacheinander heiß und kalt wurde.

Uli hatte diese Szene beobachtet und war mir zur Hilfe geeilt. Gemeinsam versuchten wir zunächst "Celems'" Wunden zu reinigen. Das ließ er jedoch nicht so ohne weiteres zu. Er kratzte in seiner Angst nur so um sich.

„Wir müssen unseren Tierarzt anrufen. Vielleicht können wir ja noch hinfahren", überlegte Uli laut.

Inzwischen hatte ich damit begonnen, Clemens mit Reiki zu behandeln. Dazu legte ich zunächst beide Hände über seinen Kopf, nach einigen Minuten auf sein Hinterteil. Leise schnurrend ließ er es über sich ergehen. Plötzlich drehte er sich auf den Rücken und streckte mir alle vier Beine entgegen. Da erst sah ich, dass sich auf seinem Bauch eine tiefe Risswunde befand, die ich ebenfalls mit Reiki behandelte. In Gedanken bat ich darum, diesen kleinen Kerl von seinen Schmerzen zu befreien. Laut sagte ich zu Uli:

„Wenn wir jetzt zum Tierarzt fahren, bekommen wir ganz sicher Medikamente und Verhaltensregeln, wie wir Clemens zu pflegen haben. Ganz bestimmt können wir das aber unseren Nachbarn, noch dazu über Weihnachten, nicht zumuten. Also müssen wir zu Hause bleiben. Warum wir wegen eines fremden zugelaufenen Tieres über Weihnachten nicht Mutter besuchen, musst du ihr bitte erklären. Ich glaube aber nicht, dass sie das versteht. Egal, was du dazu sagst."

Nach ungefähr zehn Minuten sprang „Clemens" plötzlich auf und lief, als wenn nichts gewesen wäre, an „Ladys" Wassernapf. Wir trauten unseren Augen nicht. Laut schlabberte er den ganzen Napf leer, miaute uns an und stellte sich vor die verschlossene Terrassentür. Er wollte raus. Ihn mit diesen Verletzungen in die Kälte zu lassen, fand ich nicht richtig. Er gab jedoch keine Ruhe, jaulte und kratzte an der Tür, die Uli schließlich öffnete. Stolz erhobenen Hauptes verließ Kater Clemens unser Wohnzimmer. Irritiert sahen wir uns an.

„Was war das denn?" entfuhr es Uli. "Dass Reiki eine tolle Sache ist, weiss ich ja inzwischen. Aber dieses Ding hätte ich nicht geglaubt, wenn ich es nicht selber erlebt hätte."

Er schüttelte den Kopf.

Auch ich war bei aller Überzeugung hin und her gerissen. Logisch konnte ich es wirklich nicht erklären. Mr. Verstand hielt sich auch elegant zurück und gab mir keine Erklärungsangebote.

Wie gewohnt, lag Kater Clemens am nächsten Morgen auf der Fußmatte. Sowohl seine Kopfwunden als auch seine Bauchverletzungen sahen nicht mehr so schlimm aus. Auch sein Appetit war wieder da, wie ich aufatmend feststellen konnte. Gott und allen Mächtigen sei Dank.
Nachdem die Katzen versorgt, und auch wir in aller Ruhe gefrühstückt hatten, wollte Uli den Aal aus dem Carport-Raum holen. Selbst bis in die Küche hörte ich sein Geschimpfe und kurz darauf sein dröhnendes Lachen. Neugierig geworden eilte ich zu ihm. Noch immer lachend stand er im Carport und hielt die vermeintlich gut verpackte Schachtel mit dem Aal in den Händen.
„Was ist denn mit dir los?“ fragte ich ihn. Insgeheim befürchtete ich, sein Verstand habe Schaden genommen. Soll ja alles schon einmal vorgekommen sein.
Lachend warf er mir das Paket zu. Überrascht fing ich es auf und merkte sofort, wie ungewöhnlich leicht es war. Ich schaute es mir genauer an. Die schmale Seite war wie mit einem scharfen Messer aufgeritzt und ließ sich problemlos aufklappen. Von dem Aal fehlte jede Spur. Fragend schaute ich meinen immer noch lachenden Mann an.
„Gluckere hier nicht so albern herum. Erkläre mir lieber, wo der Aal geblieben ist“, kommandierte ich.

„Das solltest du lieber Clemens, Lady und Kumpanen fragen“, war seine ernüchternde Antwort. Er wies auf die Kratzspuren, die eindeutig von Katzen stammten.
Da standen wir nun Heiligabend mit einem leeren Karton in unserer Garage. Der Festtagsschmaus war dahin. Trotzdem musste ich auch zunächst einmal lachen. War ja auch wirklich komisch. Blitzartig kam mir allerdings ein dunkler Verdacht. Sollte Kater Clemens gestern Abend etwa nicht nur wegen seiner Kampfverletzungen krank gewesen sein? Kämpfe trug er ja regelmäßig aus, was seine zahlreichen Narben an beiden Ohren bewiesen. Hatte er sich möglicherweise den Magen an unserem Aal verdorben? Für diese These sprach sein ausgesprochen großer Durst und sein anschließender Drang nach Draußen.
„Na bravo. Wie schön, dass Reiki ihm auch dabei geholfen hat. Und was essen wir heute Abend?“ fragte ich kleinlaut.
Wie gut, dass es bis zum Schweriner Fischer nicht weit war und diese Berufsgruppe üblicherweise früh mit ihrem Job beginnt. Wir bekamen problemlos Ersatz und fuhren trotz allem vergnügt auf die Autobahn. Die Piste war stark befahren und ab Hamburg stauverdächtig voll. Auch dafür soll Zwerg Laurin zuständig sein, ging es mir durch den Kopf. Durfte ich ihn wirk-

lich um freie Fahrt bitten? Augenblicklich fiel mir mein zögerliches Verhalten bei der Parkplatzbeschaffung wieder ein und damit auch mein Gelöbnis, aus meinen Fehlern lernen zu wollen. Zunächst fand ich den Augenblick passend und berichtete Uli von diesem imaginären, aber starken Helfer. Dafür erntete ich, wie konnte es anders sein, einen ausgesprochen skeptischen Seitenblick. Ich ließ mich davon nicht beirren und erzählte spannend, lustig und schön ausgeschmückt meinen kürzlich unternommenen Versuch.

„Na, dein Laurenzius scheint ja ein richtiger Wunderknabe zu sein."

Wieder traf mich ein kurzer, spöttischer Blick.

„Zwerg Laurin. Den Namen solltest du dir gut merken," erwiderte ich ernst. Und da ich gerade so gut im Redefluß war, fügte ich Hertas und meinen Beitrag zur Verbesserung des Betriebsklimas gleich an.

„Also, jetzt höre aber auf", donnerte mein Göttergatte ungehalten los, „du wirst doch nicht ernsthaft daran glauben können, dass ihr mit Reiki diese personelle Veränderung bewirkt habt. Ich muss mich doch sehr wundern. Bisher habe ich Hertas und deinen Umgang mit Reiki für ausgesprochen sachlich und objektiv eingeschätzt. Wenn ihr jetzt mit solchen Geschichten kommt, würde es mich nicht wundern, wenn

euer Chef diesem Teamwork bald ein Ende macht und euch umsetzt."
„Da kann ich dich beruhigen. Weder Kollegen noch Vorgesetzte wissen etwas von unserem Tun", antwortete ich und überlegte, wie ich ihm diese Reiki-Anwendung verständlicher erklären könnte.
„Trotzdem kann ich mir das nicht vorstellen und bin davon überzeugt, dass jetzt der Moment gekommen ist, dich auf den Boden der Wirklichkeit zurück zu holen. Parkplätze beschaffen, Türrahmen imprägnieren, Staus auf der Autobahn mittels Reiki verhindern. Du musst doch zugeben, das alles ist ein deutliches Anzeichen von Realitätsverlust."
Klack! Jetzt war es passiert! Die Reißleine war ausgeworfen und hielt mich fest umschlungen.
Jetzt brauchst du aber ganz viele positive Kräfte, um da wieder raus zu kommen, spottete Mr. Verstand zu allem Überfluß.
Ich blieb jedoch ganz ruhig, lehnte mich bequem in meinen Sitz zurück und musste sogar schmunzeln. Waren Herta und ich nicht genau so ungläubig gewesen? Nur die positiven Ergebnisse hatten uns doch überzeugen können, obwohl wir im Seminar schon Einiges von diesen unzähligen Möglichkeiten gehört hatten.
„Wie alles bei Reiki, kann ich dir auch diese Anwendungen nicht wissenschaftlich erklären. Die

positive Energie, die beim Handauflegen übertragen wird, hast du doch schon mehrfach am eigenen Leib gespürt. Warum sollte diese Energie nicht auch andere positive Auswirkungen zeigen, wenn sie gezielt eingesetzt wird?" Fragend schaute ich meinen ungläubigen Uli an.

„Dann hast du ja jetzt Gelegenheit, sehr gezielt zu arbeiten. Schau mal, da steht ein Streifenwagen. Die Kollegen stehen hier nicht, weil sie nichts besseres zu tun haben. Das bedeutet Stau. Hätten wir doch nur die Verkehrsnachrichten gehört, anstatt zu quatschen. Vielleicht hätten wir diesen Stau noch umfahren können", quengelte er.

„Nun gut. Ich werde es ausprobierten", antwortete ich mit Leichtigkeit.

Sofort meldete sich Mr. Verstand:

Die Grenze zwischen Selbstbewusstsein und Größenwahn wird immer fließender. Aber bitte schön, wer nicht hören will muss fühlen. Jetzt wirst du dich ganz schön blamieren. Am besten überlegst du dir jetzt schon einmal eine gute Begründung, warum ihr weiterhin im Stau stehen müßt.

In den letzten Wochen war mein Vertrauen zu den wunderbaren Möglichkeiten des Reiki enorm gestiegen. Und damit auch mein (Selbst)-bewusstsein. Deshalb ließ ich mich in keiner Weise verunsichern, sondern bat Zwerg Laurin um Unterstützung, stimmte mich ein und ließ

Reiki durch meine geöffneten und ruhig auf den Oberschenkeln liegenden Hände fließen. Dabei hielt ich die Augen geschlossen und fühlte, wie außergewöhnlich heiß nicht nur meine Hände, sondern auch mein ganzer Körper wurde. Eine himmlische Ruhe breitete sich in mir aus und ich hätte noch Stunden so dasitzen können. Brauchte ich aber nicht. Schon nach wenigen Minuten ging die Fahrt weiter. Zunächst nur im Schrittempo, dann hatte sich der Stau wie von Geisterhand aufgelöst. Es ging zügig weiter. Stumm bedankte ich mich bei Zwerg Laurin und lächelte vor mich hin.
Wieder traf mich ein Seitenblick. Jetzt schaute mich mein Herr Gemahl allerdings verblüfft und unsicher grinsend an.
„Auch du könntest dich bei Zwerg Laurin bedanken", forderte ich ihn immer noch lächelnd auf.
„Ach was, reiner Zufall und pures Glück", hörte ich. Jedoch klang seine Stimme längst nicht so sicher wie gewohnt.
„Kommissar Zufall mag ja in deinem Job oft ein hilfreicher Kollege sein. Ich vertraue aber lieber auf andere Hilfe", antwortete ich mit fester Stimme.
Er sagte nichts dazu und konzentrierte sich auf das Fahren. Ich ließ weiterhin Reiki fließen, genoß die Wärme und freute mich, dass es so gut

voran ging. Im Autoradio verfolgten wir die Verkehrsnachrichten, die immer mehr Staus und zähfließenden Verkehr auf den Autobahnen und den Bundesstrassen meldeten.

Der Wetterdienst kündigte eine starke Schneefront, die von Nord nach Süd unser Land durchziehen sollte, an. Inzwischen hatte sie Hamburg erreicht. Auf den Straßen war das reinste Chaos ausgebrochen. Wir fuhren zirka 50 km vor dieser Unwetterfront her und hatten bis Münster freie Fahrt. Als wir dann auch noch direkt vor der Haustür meiner Schwiegermutter einen Parkplatz fanden, glaubte selbst Uli nicht mehr an Zufall oder Glück. Er stellte den Motor ab und zu meiner Überraschung und Freude sagte er laut aufatmend:
„Danke, lieber Zwerg Laurenzius." Über diesen, aus vollem Herzen heraus gemachten Seufzer, mußte ich lachen.
„Laurin, mein Schatz! Dieser Helfer heißt Zwerg Laurin."
Andrea kam völlig genervt in Münster an. Sie hatte für die 200 km von Bonn vier Stunden benötigt und mußte anschließend drei Ehrenrunden um den Aasee in Münster fahren, bis sie letztlich einen weit von der Wohnung entfernten Parkplatz gefunden hatte.
„Warum hast du denn Zwerg Laurin nicht um

Hilfe gebeten?" fragte mein Mann seine Tochter. Verblüfft schaute sie ihren Erzeuger an.
„Wen hätte ich um Hilfe bitten sollen?"
Haarklein berichtete Uli der Familie von Zwerg Laurin und unserer wunderbaren Fahrt hierher. Ich traute meinen Ohren kaum. Meine Schwiegermutter schaute ihren Sohn nachsichtig schmunzelnd und Andrea ihren Vater besorgt an. Nur zu gut kannte sie seine bisherige Ablehnung nicht logisch erklärbarer Phänomen. Sie selber beschäftigte sich seit geraumer Zeit mit Astrologie, erstellte selber Horoskope und lebte nach der Mondphase. Zu oft hatte Uli sie schon ausgelacht, wenn sie zum Beispiel behauptete, nur an „Löwetagen" oder „Jungfrautagen" ihre Haare schneiden zu lassen. Bevor die Beiden in eine ihrer üblichen und für gewöhnlich sehr langatmigen Diskussionen einsteigen konnten, erzählte ich von meinem Reiki-Seminar. Andrea hatte schon von Reiki gehört und schnell waren wir in ein interessantes Gespräch vertieft.
„Na, Gott sei Dank. Jetzt bin ich wenigstens nicht mehr die einzige Spinnerin in der Familie", sagte sie abschließend laut, mir ein Auge zuzwinkernd, in Richtung ihres Vaters.
Es wurde ein friedliches und harmonisches Weihnachtsfest im Familienkreis. Trotzdem wollte mich ab und zu eine tiefe Traurigkeit überfallen. Warum ist meine Tochter nicht bei

uns, fragte ich mich. Natürlich hatte ich sie gebeten, wenigstens an einem Tag zu uns zu kommen. Sie wollte aber lieber im Kreise der Familie ihres Vaters Heiligabend feiern und am 1. Feiertag zu einer Freundin nach Osnabrück fahren. Lebe bewußt im Jetzt und nimm deine Segnungen dankbar an. Das bedeutet, genieße die Liebe deiner neuen Familie und nimm sie dankbar an. Trauere nicht dem hinterher, was hätte sein können. Dadurch raubst du dir selbst die Freude des Augenblicks, wirst unzufrieden und verkrampfst innerlich, flüsterte mir meine Innere Stimme zu.
Es war und ist nicht immer einfach für mich, diesen Rat zu befolgen. Den Weg hin zur heiteren Gelassenheit, ganz gleich was auch geschieht, zu finden und ihn bedingungslos zu gehen, muss wie alles im Leben trainiert werden. Dabei ist es zutiefst menschlich, immer mal wieder in alte Gewohnheiten zurückzufallen. Wichtig dabei ist es, zu erkennen und zu verstehen, dass dieses Training nie zu Ende sein wird. Es ist ähnlich wie bei den Sportlern. Auch sie üben täglich und stellen ihre Muskeln sowie ihre Kondition auf eine harte Probe. Selbst die großen Meister jeder Sportart trainieren täglich weiter. Ebenso wird kein geistiger Lehrer dieser Welt behaupten, ausgelernt zu haben und keine Übung mehr zu benötigen. Daran erkennt man

die wirklichen Meister des Lebens.
Nachdem wir am 2. Feiertag noch kurz bei Gisela und Karsten hereingeschaut hatten, fuhren wir nach Hause. Die Fahrt verlief störungsfrei und gegen Abend konnten wir Lady und natürlich auch Clemens begrüßen. Von seinen Verletzungen war übrigens nichts mehr zu sehen.

Zwischen Weihnachten und Neujahr sollten meine neuen Möbel geliefert werden. Ich hatte mir Urlaub genommen und begann direkt am nächsten Tag, die Rauhfasertapete in meinem Zimmer mit einer Schwammtechnik zu bearbeiten. Schon abends war ich fertig und die gelben Farbwischer sahen wirklich gut auf der Tapete aus.
Zwei Tage später war es soweit. Der Lieferwagen fuhr vor und ich öffnete den beiden Möbellieferanten erfreut die Haustür. Anstatt auf mein fröhliches „guten Morgen“ zu antworten, monierte der Ältere der beiden die schlechte Ausschilderung in unserem Wohngebiet.
„Fast wäre ich wieder gefahren. Hier findet man sich ja kaum zurecht. Sie hätten eine genaue Wegbeschreibung abgeben sollen“, wurde mir brummend mitgeteilt. Der jüngere Mann, scheinbar ein Auszubildender, nickte kurz in meine Richtung und öffnete den Lieferwagen.
„Ihre Verkaufsstellenleiterin wohnt doch hier

im Dorf. Die hätten sie doch fragen können, wie sie uns finden", antwortete ich ein wenig irritiert über diese Begrüßung. Meine Erwiderung hatte wohl niemand gehört. Beide Männer hatten den Schreibtisch abgeladen und standen damit vor der Tür. Ich wies die Treppe hinauf, um ihnen den Weg zu zeigen. Schlagartig setzten beide den Schreibtisch ab, sahen mich an, als wenn ich ihnen ein unmoralisches Angebot gemacht hätte, und der Ältere schüttelte den Kopf. „Nee nee, junge Frau. Hier steht nur, dass wir ausliefern und aufstellen sollen. Dass wir die Sachen in den ersten Stock schleppen müssen, steht hier nicht." Umständlich holte er den Lieferschein aus seiner Jackentasche, den er mir als Beweis unter die Nase hielt. Ich spürte Ärger in mir aufsteigen. Sollte ich vielleicht selbst die Sachen hochtragen?

„Es war zwischen ihrer Chefin und mir ausgemacht, die Möbel im Obergeschoss aufzustellen. Wenn sie mir nicht glauben wollen, telefoniere ich gerne mit ihr", bot ich gereizt an. Der ältere der Beiden blickte mich irritiert an, gab ein Kommando. Der Schreibtisch wurde angehoben und wenig vorsichtig durch den Eingang bugsiert. Dabei brummte er etwas, was sich wie .....Zicke anhörte. Ich konnte nicht ansehen, wie die Zwei die Treppe hochbalancierten und dabei sowohl ans Geländer, als auch an die Wand stießen. Darum ging ich ins Wohnzimmer, legte beide Hände auf meinen Oberkörper, stimmte mich auf Reiki ein und bat leise darum, mich bei dieser Herausforderung zu unterstützen. Augenblicklich wurden meine Hände sehr warm und ich wieder ruhig. Schon nach wenigen Momenten fühlte ich mich stark genug und ging zu den Beiden in die obere Etage. Wieder wurde ich ausgesprochen unfreundlich darauf hingewiesen, hier sei viel zu wenig Platz, um die Regale zusammenzubauen und aufzustellen. Ich holte tief Luft.

„Leider kann ich ihnen nicht mehr Platz bieten. Selbstverständlich können sie für ihre Arbeiten auch den Flur mitbenutzen."

Für mein gutes Angebot erntete ich eine abwehrende Handbewegung und wieder ein unverständliches Brummen. Jetzt reichte es mir. Völlig ruhig und mit dem inneren Wissen richtig zu handeln, schaute ich ihm direkt in die Augen, lächelte ihn an und fragte:

„Guter Mann, warum sind sie mir gegenüber so aggressiv? Ich habe ihnen doch nichts getan und bin ihnen gegenüber doch auch freundlich. Letztlich bin ich Kunde ihrer Firma und als solcher möchte ich auch behandelt werden."

Verdutztes Schweigen auf der anderen Seite. Aus den Augenwinkeln heraus sah ich, wie der Lehrling vor lauter Überraschung den Mund

offen stehen ließ und erwartungsvoll seinen Meister anstarrte. Plötzlich ging eine Veränderung in diesem vor. Sein Gesichtsausdruck entspannte sich. Ja, er versuchte sogar zu lächeln, brach diesen Anlauf jedoch verlegen ab.
„Tschuldigung, gute Frau. War nicht so gemeint. Wir werden die Möbel schon irgendwie aufstellen. Haben schon ganz andere Sachen hinbekommen", brummte er.
„Na wunderbar. Dann ist ja alles in Ordnung. Ich werde sie nicht länger aufhalten und nach unten gehen. Falls sie irgend etwas benötigen, finden sie mich dort", sagte ich, lächelte beide nochmals an und ging hinunter. Ich war mächtig stolz auf mich, nickte mir selbst im Flurspiegel zu und kochte eine große Kanne Kaffee. Wenn mir das vor zwei Monaten passiert wäre, hätte ich die Beiden erbost rausgeschmissen, wütend in der Firma angerufen und gefordert, mir sofort und auf der Stelle vernünftige Leute zu schicken. Ich mußte über diese Vorstellung grinsen.
Das hast du wirklich gut gemacht. Für jedes Verhalten gibt es jedoch einen Grund. Interessiert dich nicht, warum der gute Mann sich so benommen hat? meldete sich meine Innere Stimme.
Bisher hatte ich mir in der Tat keine Gedanken über sein Motiv gemacht. Ursache und Wirkung - na klar! Plötzlich wurde ich neugierig und

wollte den Grund für sein Verhalten erfahren. Während ich noch überlegte, wie ich das anstellen könnte, stand der jüngere Mann hinter mir. Er fragte freundlich, ob es erlaubt sei, oben zu rauchen.
„Selbstverständlich dürfen sie hier rauchen", sagte ich freundlich und reichte ihm einen Aschenbecher.
„Darf ich ihnen auch einen Kaffee anbieten?" setzte ich lächelnd hinzu, bestrich schnell noch einige Brote und wenige Minuten später saßen wir drei in der Küche. Während des Frühstücks erzählten sie mir, dass sie eigentlich zwischen Weihnachten und Neujahr Urlaub hatten. Durch eine Fehlplanung des Verkaufsbüros mußten sie ihre wohlverdienten Ferien unterbrechen und bei uns die Möbel aufstellen.
Aha, daher weht der Wind, dachte ich. Aufrichtig und laut bedauerte ich sie. Dadurch war die Lage endgültig entspannt, die Beiden freundlich und ausgesprochen hilfsbereit. Nachdem die Möbel aufgestellt waren, stellten wir fest, dass die Deckenlampe in meinem Zimmer nicht mehr an der richtigen Stelle angebracht war. Ohne zu zögern versetzten sie mir diese. Die Verabschiedung fiel nahezu freundschaftlich aus. Der Lehrling bedankte sich sogar bei mir und meinte, es habe ihm Freude gemacht, hier zu arbeiten. Und wieder war ich stolz auf mich.

In aller Ruhe begutachtete ich zufrieden mein neues Zimmer. Die befürchteten Schäden im Treppenhaus waren minimal und mit einigen kleinen Pinselstrichen behoben. Während ich noch darüber nachdachte, ob ich bei der Möbelfirma anrufen und mich für die pünktliche Lieferung bedanken sollte, klingelte das Telefon. Es meldete sich meine Bekannte aus dem Möbelladen. Sie fragte, ob alles zur Zufriedenheit geklappt habe. Das konnte ich nur zu gerne bestätigen. Zu meiner Verwunderung fragte sie auch, ob sich die beiden Mitarbeiter korrekt verhalten haben. Im vertraulichen Plauderton erzählte sie, dass es in letzter Zeit über den Älteren Beschwerden aus der Kundschaft gegeben habe, weil er unhöflich sei. Die Geschäftsleitung habe deshalb beschlossen, sich bei der nächsten Beschwerde von diesem Mitarbeiter zu trennen. Ich erklärte, mit Beiden keine Probleme gehabt zu haben. Sie seien freundlich und überaus hilfsbereit gewesen.
„Falls ich wieder einmal Möbel bei euch kaufen sollte, möchte ich, dass diese Beiden sie aufstellen", beendete ich das Gespräch. Über diese Offenheit bezüglich betriebsinterne Dinge staunte ich. Das hätte es im Westen nie gegeben. Was hätte ich nur angerichtet, wenn ich mich so wie früher üblich verhalten hätte? Indirekt hätte ich dazu beigetragen, jemanden arbeitslos zu machen.

Puh, wie gut, dass ich schon etwas gelassener und ruhiger geworden bin, dachte ich dankbar.
Die drei abendlichen Fragen:
- Worüber hast du dich heute gefreut?
- Was hast du heute gelernt?
- Für was bist du heute dankbar?
waren heute schnell beantwortet.

Wencke hielt ihr Versprechen. Sie schrieb mir hin und wieder einen Brief. Fast wöchentlich telefonierten wir miteinander, so konnten wir ganz langsam wieder aufeinander zugehen. Inzwischen hatte sie ihr Vorstellungsgespräch gehabt und bereits die Zusage erhalten, im Sommer eine Ausbildung in der besagten Computer-Firma beginnen zu können. Voraussetzung dafür war allerdings das Fachabitur. Die Prüfungen sollten in zwei Wochen beginnen und entsprechend nervös war das Mädchen.
Uli hatte nach bewährter Art einen schönen Urlaubsort für uns Frauen gefunden. Es war ein kleiner Ort an der Südküste von Gran Canaria. Das Hotel versprach das gewünschte Ambiente und die Umgebung Abwechslung. Die äußerlichen Bedingungen für einen Urlaub, der ja nicht nur Erholung bringen, sondern Mutter und Tochter wieder versöhnen sollte, waren damit gegeben.
Allein darauf wollte ich mich aber nicht verlassen. In meiner Phantasie malte ich mir unsere Unternehmungen, vor allem aber unsere Gespräche schön und harmonisch aus. Wieder verfiel ich in meine alte Gewohnheit, wobei sich eine gespannte Erwartungshaltung aufbaute. Und natürlich gab ich wieder das Ergebnis mi-

nuziös vor, formulierte es haarspalterisch genau und legte es schriftlich fest. Dieser Wunschzettel wanderte in meine Reiki-Wunschbox, die jeden Abend „bestrahlt" wurde. Wie selbstverständlich erwartete ich ein Ergebnis, wie ich es vorgab. Schließlich hatte ich ja schon so viele wunderbare Erfahrungen damit gemacht, dachte ich in einer Art von Euphorie, die rückblickend betrachtet, schon ein wenig an Megalomanie oder Größenwahn denken ließ. Von heiterer Gelassenheit oder dem inneren Wissen, dass alles zur rechten Zeit zu uns kommt, war bei mir nichts zu spüren. Ich war noch viel zu sehr damit beschäftigt, Alles und Jedes lenken, eben jedem Ereignis meinen Stempel aufdrücken zu wollen. Mein Ego war ein Goliath geworden, der keinen Gedanken daran verschwendete, dass es vielleicht auch noch einen David geben könnte.
Mr. Verstand und meine Innere Stimme verhielten sich überraschend ruhig. Keine Warnung, kein Stopzeichen erreichte mich. Oder wollte ich es in meiner Überheblichkeit nicht hören?
Ich gab mir weiterhin jeden Abend Reiki. Die sogenannten energetischen Übungen machten mich ganz besonders neugierig. In einem Reiki-Buch hatte ich von einer Übung gelesen, die sich „Energiekugel" nannte. Sie erinnerte mich gleich an die „Kosmische Küche". Bei dieser Übung sollte Reiki fließen und die Energie zwi-

schen beiden Händen zusammengeführt werden, so als wenn man eine Glaskugel in den Händen hält. In diese imaginäre Kugel wird der Wunsch hineingestellt und so lange „bestrahlt", bis das Fließen der Energie in den Händen aufhört. Danach wirft man sie in den Himmel. Übergibt sie sozusagen der „Kosmische Küche" als Bestellung. Alsdann dreht man sich um und geht seinen Tagesgeschäften nach. Die Bestellung würde bearbeitet und das Gewünschte prompt geliefert.

So hatte ich es gelesen.

Da Geduld noch immer nicht meine Glanzseite war, interessierte mich diese Übung besonders. Prompte Lieferung, na das ist ja was Tolles. Sofort hatte ich einen Wunsch, der mir für diese Übung geradezu exquisit erschien.

Die letzte Arbeitswoche vor dem Urlaub war angebrochen. Auf meinem Schreibtisch stapelten sich Akten. Ich hatte kaum Zeit, auch nur die kleinste Pause einzulegen. Von Ehrgeiz getrieben, hatte ich mir selber vorgenommen, meinen Schreibtisch bis Freitag leer zu haben. Meine Urlaubsvertretung sollte keine unerledigten Arbeiten vorfinden. Wo kämen wir denn da hin? Schließlich bin ich eine äußerst fleißige Person, die ihre Arbeit immer schafft. So meine maß- und gnadenlose Selbsteinschätzung.

Da in unserer Abteilung gerade wieder einmal

umstrukturiert worden war, hatte ich keine feste Vertretung. So sollte eine junge Kollegin diesen Job übernehmen, die jedoch noch eingearbeitet werden mußte. Um ihr die nötige Sicherheit zu geben, nahmen wir uns seit längerer Zeit dafür jeden Mittwoch vor, an dem wir gemeinsam die Arbeiten erledigten. Meiner eigenen hoch eingeschätzten Meinung nach war sie bereits „fit". Eine weitere Einweisung völlig überflüssig. Schließlich wollte ich ja auch nur eine Woche und nicht einen Monat Urlaub machen. Meiner berühmt-berüchtigten Ungeduld hatte ich diese Überzeugung zu verdanken. Wenn ich für die Kollegin aber auch in dieser Woche einen Praktikantentag einlegen müßte, würde meine Arbeit nie und nimmer fertig. So meine unsinnige Überlegung. Da kam mir die Übung mit der Energiekugel gerade recht! Dienstagabend „formte" ich meine Kugel und bat darum, die Kollegin möge am kommenden Tag nicht zur Einarbeitung kommen.

Sofort meldete sich Mr. Verstand:

Und warum sollte sie ausgerechnet morgen nicht erscheinen?

Ach ja, ein Grund für ihr Ausbleiben mußte her. Ich überlegte fieberhaft, fand aber auf die Schnelle keine logische und einleuchtende Erklärung. So kam ich auf den unklugen Gedanken, die Kollegin möge natürlich nur für diesen

einen Tag ein ganz winziges, wirklich völlig ungefährliches Unwohlsein haben und deswegen diese zusätzlichen Belastungen nicht ertragen.
In meinem schrankenlosen Übermut fand ich diese Idee beeindruckend kreativ. Ich war mächtig stolz auf mich. Voller Eifer „bestrahlte" ich meine fiktive Kugel mit Reiki.
Die leise Ermahnung meiner Inneren Stimme:
Denke noch einmal gut über deinen Wunsch nach,
wollte ich nicht beachteten und wischte sie ohne zu zögern weg. Ich brachte meine Kugel auf den Weg, verließ mein Reiki-Zimmer und kümmerte mich um den Haushalt. Keinen Gedanken verschwendete ich an diese Angelegenheit. Warum auch? Bestellt ist bestellt, die Lieferung wird schon kommen.

Am nächsten Morgen lief zunächst alles wie gewohnt. Als ich mich fröhlich singend nach dem Duschen abtrocknete, knackte es verdächtig laut in meinem Nacken.
„Au! Verflixt, was ist denn jetzt passiert?" entfuhr es mir und ich faßte automatisch an meinen Hals. Ich konnte meinen Kopf nur noch langsam und mit Schmerzen bewegen. Diese Beschwerden kannte ich nur zu gut. Schon häufig hatte ich unter einer Blockade der Halswirbelsäule zu leiden gehabt. Allerdings lag die letzte Attacke schon längere Zeit zurück.

„Warum ausgerechnet jetzt, wo ich in Urlaub fahren will?“ fragte ich mich. Mühsam zog ich mich an und fuhr äußerst vorsichtig zur Arbeit. Je näher ich Schwerin kam, um so stärker wurden die Schmerzen. Am Schreibtisch angekommen, konnte ich nur noch den ganzen Körper drehen. An eine Kopfbewegung war nicht mehr zu denken.

Ich litt leise schimpfend vor mich hin, wobei ich meine Arbeit nur mühsam unter immer stärker werdenden Schmerzen machen konnte. Nach einer Stunde öffnete sich die Bürotür und die junge Kollegin stand freundlich lächelnd putzmunter vor meinem Schreibtisch. Ich schaute sie an, als wenn der Weihnachtsmann höchstpersönlich aufgetaucht wäre. Plötzlich fiel es mir wie Schuppen von den Augen. Was hatte ich nur versucht? Mir wurde schwindelig. Ich konnte beim besten Willen kein Wort herausbringen. Teils aus Scham, teils aus Ärger über mich selbst. Hatte ich doch versucht, diese wunderbare Reiki-Kraft aus purem Egoismus und dazu noch zum Nachteil einer anderen Person einzusetzen! War mein eingeklemmter Nerv die Quittung für mein halsstarriges und dummes Verhalten? Natürlich war es das! Deutlicher hätte es nicht kommen können, beantwortete ich mir meine eigene Frage.

Wie du denkst – so dir geschieht. Was du aussen-

dest, bekommst du auch zurück. Auch das hast du jetzt bestimmt verstanden, flüsterte mir meine Innere Stimme zu.
Innerlich leistete ich sowohl bei der Kollegin, als auch bei Meister Usui Abbitte. Ich schwor mir in diesem Moment, nie wieder, sei die Versuchung noch so groß, diese Art der Manipulation auch nur zu überlegen, geschweige denn sie auszuprobieren.
Meinen Schreibtisch bekam ich unter diesen Bedingungen nicht mehr frei. Auch meinen steifen Hals behielt ich vorerst. Steifnackig musste ich meinen Koffer packen und kleinlaut gelobte ich mir immer wieder: Dieses beeindruckend praktische Erlebnis wird ein Einmaliges bleiben.
Am Samstagabend holten Uli und ich Wencke vom Bahnhof ab. Noch immer konnte ich meinen Kopf nur äußerst vorsichtig bewegen. Da wir am nächsten Tag sehr früh aufstehen mußten, wurde am Vorabend nicht mehr viel unternommen. Die Zurückhaltung und Schweigsamkeit von Wencke verbuchte ich auf die ungewohnte lange Zugfahrt, sowie ihre Vorfreude auf unseren gemeinsamen Urlaub.

Um das Ergebnis unserer Versöhnungsferien vorweg zu nehmen: Es wurde für mich das reinste Desaster und warf mich unsanft auf den harten Boden der Wirklichkeit zurück. In meiner lebhaften Fantasie hatte ich mir diesen Urlaub als ein wunderbares Erlebnis, umwoben von Harmonie und Freude, vorgestellt. Ich war mir so sicher gewesen, meinen Wunsch mit Liebe und Freude „aufgeladen“ zu haben. Nie wäre ich auf die Idee gekommen, Wencke könne völlig anders reagieren.

Schon auf der Fahrt zum Flughafen wurde meine, wie ich damals meinte, reichlich vorhandene „heitere Gelassenheit“ einer ersten Prüfung unterzogen. Nach einem Frühstück, bei dem meine Tochter außer einem gequälten „Guten Morgen“ kein Wort fallen ließ, brachte Uli uns zum Hamburger Flughafen. Wencke setzte sich auf die Rückbank des Autos und blickte wortlos, mit einem Gesichtsausdruck, als wenn die Fahrt die reinste Zumutung für sie wäre, aus dem Fenster.

Na, das Mädchen hat Flugangst. Schließlich ist es ihre erste Flugreise. Ich nahm sie, wie es sich für eine gute Glucke gehört, gedanklich in Schutz. Ulis beunruhigten Seitenblick beantwortete ich mit einem flüchtigen Schulterzucken. Ohne zu fragen, ob jemand etwas dagegen habe, wenn sie im Auto raucht, wollte sie sich einen Glimmstengel anstecken. Ich wies sie freundlich, aber bestimmt darauf hin, dass in unseren Autos grundsätzlich nicht geraucht wird und bat sie, bis zum Flughafen zu warten.

Beleidigt steckte sie ihre Zigaretten wieder ein, uns weiterhin mit Nichtachtung strafend.
Na, das kann ja heiter werden, meldete sich Mr. Verstand.
Dieses Unken war wenig hilfreich. Ich war fest entschlossen, mir meine gute Laune nicht verderben zu lassen und spielte die über alles Erhabene.

Am Flughafen angekommen, half Uli uns beim Einchecken der Koffer, danach verabschiedete er sich zunächst von Wencke. Sie reichte ihm verdrießlich die Hand, wobei sie auch noch demonstrativ in eine andere Richtung schaute. Mich nahm er in die Arme, gab mir einen Kuss und flüsterte mir zu:
„Kopf hoch, kleine Maus. Wenn ich erst weg bin, wird sie bestimmt ihr Verhalten ändern. Falls du auf Gran Canaria Probleme haben solltest, rufe mich, egal wie spät es auch sein mag, sofort an. Ich werde alles Mögliche tun, um dir zu helfen. Lasse dich nur nicht von diesem Fräulein Unnahbar unter die Knute nehmen."
In meiner unerbittlichen Selbstüberschätzung fand ich seinen Hinweis total überflüssig und antwortete pikiert:
„Das wird nicht nötig sein. Damit komme ich schon sehr gut allein zurecht."
Zweifelnd schaute er mich an, drückte mich

noch einmal, bevor er Richtung Ausgang im Touristengewühl verschwand.
Da standen Mutter und Tochter allein in der großen Abflughalle. Wencke blieb weiterhin sehr schweigsam. Auf meine Fragen antwortete sie nur ausgesprochen sparsam. In diesem Moment kam ich mir plötzlich sehr allein gelassen und irgendwie hilflos vor. Was habe ich nur falsch gemach? Diese Frage ging mir unablässig durch den Kopf. Weder Mr. Verstand noch meine Innere Stimme antworteten mir. Mein trotzig nach außen gezeigter Optimismus bekam die ersten Risse.
Beim Check-in hatte ich die Stewardess gebeten, Wencke einen Fensterplatz zu geben. Dachte ich doch an meinen ersten Flug, der erst einige Jahre zurück lag. Damals hatte ich mir auf dem Flug nach Mallorca fast die Nase an dem kleinen Fensterchen platt gedrückt und fiel vor Begeisterung über die immer kleiner werdenden Gebäude, die Wiesen und Felder, die wunderbare Sicht und die grenzenlose Freiheit über den Wolken fast in Ohnmacht.
Völlig anders reagierte meine Tochter. Wirkte sie beim Start wenigstens ein klein wenig aufgeregt, kramte sie, kaum dass wir die Reiseflughöhe erreicht hatten und das Nichtraucherzeichen über unseren Sitzen erlosch, erst ihre Zigaretten, danach ihren Walkman hervor, setzte

sich kommentarlos den Kopfhörer auf, lümmelte sich in ihrem Sitz zurecht, schloss die Augen und zeigte mir damit nur zu deutlich, dass sie nicht mehr angesprochen werden wollte.
Zickenalarm, spottete Mr. Verstand.
Mein Mut sank. Immer wieder blickte ich mein Fräulein Tochter ostentativ an. Das nutzte aber auch nichts. Sie veränderte ihre Position lediglich, um hin und wieder eine neue Kassette in ihren Walkman einzulegen. Mich beachtete sie dabei nicht. Selbst als an Bord das Essen serviert wurde, setzte sie ihren Kopfhörer nicht ab.
Für jedes Verhalten gibt es einen Grund, fiel mir ein früherer Hinweis meiner Inneren Stimme wieder ein. Wenn ich nur wüsste, warum sie sich so benimmt, zerbrach ich mir während des gesamten Fluges den Kopf. Außer Kopfschmerzen und noch unangenehmere Nackenschmerzen kam nichts dabei heraus.
Habe ich doch gleich gesagt. So einen Muffelkoten muss man härter anfassen. Ich würde ihr zu ihrem unreifen und abweisenden Verhalten einmal ordentlich die Meinung sagen. Sonst wird das für dich ein richtig netter Meditationsurlaub, stichelte Mr. Verstand.
Nach mir schier unendlich vorgekommenen fünf Stunden einsamer Flugzeit hatte ich ernsthafte Zweifel, ob dieser gemeinsame Urlaub uns wirklich näher bringen konnte.

Zweifel darf nichts weiter als Wachsamkeit sein, sonst kann er sehr gefährlich werden. Zweifele nicht, beobachte! Beobachte deine Tochter, ohne ihr Verhalten sofort und auf der Stelle zu bewerten oder gar zu verurteilen, riet mir meine Innere Stimme.

Nun gut, ich kann ihr Verhalten ja wirklich erst einmal weiter beobachten, dachte ich tapfer.

Lange hielt dieser gute Vorsatz jedoch nicht an. Ich erwischte mich dabei, immer wieder eine Erklärung für Wenckes seltsames Tun zu suchen. Vielleicht hat sie ja nur einen schlechten Tag. Oder ich bin ganz einfach zu empfindlich geworden. Sie hat es ja auch wirklich nicht leicht gehabt. Zuerst trennt sich die Mutter von der Familie, einige Jahre später stirbt der Vater. Das zu verkraften war bestimmt sehr schwer und beeinflusst ganz sicher ihr jetziges Verhalten, grübelte ich und bewertete damit natürlich schon wieder.

Bevor ich nach alt bewährter Methode die scharfen Klingen der Selbstvorwürfe herausholen konnte, setzte der Flieger zu Landung an. Das brachte mich auf andere Gedanken und meiner Tochter die Sprache zurück.

„Oh, wir sind schon da? Das ging aber schnell", sagte sie, nahm den Kopfhörer ab, schaltete den Recorder aus und packte ihre Sachen ein.

So kontrovers können die Empfindungen sein.

Leider blieben sie während des ganzen Urlaubs so entgegengesetzt. Es war zum Verzweifeln. Vor allen Dingen ihr enorm hohes Schlafbedürfnis bis spät in den Morgen beunruhigte mich zunächst. Es führte dazu, dass wir es nie bis 10.00 Uhr in den Frühstücksraum schafften, wodurch uns das Hotelfrühstück entging. Da wir ein Appartement mit Küchenzeile zur Verfügung hatten, ging ich regelmäßig in einen der unzähligen Supermercados, kaufte Brötchen, Käse, Marmelade, bereitete das Frühstück zu und wartete geduldig darauf, bis mein Fräulein Tochter ausgeschlafen hatte.
Sie wird doch nicht krank sein, grübelte ich während der Wartezeit. Nach drei Tagen fragte ich besorgt, ob ihr etwas fehle. Erstaunt über diese Frage wies sie ironisch darauf hin, es sei ja schließlich ihr Urlaub, da dürfe sie doch wohl wenigstens lange schlafen. Nein, krank sei sie nicht.
Damit war das Thema für sie erledigt und ihr Blick kreiste kritisch über den Frühstückstisch. Gibt es hier kein Nutella?
Meine geliebten Strandläufe musste ich alleine machen. Auf so was habe ich keinen Bock, wies sie meine Bitte mitzulaufen empört ab. Gehe du nur allein, ich lege mich an den Pool und lese, wurde mir großzügig angeboten. Lediglich eine Jeep-Safari wurde für „geil" gehalten und blieb

unsere einzige gemeinsame Aktivität.
Immer wieder ermahnte ich mich, geduldig zu bleiben. Ich beobachtete sie und gab mir meiner Meinung nach bewundernswerte Mühe, ihr Verhalten nicht zu verurteilen.
Wer selber in der glücklichen Situation ist, Teenager in der Familie zu haben, wird vielleicht nachempfinden können, wie sich langsam aber sicher das Fass der Anspannung füllt und irgendwann überzulaufen droht.
Selbst meine Reiki-Behandlungen, für die ich morgens reichlich Zeit hatte, brachten keine Ordnung in mein gedankliches Chaos. *Es denkt dich nicht,* hatte mir meine Innere Stimme einmal gesagt. Hier und jetzt erschien mir dieser Rat geradezu sarkastisch, und mehr frustriert als gelockert beendete ich immer an dieser Stelle meine Reiki-Sitzung. Um diese Lehre zu verstehen und im täglichen Leben wirkungsvoll einzusetzen, muss ich wohl noch sehr viel büffeln, dachte ich betrübt. So stand ich danach auf, zog meine Laufschuhe an und marschierte in Richtung Strand, wo ich versuchte, mir meinen Frust abzulaufen.
Du kannst vor nichts weglaufen, auch wenn du es noch so oft versuchst, hörte ich meine Innere Stimme sagen.
Abrupt blieb ich stehen, um über das eben Gehörte nachzudenken. Langsam setzte ich mich

in den Sand und schaute auf das Meer. Stimmt. Schon während meiner ersten Ehe habe ich aus Frust, Ärger und Traurigkeit mit dem Laufen angefangen. Zwar hat mir die Bewegung an der frischen Luft sehr gut getan und damit meine körperliche Gesundheit unterstützt. Meine Probleme oder Schwierigkeiten fand ich anschließend jedoch immer noch vor. Auf die Wirkung der sogenannten Glückshormone, die beim Laufen ausgeschüttet werden sollen, hatte ich schon damals vergeblich gewartet.
Geistesabwesend schaute ich den Wellen zu, die mit einer leichten Schaumkrone versehen meine Beine umspülten, sie vom Sand säuberten, sich danach einige Meter zurückzogen, kraftvoll zurückkehrten, um mich erneut zu umspülen. Wie von Ferne beobachtete ich, wie ich immer tiefer in den weichen Boden einsank. Meine Hände, auf die ich mich gestützt hatte, waren schon im feinen Sand verschwunden. Genau so komme ich mir vor: Gefangen von Traurigkeit und umgeben von kaltem Schweigen.
Hilfe suchend schaute ich in den strahlend blauen Himmel. Wer immer mich dort oben auch hören mag, bitte hilf mir dabei, dachte ich andächtig und vertrauensselig wie ein kleines Kind.

Du hast die Kraft zu ändern, was zu verändern ist. Wenn diese Situation für dich nicht länger hinzu-

nehmen ist, verändere sie. Bedingungslose Liebe heißt nicht, sich bedingungslos alles gefallen zu lassen, ohne den anderen auf die eigenen verletzten Gefühle aufmerksam zu machen, hörte ich tief in mir meine Innere Stimme.
Du hast Wencke jetzt tagelang beobachtet und damit Geduld bewiesen. Die Tür, von der ich einmal gesprochen habe, ist somit weit geöffnet. Nun liegt es an ihr, hindurchzugehen oder vor der offenen Tür stehen zu bleiben. Du kannst sie durch dein Verhalten ermutigen, diesen Schritt zu gehen. Gehen muss sie ihn allerdings allein. Ich weiß, du liebst deine Tochter bedingungslos. Weiß sie es aber auch? Sie ist noch sehr jung und hat von den geistigen Lebensregeln keine Ahnung. Ihr Verhalten zeigt sehr deutlich, sie ist innerlich tief verletzt und leidet ganz sicher. Bist du nicht genau so gewesen? Erinnert dich ihr Verhalten nicht an dein eigenes? Betrachte sie als Spiegel. Was du an ihr beobachtest, was dich daran ärgert, ist es nicht deinem eigenen, früheren Verhalten anderen gegenüber sehr ähnlich? Auch du hattest eine gefühlsmäßige Mauer um dich herum aufgebaut. Nur sehr wenigen Menschen gelang es, sie zu durchbrechen. Erst als dir das bewusst wurde, konntest du es verändern. Jetzt hast du die Gele-

genheit, ihr bei dieser Entwicklung zu helfen. Betrachte ihr trotziges Verhalten als Schutzmauer. Versuche dich in ihre Person zu versetzen, schlüpfe quasi in ihre Schuhe und du wirst einen Weg finden, ihre Mauer zu durchbrechen.

Lange dachte ich über diesen Rat nach. Mir wurde deutlich, ich musste jetzt die Initiative ergreifen, wollte ich etwas wirkungsvoll verändern. Und wieder bat ich stumm um Unterstützung. Automatisch legte ich mir meine Hände auf mein Herzchakra und gab mir, immer noch im feuchten Sand sitzend, Reiki.

Allmählich erwachte der Strand zum Leben. Immer mehr Leute wanderten um mich herum oder nahmen einige Meter hinter mir die Liegen in Beschlag. Zahlreiche große und kleine Kinder buddelten mit laut vernehmbarer Freude ihre Sandburgen. Ich beende meine Reiki-Anwendung, schlenderte langsam in Richtung Supermercado, kaufte Brötchen ein und ging gemächlich zum Hotel zurück.

Zu meiner Überraschung war Wencke schon wach. Sie saß auf der Terrasse unseres Appartements, hatte ihre unvermeidlichen Kopfhörer aufgesetzt und blätterte in einer Illustrierten. Sie hatte mich weder kommen hören noch gesehen.

„Guten Morgen mein Schatz. Wieso bist du heute schon so früh aufgestanden?" sprach ich sie, aus Erfahrung klug geworden, sehr laut an.

Schließlich glaubte ich ja, mich gegen den Lärm der Musik verständlich machen zu müssen.
„Du brauchst mich nicht so anzubrüllen. Das Telefon hat mich wach geklingelt", bekam ich mürrisch zu Antwort. Fragend schaute ich sie an. Sie blickte betont gelangweilt auf das Meer hinaus und machte keine Anstalten, mir zu sagen, wer denn angerufen habe. Ich bezwang meine Ungeduld und fragte neckisch:
„Hat dein Freund Sehnsucht nach dir?"
Ein kurzer, aber alles zertrümmernder Blick traf mich. Stur schaute sie danach wieder hinaus auf das Wasser.
„Nun sag schon wer angerufen hat", beendete ich das Schauspiel. Ohne sich die Mühe zu machen, mich dabei anzusehen, brachte sie herablassend heraus: „Dein Mann, wer denn wohl sonst?"
„Und was hat er gesagt? Ist etwa etwas passiert?" Langsam wurde ich unruhig.
„Woher soll ich das wissen? Wenn der hier morgens in aller Frühe anruft und mich aus dem Bett klingelt, kann der doch wohl nicht erwarten, dass ich mich mit ihm unterhalte", wurde mir nörglerisch mitgeteilt.
Die respektlose, ja sogar verächtliche Art und Weise, mit der sie von Uli sprach, machte mich wütend. Gleichzeitig wurde mir deutlich, wo die Ursache für ihr Verhalten lag.

„Meine liebe Wencke, ich möchte nicht, dass du so unverschämt und abfällig über Uli redest. Ich erwarte von dir nicht, dass du ihn liebst oder als deinen Ersatzvater ansiehst. Allerdings erwarte ich sehr wohl von dir, dass du meinem Mann gegenüber die Regeln der Höflichkeit beachtest und dem zumindest ein gewisses Maß an Respekt entgegenbringst. Ich rufe Uli jetzt an. Danach werden wir noch ausgiebig darüber zu reden haben."
Für meine Standpauke erntete ich nur ein spöttisches Grinsen, was mich noch wütender machte. Ich ließ sie sitzen und ging zum Telefon. Die Terrassentür ließ ich offen. Schon nach dem ersten Klingelzeichen meldete sich Uli.
„Hallo mein Schatz, da bist du ja. Ich habe mir schon Sorgen um euch gemacht. Was ist denn bei euch los? Wencke war bei meinem Anruf so merkwürdig kurz angebunden und hat herumgemault, dass sie nicht wisse, wo du dich herumtreibst."
So ein Biest, dachte ich. Ich erzählte ihm völlig aufgebracht den bisherigen Ablauf unseres Urlaubs und endete mit den Worten: „Ich bin unendlich traurig und enttäuscht. Von Erholung oder Entspannung ist hier nichts zu spüren. Wenn ich wieder zu Hause bin, muss ich mich erst einmal erholen. Ich freue mich schon darauf."

Natürlich konnte er mir auch nicht helfen. Aber er bedauerte mich ehrlich und sprach mir Mut zu.
Wenn mich jemand bedauert, wird mein Kummer nur noch größer und ich fange an zu weinen. So war es auch jetzt.
„Es gibt einen ganz besonderen Grund für meinen Anruf", sagte er geheimnisvoll.
„Sag schon", drängte ich ihn schluchzend.
„Ich liebe dich, mein Schatz", war seine einfache Antwort.
Schlichte Worte haben oft eine elementare Wirkung. So war es auch hier. Der Groll verblasste. Langsam entspannte sich mein Körper, in den ein Hauch von Lebensfreude zurückkehrte. Wir beendeten unser Gespräch, nachdem ich ihm versprochen hatte, mich an den verbleibenden Urlaubstagen Abends zu melden, um ihm einen „Lagebericht" durchzugeben. Ich atmete drei mal tief durch und ging zurück auf die Terrasse. Wencke hatte sich nicht vom Fleck gerührt. Mit zusammengekniffenen Lippen schaute sie mich trotzig an.
„Ich möchte jetzt mit dir über dein unmögliches Verhalten reden", forderte ich und schaute in ihre großen blauen Kulleraugen.
„Ich habe Hunger. Gibt es heute kein Frühstück?" versuchte sie auszuweichen.
„Wenn du mir bei der Zubereitung hilfst, kön-

nen wir beides miteinander verbinden“, bot ich an.

„Ich will erst frühstücken. Danach können wir ja meinetwegen reden“, brummte sie, stand auf und ging betont langsam und affektiert in Richtung Küchenzeile. Dort schepperte sie aufreizend laut mit dem Geschirr herum und trug jedes Teil einzeln auf den Terrassentisch. Na gut, eine Galgenfrist sei ihr gegönnt. Bestimmt braucht sie Bedenkzeit. Auch mir konnte eine kleine Verschnaufpause nicht schaden.

Es wurde ein ausgesprochen stilles und spartanisches Frühstück. Mir war der Appetit vergangen, deshalb begnügte ich mich mit einer Portion Obstsalat. Wenckes vorgeschobener Hunger war nach einem halben Nutellabrötchen, das sie im stark verlangsamten Zeitlupentempo aß, auch gestillt.

Schlüpfe in ihre Schuhe und du wirst einen Weg finden, ihre Mauer zu durchbrechen, erinnerte mich meine Innere Stimme. Jäh fiel mir wieder ein, wie jämmerlich ich mich als Kind oft gefühlt hatte, wenn ich ein berechtigtes Donnerwetter meiner Eltern erwartet hatte. Wehrlos, schutzlos und selbstverständlich völlig ungerecht behandelt kam ich mir immer dabei vor. Niemand hatte sich dafür interessiert, wie ich mich dabei oder danach gefühlt hatte. Nein, diese Szenen sollen sich hier und heute auf keinen Fall wie-

derholen, nahm ich mir felsenfest vor.
Nach der zweiten Tasse Kaffee ging ich in die Offensive:
„Du hast mir bei unserem Treffen mit Rudi gesagt, wie sehr du dich auf unseren gemeinsamen Urlaub freust. Von dir kam der Vorschlag, wir beide sollten wie Freundinnen miteinander umgehen. Mit einer guten Freundin bespricht man auch seine Sorgen, Ängste und Schwierigkeiten. So halte ich es mit Gisi schon seit Jahren. Natürlich sind wir nicht immer einer Meinung. Ab und zu gibt es schon mal kräftige Auseinandersetzungen, mit dem Ergebnis kurzzeitiger Funkstille. Ich halte das für richtig und ganz wichtig. Dadurch hat jede von uns Zeit, über die eigene sowie über die Ansicht der Anderen in Ruhe nachzudenken. Tauglich für eine Freundschaft ist jeder, der nach dieser Bedenkzeit wieder den Weg zu dem Anderen findet. Du glaubst gar nicht, wie sehr man sich darüber freut, wenn die Freundin nach längerer Zeit des Schweigens wieder anruft. Noch mehr freut man sich allerdings, wenn man selber diesen Schritt getan hat und spürt, wie sehr sich die Andere darüber freut.
Wollen wir jetzt nicht versuchen, wie Freundinnen miteinander umzugehen?“
Schweigend schaute sie mich an. Ihre Mundwinkel zuckten verdächtig. Auf ihrer Stirn brei-

teten sich tiefe Falten aus. Diese Mimik kannte ich noch zu gut. In früheren Zeiten war es stets das Erkennungszeichen für eine nahende gefühlsmäßige Explosion. Innerlich machte ich mich auf einen derartigen Ausbruch gefasst. Er blieb jedoch ebenso aus, wie eine Antwort auf meine Frage. Wortlos schaute sie wieder auf das Meer hinaus. Ich ließ ihr Zeit. Nicht etwa aus bedachtsam psychologischen Gründen, sondern weil ich einfach nicht wusste, wie ich sie aus der Reserve locken konnte.

Für alles und jedes braucht man zumindest bei uns in Deutschland eine Ausbildung und einen Eignungstest. Erst wenn man diverse Prüfungen bestanden hat, wird man auf die Menschheit losgelassen. Selbstverständlich mit dem mahnenden Hinweis, schön brav an Fortbildungsmaßnahmen teilzunehmen, um auch ja immer auf dem Laufenden zu bleiben. Nur Eltern können alle, ohne die geringste Ausbildung auf diese schwierigste Aufgabe die es meiner Meinung nach gibt, werden. So ging es mir durch den Kopf.

Führerschein und Bedienungsanleitung für den Nachwuchs. Eine geniale Geistesblüte, lästerte Mr. Verstand.

Trotz aller Bedrückung musste ich über diesen Spruch lächeln. Offensichtlich genau im richtigen Moment. Exakt in dieser Sekunde blickte mich Wencke an. Zunächst schien sie überrascht, vielleicht zweifelnd, weil sie annahm, ich könnte sie auslachen. Doch plötzlich entspannte sie sich und lächelte sogar zurück. Das Eis schien zumindest angeritzt zu sein.

„Ich wollte in diesem Urlaub über viele Dinge mit dir reden. Aber du hast mich ja nicht gefragt und ich konnte nicht wissen, ob du es überhaupt noch hören möchtest", brachte sie heraus. Dabei sah sie mich kummervoll an. Ihre bis dahin demonstrativ zur Schau gestellte Lässigkeit war dahin. Wie ein Häufchen Elend saß sie mir gegenüber und spielte nervös mit ihrem Kopfhörer herum.

Reden ist Silber, Schweigen ist Gold. Lasse sie reden und höre ihr einfach nur aufmerksam zu. Wenn es auch schwer fällt. Halte dich zurück. Unterbreche sie nicht. Du weißt, nur redenden Menschen kann geholfen werden. Wenn sie es schafft ihre Zurückhaltung aufzugeben und ihre Gefühle zu offenbaren, hast du gleichzeitig reichlich Zeit darüber nachzudenken und dann zu antworten, ermahnte mich meine Innere Stimme. Selten war ein Rat so wertvoll wie dieser.

Jetzt lächelte ich sie ganz bewusst aufmunternd an. Ruhig sagte ich:

„Ja, du hast Recht. Wie es aussieht haben wir wohl gegenseitig darauf gewartet, dass der

Andere das Gespräch sucht. Das können wir jetzt ändern. Sehen wir die vergangenen Tage positiv. Wir hatten dadurch reichlich Zeit, uns gut auf unsere Aussprache vorzubereiten. Ich bitte dich, mir einfach alles, was dich bedrückt und dir in der Vergangenheit weh getan hat, zu sagen. Ich werde dir zuhören und dich nicht unterbrechen."

Verblüfft schaute sie mich an. Plötzlich war der Damm gebrochen. Gut eine Stunde redete sie. Manchmal wütend, von Tränen unterbrochen, dann wieder mechanisch und emotionslos. Ab und zu legte sie eine kurze Atempause ein, wobei sie mich fragend anschaute, so als ob sie einen empörten Einspruch von mir erwartete. Selbstverständlich fielen mir sofort ausgiebige Gegenargumente ein. Mit unglaublicher Disziplin, für die ich mir noch heute gratuliere, hielt ich mich zurück, nickte schweigsam oder bat sie weiter zu reden.

Was ich zu hören bekam, übertraf meine schlimmsten Ahnungen und spiegelte zum Teil mein schlechtes Gewissen. Aus ihrer Sicht hatte ich mich als selbstsüchtige, verantwortungslose, völlig ungeeignete Mutter erwiesen. Außerdem träfe mich eine nicht unerhebliche Schuld am frühen Tod ihres Vaters. Wenn ich zu ihm zurück gekommen wäre, wäre die Familie nicht zerstört worden und er könnte möglicherweise noch leben. Ihrer Meinung nach sei Uli an meinem Verhalten schuld. Ich brauchte gar nicht so zu tun, als wenn mein Verhältnis mit ihm erst nach meinem Auszug begonnen hätte. Ihr Vater habe von meiner früheren Freundin erfahren, dass wir uns schon jahrelang kannten. Er habe sich verraten und betrogen gefühlt. Trotzdem hätte er mir alles verziehen, wäre ich zurück gekommen.

Sie könne nicht ertragen, wie lieb und vertraut Uli und ich miteinander umgingen. Ja, es täte ihr sogar weh zu sehen, wie wir miteinander lachen, herumalbern und schmusen. Dabei müsse sie ständig an die vielen Streitereien denken, die ich mit ihrem Vater gehabt hätte. Sie könne nicht verstehen, warum ich mit Uli glücklich sei. Auch wie wir unsere gute finanzielle Situation zur Schau stellten, fände sie ätzend. Andauernd machten wir Urlaub, obwohl wir ein Haus hätten. Und zwei Autos wären ja wirklich nicht nötig. Sie selber müsse für ihren Führerschein jeden Pfennig sparen und zweimal umdrehen.

Während sie redete, spielte sich in meinem Inneren das reinste Chaos ab. Verständnis und Mitleid für mein Kind stritten mit Unverständnis und Entrüstung. Ja, ich gebe zu, sogar blanke Wut auf meinen Exmann, der mit falschen Infor-

mationen die Tochter auf seine Seite gezogen hatte. Dazwischen standen quälerische Selbstvorwürfe und Selbstmitleid. Aus dieser Mischung braute sich langsam aber sicher ein Taifun zusammen. Es kostete mich unendliche Kraft, ruhig und gelassen zuzuhören. Immer tiefer sank ich in meinen Stuhl. Ich fühlte mich wie der letzte Mensch, von dem noch nicht einmal einer der vielen in Spanien herrenlos herumstreunenden Hunde ein Stück Brot nehmen würde.
Als sie sich alles von der Seele geredet hatte, fehlten mir die Worte für eine Antwort. Jetzt schaute ich schweigend auf das Meer hinaus. Krampfhaft versuchte ich, den in mir tobenden Wirbelsturm zu beruhigen.
Unsicher schaute Wencke mich an und sagte:
„Jetzt bist du bestimmt sauer. Aber du wolltest ja unbedingt wissen, wie ich denke und fühle. Nun weißt du es."
Ja, jetzt wußte ich es. Was sollte ich nun mit diesem Wissen anfangen? Wie darauf reagieren?

Sage ihr ebenso offen und ehrlich, wie sie es getan hat, wie du dich jetzt fühlst. Beschreibe ruhig und ehrlich deine Beweggründe. Vermeide Rechtfertigungen und Schuldzuweisungen jeder Art. Sage und zeige ihr, dass du sie trotz allem liebst, sie im-

mer geliebt hast. Und glaube mir: Liebe verändert, Liebe wandelt. Liebe kann jedes Herz mit Licht und Harmonie füllen. Liebe kann jeden Schatten der Vergangenheit erhellen. Ein Grund für ihr trotziges und abweisendes Verhalten ist ihr Zweifel, du könntest sie nicht lieben. Daraus ergibt sich zwangsläufig ein Stachel, der sehr tief sitzt. Hinzu kommt Eifersucht auf Uli sowie Neid auf deine glückliche Partnerschaft. Was jedoch jemand beneidet, läßt seine ureigenen Wünsche erkennen. Das ist vielleicht auch der Grund, warum sie so sehr auf Distanz gegangen ist. Wer gibt schon gerne zu, eine Situation falsch eingeschätzt und im direkten Vergleich scheinbar den Kürzeren gezogen zu haben. Gegen dieses selbstquälerisches Gefühl kann jedoch etwas getan werden. Biete ihr immer wieder an, sie in eure Gemeinschaft aufzunehmen, riet mir meine Innere Stimme.
Genau so habe ich es gemacht. An die genaue Wortwahl kann ich mich nicht mehr erinnern. Ihr heftiges Abstreiten einer möglichen Eifersucht auf Uli zeigte mir nur zu deutlich, wie klar und genau mein innerer Ratgeber die Situation analysiert hatte. Jedoch erinnere ich noch genau, trotz allem Verständnis für ihr Verhalten deutlich gemacht zu haben, dass am Scheitern einer Beziehung immer beide Partner beteiligt sind.

Auch habe ich gebeten, bei allem Respekt vor ihren Gefühlen dem verstorbenen Vater gegenüber nicht zu vergessen, dass auch er ein Mensch mit Schwächen und Fehlern gewesen ist und kein Grund bestehe, ihn jetzt in einer Aura von Unfehlbarkeit einzuhüllen. Ich wies darauf hin, auch ich sei ein Mensch mit Gefühlen und Bedürfnissen. Lange Zeit hätte ich sie zu verdrängen versucht. Nicht zuletzt deshalb, um ihr eine unbeschwerte Kindheit zu ermöglichen. Leider sei es mir nicht gelungen, was mir sehr leid tue und weshalb ich sie um Verzeihung bitte. Ich machte jedoch auch unmißverständlich deutlich, dass meine Liebe zu Uli und unsere Partnerschaft nur ihn und mich etwas anginge. Bei aller Liebe und Offenheit zu ihr habe sie keineswegs das Recht, diese Partnerschaft zu be- oder zu verurteilen.

Abschließend sagte ich ihr, für mich sei Mutterliebe eine einmalige, nie endende Liebe, die unabhängig von allen anderen Beziehungen die stärkste persönliche Bindung im Leben einer Frau sei. Mehrfach wiederholte ich meine Zusicherung, sie jeder Zeit bei uns willkommen zu heißen.

Wencke hatte mich kein einziges Mal unterbrochen. Allein ihre Körpersprache zeigte mir sehr deutlich, dass sie meinen Ausführungen kein Verständnis entgegenbrachte oder vielleicht dieses Verständnis nicht zulassen konnte. Ihre Arme hielt sie gekreuzt eng an den Oberkörper gepresst. Die Beine hatte sie übereinander geschlagen. Je länger ich redete, so verkrampfter zog sie diese an ihren Körper. Der Kopf neigte sich von Minute zu Minute weiter nach unten.

Den Anblick dieser kleinen, in sich zusammengesunkenen Gestalt konnte ich nicht länger ertragen. Einem jähen Impuls folgend, wollte ich sie in die Arme nehmen. Hektisch wies sie mich zurück, sprang auf und flüchtete in das Badezimmer. Die Tür knallte zu. Ich hörte, wie sie den Schlüssel umdrehte.

Was jetzt?, dachte ich hilflos, während ich verdattert auf der Terrasse stand.

Die wird schon zurück kommen, brummte Mr. Verstand weise.

Geduld, Geduld und nochmals Geduld, flüsterte meine Innere Stimme.

Na gut. Warten wir einfach ab wie es weitergeht, dachte ich und ließ mich auf den Liegestuhl fallen. Plötzlich fühlte ich mich unendlich müde und um Jahre gealtert. Mal wieder mit meinem Schicksal hadernd, fragte ich mich bekümmert, warum um alles in der Welt ausgerechnet ich jetzt diese Erfahrung machen musste.

Kleine Kinder – kleine Sorgen, große Kinder – große Sorgen. Diese alte und abgedroschene

Volksweisheit fiel mir ein. Früher hatte ich darüber gelacht und sie als dummen Spruch abgetan. Doch heute?
Wie du denkst – so dir geschieht, erinnerte ich mich an einen anderen Spruch. Selbstzweifel quälten mich. Habe ich wieder alles falsch gemacht? Was hätte ich anderes sagen sollten? Ist Wencke vielleicht doch noch nicht alt genug, um von Frau zu Frau mit mir zu reden? In meinem Kopf sauste alles durcheinander. Einen klaren Gedanken konnte ich nicht fassen. Ich wünschte mir doch so sehr eine Normalisierung unserer Beziehung. So richtig glauben, diese durch unser Gespräch erreicht zu haben, konnte ich aufgrund ihrer Reaktion allerdings nicht. Theorie und Praxis der Ideologie der Reiki-Lehre klafften hier meiner Meinung nach weit auseinander. Ich schloss die Augen und legte mir automatisch die Hände auf meinen Oberkörper. Vor meinen geschlossenen Augen tauchte eine Figur wie aus einem Comic auf. Mit hochrotem Gesicht und geballten Fäusten sprang sie hin und her. Zornig stampfte sie mit den Füßen auf. Sieht aus wie Rumpelstilzchen, dachte ich und musste grinsen. Soll etwa ich das sein? Na klar, wer denn sonst? Wie schön, dass mir auf so witzige Art und Weise mein eigenes Verhalten gezeigt wurde. Und was lerne ich jetzt daraus? Dass ich nichts erzwingen kann und natürlich

wieder Geduld haben muß, fiel mir dazu ein. Ich stöhnte geplagt auf.
Es geschieht immer das, was du glaubst, und nicht das, was du willst, hörte ich meine Innere Stimme sagen.
Haarspalterei! Wo soll denn da der Unterschied sein?
Wenn du überzeugt bist, etwas nicht erreichen zu können, bleibt es unerreichbar für dich – auch wenn du dir den Erfolg wünschst. Wenn du überzeugt bist, durch dieses Gespräch nichts erreicht zu haben, dann fühlst du dich betrogen und falsch verstanden – selbst wenn du dir das Gegenteil wünscht. Der Grund dafür? Deine Einstellung wirkt wie ein Autopilot eines Flugzeugs: Ist der Kurs eingegeben, steuerst du auf dein Ziel zu, und alles Wünschen und Hoffen führt zu keiner Kursänderung. Erst wenn du den Kurs, also deine Einstellung korrigierst, ändert sich die Flugrichtung und du gelangst an dein Ziel.

Aha, jetzt dämmerte mir der kleine aber feine Unterschied zwischen Glauben, jener tiefen inneren Überzeugung, dem Wünschen, dem Erhoffen oder Ersehnen. Aber wie soll ich meine innere Überzeugung ändern, wenn ich nicht einmal den klitzekleinsten Fortschritt sehe? Wie

motiviert sich ein Fußballstürmer, der keine Tore schießt?
Durch Training, du Dummi, plärrte Mr. Verstand. Wieder musste ich grinsen. Typische Holzhammermethode, genau wie ich es brauche, dachte ich. Konnte mir die Einweihung in den 2. Reiki-Grad dabei helfen? Bin ich schon so weit, den nächsten Schritt zu gehen?
Bevor ich eine Entscheidung treffen konnte, hörte ich das knarrende Geräusch der Badezimmertür. Ich öffnete die Augen, schaute erwartungsvoll zur Terrassentür. Betont lässig lehnte sich Wencke an den Türrahmen, schweigend auf mich herab schauend. Die Sekunden wurden zu Ewigkeiten. Weil mir beim besten Willen nichts anderes einfallen wollte, lächelte ich sie an, erhob mich und setzte mich auf meine Liege. Völlig unerwartet setzte sie sich neben mich. Zusammen schwiegen wir, schauten gemeinsam auf das Meer hinaus. Intuitiv legte ich einen Arm um ihre Schultern. Jetzt ließ sie diese Vertraulichkeit zu. Nach anfänglichem Zögern lehnte sie sogar den Kopf an meine Schulter. Ich hörte einen tiefen Seufzer.
„Ach Mama. Ich vermisse dich und Papa so sehr."
„Ich weiß, Kleines", war alles, was ich darauf antworten konnte. Trotz dieses beklemmenden Ausspruchs spürten wir wohl beide eine un-

glaubliche Ruhe und Erleichterung. Fast so wie nach einem reinigenden Gewitter, wenn die Natur die frische und klare Luft genießt. Noch lange saßen wir still nebeneinander.
„Vielleicht bin ich eifersüchtig auf Uli. Ich weiß es einfach nicht. Jedenfalls kann ich es zur Zeit nicht ertragen, bei euch zu sein. Es kann ja sein, dass sich das irgendwann einmal ändert. Wir können uns ja weiterhin Briefe schreiben und telefonieren“, hörte ich sie zögernd sagen.
Damit war eines klar: Der Traum, eine harmonische Patchwork-Familie zu bekommen, war vorerst ausgeträumt.
„Okay, lassen wir es einstweilen dabei. Ich möchte, dass du nie vergißt, wie ich dich liebe. Du bleibst immer mein kleines Mädchen, ganz egal, was kommen mag und was andere dazu sagen“, antwortete ich ihr.

Um auf andere Gedanken zu kommen, beschlossen wir, gemeinsam einen Einkaufsbummel zu machen. Wir gaben uns beide Mühe. So wurde es doch noch ein netter, ungezwungener Nachmittag.
Abends fand im Hotelgarten eine Grillparty statt, zu der alle Gäste eingeladen waren. Wir beschlossen, uns in Schale zu werfen und ins Vergnügen zu stürzen. Zuvor telefonierte ich mit Uli. Ich erzählte ihm, es sei endlich gelun-

gen, über unsere Probleme und Schwierigkeiten zu reden. Ich hätte jetzt Hoffnung, den Rest des Urlaubs einigermaßen genießen zu können.
Das Ergebnis unserer Aussprache behielt ich allerdings für mich. Kannte ich doch seine Ansicht nur zu genau. Wenn er auch versuchte, mich aufzurichten und zu trösten, so bedrückte ihn die angespannte Situation zwischen Mutter und Tochter sehr. Da muss ich mir noch etwas taktisch Kluges einfallen lassen, um bei ihm nicht den bitteren Nachgeschmack von Schuld oder Mitschuld zu hinterlassen, dachte ich in meiner probaten Art und Weise.

Bei der Grillparty ging es laut und lustig zu. Wir fanden an einem großen Tisch zwei freie Plätze. Schnell kamen wir mit den anderen Gästen ins Gespräch. Essen, Getränke und Musik waren vorzüglich. Je später es wurde, um so gelöster wurde die Stimmung. Mitternacht tanzte die ganze Truppe eine Polonäse um den Pool. Sogar Wencke hatte einen Heidenspaß und sang laut mit. Ich staunte nicht schlecht. Als sie eine Stunde später auf die dubiose Idee kam, an einem Wettschwimmen teilzunehmen, wollte ich als besorgte Mutter eingreifen. Wencke lachte über meine Bedenken und meinte, dass sei doch super cool.
„Die Flasche Sekt, die für den Gewinn ausge-

setzt ist, hole ich uns. Die trinken wir dann gemeinsam", rief sie mir zu und rannte zum Start. „Lass doch deine Schwester mitschwimmen", lallte ein nicht mehr ganz standfester Mann in meine Richtung und zog mich mit an den Pool. Es blieb mir nichts anderes übrig, als gute Mine zum bösen Spiel zu machen. Irgendwie war diese ausgelassene Stimmung erlösend und befreiend. Zu meiner eigenen Verwunderung fand ich mich wenige Augenblicke später am Rande des Pools wieder, von wo ich Wencke laut schreiend und wild gestikulierend anfeuerte. Tatsächlich gewann sie dieses nächtliche Wettschwimmen und fiel mir klatschnaß um den Hals. Bei etwa 15 Grad Nachttemperatur wurde es sowohl den aktiven Schwimmern als auch ihren unterstützenden Fans zu kalt. Nach der Siegerehrung wurde die Fete aufgelöst. Lautstark verabschiedeten sich die Gäste voneinander. Auch wir strebten Arm in Arm unserer Unterkunft zu. Wencke hielt ihre Flasche Sekt wie einen wertvollen Pokal hoch und bestand darauf, sie sofort und auf der Stelle auszutrinken. Nachdem wir uns umgezogen hatten, verbrachten wir den Rest der Nacht auf der Terrasse, tranken den Sekt, danach heißen Tee. Und wir haben geredet. Nie hätte ich es für möglich gehalten, wie eine eigentlich doch banale Poolparty die Zungen so lösen konnte. Wencke redete über ihre Gefühle, Probleme und Zukunftsplanungen, als wenn ich ihre Freundin sei. Auch ich sprach von meinen Gedanken, meinen Wünschen und Vorstellungen. Als die Sonne vorwitzig hinter den Bergen hervor lugte, beschlossen wir, doch noch in unsere Betten zu gehen. Schlaf konnte ich allerdings keinen finden. Zu aufgewühlt hatte mich unser Gespräch. Mir wurde in dieser frühen Morgenstunde deutlich, mein Mutterrecht Wencke gegenüber ein für allemal begraben zu müssen. Bestenfalls würde sie mir gelegentlich schreiben oder mit mir telefonieren. Das hatte sie in unserem Nachtgespräch wiederholt. Ich hätte mich schließlich für ein anderes Leben entschieden. Jetzt müsse ich auch mit den Konsequenzen zurecht kommen, war das Resümee. Einerseits empfand ich diese Einstellung als knallhart und stur, andererseits erinnerte sie mich an meine früheren Einstellungen meinen eigenen Eltern und auch ihrem Vater gegenüber. Wie sollte Wencke eine andere Denkweise haben, wo sie doch von frühester Kindheit diese sowohl von ihren Großeltern, als auch von ihren Eltern vorgelebt bekommen hatte? Mir schwante in dieser einsamen Morgenstunde, dass ich noch sehr viel zu lernen hatte. Wie sollte ich ihre Entscheidung akzeptieren, ohne durch Schwermut, Kummer und Verzweiflung mein weiteres Leben und damit auch meine Beziehung zu Uli zu gefährden? Wie kann ich meine Einstellung korrigieren, damit sich die „Flugrichtung" verändert, von der meine Innere Stimme gesprochen hatte? Fragen über Fragen fielen wie Mückenschwärme über mich her. Ich betrachtete eine zeitlang meine schlafende Tochter.

Eine Stunde später stand ich auf, zog mir meine Laufschuhe an, um meinen obligatorischen Strandmarsch zu machen. Je weiter ich lief, desto klarer wurde mein Kopf. Urplötzlich wusste ich, dass ich mich nach unserer Rückkehr für das 2. Reiki-Grad Seminar anmelden wollte. Die Möglichkeiten des zweiten Grades können mir ganz sicher helfen, überlegte ich.

Da war die Rede davon, Reiki in die eigene Vergangenheit zu senden. Natürlich nicht, um diese zu verändern. Mir war klar, dass so etwas nicht möglich ist. Aber um mir selbst und anderen zu verzeihen. Im Hier und Jetzt zu leben. Vielleicht einen Schritt weiter in Richtung Innerer Harmonie zu gelangen. Ja, ich wollten den 2. Reiki-Grad erlangen.

Mit einem Mal spürte ich eine Freude in mir. Ich war mir völlig sicher, den richtigen Entschluß gefaßt zu haben. Leichtfüßig lief ich zurück zur Ferienwohnung. Wencke schlief noch.

Die restlichen zwei Tage verliefen in gelöster Stimmung. Am letzten Tag nahmen wir an einem Tennisturnier teil. Obwohl kein eingespieltes Team, belegten wir im Doppel den zweiten Platz. Na also, auch Sport verbindet.

Uli holte uns am Flughafen ab. Augenblicklich zog Wencke sich in ihr Schneckenhaus zurück und antwortete nur auf gezielte Fragen. Am nächsten Tag fuhr sie wieder nach Münster. Auf Ulis Frage, ob denn jetzt alles zwischen uns geklärt sei, antwortete ich zunächst ausweichend mit allgemeinen Floskeln über pubertären Schwierigkeiten und jugendliche Unbedarftheit. Natürlich hatte ich die Rechnung ohne den Wirt gemacht. Hatte ich doch versucht, einem gelernten Kriminalisten etwas vorzumachen. Sofort wurde ich regelrecht inquisitorisch befragt. So erfuhr er die ganze Wahrheit. Jedoch sind Männer grundlegend anders als Frauen, was nicht nur auf das Einparken von Autos oder auf die Kunst des Zuhörens zutrifft.
Mein Mann nahm mich in die Arme, gab mir einen Kuss und sagte:
„Weißt du, wir haben wirklich alles getan, was man nur tun konnte. Ich denke, jetzt können wir einfach nur abwarten und in der Zwischenzeit unser Leben leben. Auch wir haben das Recht, glücklich zu sein, ohne uns mit Selbstvorwürfen zu überhäufen oder der Vergangenheit nachzutrauern. Ich möchte mit dir zusammen das Le-

ben genießen. Ich möchte, dass auch du wieder fröhlich und unbeschwert sein kannst. Akzeptiere einfach ihre Entscheidung und lasse sie los. Ich werde dir dabei helfen."
Mit seinen Worten hatte er nichts anderes gesagt als: Lebe im Hier und Jetzt - und das bitteschön mit mir.
Kann einem der eigene Mann etwas Schöneres sagen? Dennoch saß ganz tief in mir ein schmerzender Stachel, der einfach keine Ruhe geben wollte. Vielleicht ist es mein Hang zum Perfektionismus, der mit diesem Kompromiss nicht so recht einverstanden sein kann, überlegte ich so manchen Abend, während ich mir Reiki gab.
Oder ist es dein westfälischer Dickschädel, der einfach nicht einsehen will, dass es im Leben nicht immer so gehen kann, wie er sich das gedacht hat? hörte ich meinen Mr. Verstand eines Abends sagen.
„Oh Schreck! Bin ich wirklich so ein Dickschädel?" fragte ich laut und entsetzt.
Um etwas richtig einzuordnen, solltest du ein wenig Abstand nehmen. Das gilt vor allem für Angelegenheiten, die dich selbst betreffen, flüsterte mir meine Innere Stimme zu.

Dieser Abstand stellte sich automatisch ein. Der Alltag hatte mich wieder. Er ließ mir wenig Zeit, in Träumereien zu verfallen. Kurz nach meinem Urlaub geriet Uli dienstlich so unter Stress, dass ich ihn kaum noch zu Gesicht bekam. Geschweige denn war er für Gespräche mit mir oder dringend zu erledigende häusliche Angelegenheiten verfügbar. Die Ereignisse von Bad Kleinen, bei denen in einer Schießerei ein Polizist und ein Terrorist ihr Leben verloren, hielten ihn wochenlang im Dauereinsatz. Selbst in den wenigen Stunden, die er zu Hause verbringen konnte, kam er nicht zur Ruhe. Ständig klingelte eines der mittlerweile reichlich vorhandenen Telefone. Aus dem Tiefschlaf gerissen, musste mein lieber Mann weitreichende Entscheidungen treffen. Ich machte mir große Sorgen um seine Gesundheit und versuchte ihm, so gut ich eben konnte, den Rücken freizuhalten. Dabei traten die eigenen Gedanken und Sorgen automatisch in den Hintergrund. Sowohl die psychische als auch die physische Belastung war für uns enorm hoch. Diese Ausnahmesituation bestätigte meinen Entschluss, jetzt tatsächlich den 2. Reiki-Grad in Angriff zu nehmen.

Mit Herta besprach ich mein Vorhaben. Sie hatte sich bereits entschlossen, den Reiki-Weg weiter zu gehen, und so meldeten wir uns gemeinsam für das Seminar an.
Karin freute sich über unseren Entschluss und bestätigte die Vielzahl der Möglichkeiten, die sich mit dem 2. Grad ergeben, um nicht nur sich

selbst, sondern auch anderen Menschen in Stresssituationen schnell und wirkungsvoll zu helfen. Das Seminar sollte in drei Wochen stattfinden.

Ich freute mich unsagbar auf dieses Wochenende. Natürlich gingen mir wieder viele Fragen durch den Kopf.
Wird das Seminar meine Erwartungen erfüllen?
Kann ich diesen Weg ohne zu stolpern gehen?
Wird mir die dringend benötigte heitere Gelassenheit, von der ich doch noch sooo weit entfernt bin, ein Stückchen näher kommen?

Meine Innere Stimme flüsterte mir zu:
Reiki ist etwas Wunderbares. Jeder der es verdient, bekommt es auch.
Und jeder Mensch hat es verdient.